# 乡村振兴优秀案例选编

唐德荣　主　编

宋　刚　李成君　副主编

中国农业出版社

北　京

**图书在版编目（CIP）数据**

乡村振兴优秀案例选编／唐德荣主编. -- 北京：
中国农业出版社，2024.8. --（乡村振兴系列丛书）.
ISBN 978-7-109-32296-7

Ⅰ．F320.3

中国国家版本馆 CIP 数据核字第 2024SF1907 号

**乡村振兴优秀案例选编**
**XIANGCUN ZHENXING YOUXIU ANLI XUANBIAN**

中国农业出版社出版

地址：北京市朝阳区麦子店街 18 号楼

邮编：100125

责任编辑：赵　刚

版式设计：杨　婧　责任校对：吴丽婷

印刷：中农印务有限公司

版次：2024 年 8 月第 1 版

印次：2024 年 8 月北京第 1 次印刷

发行：新华书店北京发行所

开本：880mm×1230mm　1/32

印张：8

字数：225 千字

定价：38.00 元

# 前 言

实施乡村振兴战略是党中央对新时代"三农"工作作出的重大决策部署，是解决我国社会主要矛盾的必然要求，是实现"两个一百年"奋斗目标的必然要求，是实现全体人民共同富裕的必然要求。自党的十九大提出这一重大战略以来，乡村振兴不断取得新的成效，尤其是习近平总书记在浙江工作期间亲自谋划、亲自部署、亲自推动的"千万工程"，探索出了一条乡村可持续发展的科学路径，打造出了一份中国式现代化的乡村样本，为新时代推进乡村全面振兴提供了典型示范。2024年中央1号文件指出，"要学习运用'千万工程'蕴含的发展理念、工作方法和推进机制""把推进乡村全面振兴作为新时代新征程'三农'工作的总抓手""集中力量抓好办成一批群众可感可及的实事"。我国农村地域辽阔，各地情况千差万别，如何结合实际学习和运用"千村示范、万村整治"工程经验，打造"百花齐放"的乡村振兴样本，推动农业农村现代化？本书通过对全国各地"五大振兴"经典案例的收集，既为厘清上述困惑提供有益的思路，也为推进乡村全面振兴路上的奋斗者提供既实事求是又鲜活生动的乡村振兴案例。

本书的结构分为五个章节，按照乡村振兴的"五大振兴"

（即产业振兴、人才振兴、文化振兴、生态振兴、组织振兴）编排，分别对"五大振兴"作了简要概述，主要展示全国各地乡村振兴优秀案例。

本书得以付梓出版，特别感谢相关省市单位、媒体的大力支持，感谢无数乡村振兴工作者的辛勤付出。限于视野和时间关系，内容不尽全面和深刻，希望得到读者的指教与理解，我们齐心协力为建设宜居宜业和美乡村贡献力量。

编著者

2024 年 5 月

# 目　录

前言

# 第一章　产业振兴

大力发展县域经济，形成新的增长点。高度重视革命老区和欠发达县（市、区）振兴发展，补齐公共服务短板，发展壮大特色产业，增强内生发展动力。

——习近平 2024 年 3 月 20 日在新时代推动中部地区崛起座谈会上的讲话

产业振兴是乡村振兴的重中之重，也是实际工作的切入点。没有产业的农村，难聚人气，更谈不上留住人才，农民增收路子拓不宽，文化活动很难开展起来。

——习近平 2022 年 12 月 23 日在中央农村工作会议上的讲话

要坚持精准发力，立足特色资源，关注市场需求，发展优势产业，促进一二三产业融合发展，更多更好惠及农村农民。

——习近平 2021 年 8 月 23—24 日在河北承德考察时的讲话

## ◎ 知识点

### 1. 产业振兴

乡村振兴，产业兴旺是重点。产业是发展的根基，产业兴旺，农民收入才能稳定增长。习近平总书记指出："要推动乡村产业振兴，紧紧围绕发展现代农业，围绕农村一二三产业融合发展，构建乡村产业体系，实现产业兴旺，把产业发展落到促进农民增收上来，全力以赴消除农村贫困，推动乡村生活富裕。"乡村产业体系越健全，农民增收渠道就越通畅。要整体谋划农业产业体系，以农业供给侧结构性改革为主线，着眼推进产业链、价值链建设，推动一二三产业融合发展，实现一产强、二产优、三产活，推动农业生产全环节升级，加快形成从田间到餐桌的现代农业全产业链格局，形成一二三产业融合发展的现代农业产业体系。

**2. 产业振兴包括哪些方面？**

《国务院关于促进乡村产业振兴的指导意见》指出，突出优势特色，培育壮大乡村产业。

（1）做强现代种养业。创新产业组织方式，推动种养业向规模化、标准化、品牌化和绿色化方向发展，延伸拓展产业链，增加绿色优质产品供给，不断提高质量效益和竞争力。巩固提升粮食产能，全面落实永久基本农田特殊保护制度，加强高标准农田建设，加快划定粮食生产功能区和重要农产品生产保护区。加强生猪等畜禽产能建设，提升动物疫病防控能力，推进奶业振兴和渔业转型升级。发展经济林和林下经济。

（2）做精乡土特色产业。因地制宜发展小宗类、多样性特色种养，加强地方品种种质资源保护和开发。建设特色农产品优势区，推进特色农产品基地建设。支持建设规范化乡村工厂、生产车间，发展特色食品、制造、手工业和绿色建筑建材等乡土产业。充分挖掘农村各类非物质文化遗产资源，保护传统工艺，促进乡村特色文化产业发展。

（3）提升农产品加工流通业。支持粮食主产区和特色农产品优势区发展农产品加工业，建设一批农产品精深加工基地和加工强县。鼓励农民合作社和家庭农场发展农产品初加工，建设一批专业村镇。统筹农产品产地、集散地、销地批发市场建设，加强农产品物流骨干网络和冷链物流体系建设。

（4）优化乡村休闲旅游业。实施休闲农业和乡村旅游精品工程，建设一批设施完备、功能多样的休闲观光园区、乡村民宿、森林人家和康养基地，培育一批美丽休闲乡村、乡村旅游重点村，建设一批休闲农业示范县。

（5）培育乡村新型服务业。支持供销、邮政、农业服务公司、农民合作社等开展农资供应、土地托管、代耕代种、统防统治、烘干收储等农业生产性服务业。改造农村传统小商业、小门店、小集市等，发展批发零售、养老托幼、环境卫生等农村生活性服务业。

（6）发展乡村信息产业。深入推进"互联网＋"现代农业，加快重要农产品全产业链大数据建设，加强国家数字农业农村系统建设。全面推进信息进村入户，实施"互联网＋"农产品出村进城工程。推动农村电子商务公共服务中心和快递物流园区发展。

### 3. 产业振兴的途径有哪些？

《中共中央　国务院关于做好2022年全面推进乡村振兴重点工作的意见》指出，聚焦产业促进乡村发展。

（1）持续推进农村一二三产业融合发展。鼓励各地拓展农业多种功能、挖掘乡村多元价值，重点发展农产品加工、乡村休闲旅游、农村电商等产业。支持农业大县聚焦农产品加工业，引导企业到产地发展粮油加工、食品制造。推进现代农业产业园和农业产业强镇建设，培育优势特色产业集群，继续支持创建一批国家农村产业融合发展示范园。实施乡村休闲旅游提升计划。支持农民直接经营或参与经营的乡村民宿、农家乐特色村（点）发展。将符合要求的乡村休闲旅游项目纳入科普基地和中小学学农劳动实践基地范围。实施"数商兴农"工程，推进电子商务进乡村。促进农副产品直播带货规范健康发展。开展农业品种培优、品质提升、品牌打造和标准化生产提升行动，推进食用农产品承诺达标合格证制度，完善全产业链质量安全追溯体系。加快落实保障和规范农村一二三产业融合发展用地政策。

（2）大力发展县域富民产业。支持大中城市疏解产业向县域延伸，引导产业有序梯度转移。大力发展县域范围内比较优势明显、带动农业农村能力强、就业容量大的产业，推动形成"一县一业"发展格局。加强县域基层创新，强化产业链与创新链融合。加快完善县城产业服务功能，促进产业向园区集中、龙头企业做强做大。引导具备条件的中心镇发展专业化中小微企业集聚区，推动重点村发展乡村作坊、家庭工坊。

（3）加强县域商业体系建设。实施县域商业建设行动，促进农村消费扩容提质升级。加快农村物流快递网点布局，实施"快递进村"工程，鼓励发展"多站合一"的乡镇客货邮综合服务站、"一点多能"的村级寄递物流综合服务点，推进县乡村物流共同配送，促进农村客货邮融合发展。支持大型流通企业以县城和中心镇为重点下沉供应链。加快实施"互联网＋"农产品出村进城工程，推动建立长期稳定的产销对接关系。推动冷链物流服务网络向农村延伸，整县推进农产品产地仓储保鲜冷链物流设施建设，促进合作联营、成网配套。支持供销合作社开展县域流通服务网络建设提升行动，建设县域集采集配中心。

（4）促进农民就地就近就业创业。落实各类农民工稳岗就业政策。发挥大中城市就业带动作用。实施县域农民工市民化质量提升行动。鼓励发展共享用工、多渠道灵活就业，规范发展新就业形态，培育发展家政服务、物流配送、养老托育等生活性服务业。推进返乡入乡创业园建设，落实各项扶持政策。大力开展适合农民工就业的技能培训和新职业新业态培训。合理引导灵活就业农民工按规定参加职工基本医疗保险和城镇职工基本养老保险。

（5）推进农业农村绿色发展。加强农业面源污染综合治理，深入推进农业投入品减量化，加强畜禽粪污资源化利用，推进农膜科学使用回收，支持秸秆综合利用。建设国家农业绿色发展先行区。开展农业绿色发展情况评价。开展水系连通及水美乡村建设。实施生态保护修复重大工程，复苏河湖生态环境，加强天然林保护修复、草原休养生息。科学推进国土绿化。支持牧区发展和牧民增收，落实第三轮草原生态保护补助奖励政策。研发应用减碳增汇型农业技术，探索建立碳汇产品价值实现机制。实施生物多样性保护重大工程。巩固长江禁渔成果，强化退捕渔民安置保障，加强常态化执法监管。强化水生生物养护，规范增殖放流。构建以国家公园为主体的自然保护地体系。出台推进乡村生态振兴的指导意见。

## 贵州省惠水县好花红村：
## 产业带动谋发展 乡村生活"好花红"

贵州省黔南布依族苗族自治州惠水县好花红镇好花红村，是一个以布依族为主体的民族村，是"中国金钱橘之乡"和"中华布依第一堂屋"所在地。当地旅游资源丰富，曾因景区基础配套设施不完善、产业发展整体水平不高、未能将资源禀赋转化为经济优势等原因，当地群众坐拥"金山银山"却主要依靠务农和外出务工获得收入。2015年以来，贵州省委、省政府唱响了"好花红"民族绚歌，跟随省委、省政府战略引领，好花红村着力发展乡村旅游带动群众增收致富。

惠水融媒好花红镇分中心

### （一）产业发展高效带动农户增收

突出农旅结合，打造"橘乡花海""兰花馆"等景点，吸引省内外游客游玩，衍生出苗木养护员、安保员、公路养护员、护林员等产业链相关就业岗位，给贫困户提供家门口就业机会，实现户均年收入增加0.8万元以上。以乡村旅游为主线，发展乡村休闲游、农耕体验游、民族风情游等新业态，2019 年实现旅游收入 1 亿余元。

## （二）一三产业融合增加产品附加值

规模化种植金钱橘，以游客现场采购、试吃展销会、入园采摘以及网上销售为主拓展经营模式，增加产业附加值，与乡村淘宝合作，扩大金钱橘以及布依族服饰销售范围，助推黔货出山。突出花卉产业作为景区特色项目，投入对口帮扶资金，采用"公司＋合作社＋贫困户"模式实现效益翻滚，贫困户通过利益分红、务工就业、土地流转、分散培植、助推农旅结合等直接或间接地参与。旅游景点的发展，带动了相关配套的吃、住、行、玩等需求的迸发，当地政府努力转变贫困户思想观念，鼓励贫困户积极参加厨师、民族舞等专项就业培训班，帮助贫困户依托旅游产业链开创事业，开办农家乐、经营乡村旅游民宿客栈等。文化驱动，培育贫困户生产经营枫香染、民族服饰、特色食品等布依族特色旅游商品，借助《好花红调》的知名度，打造布依族风情歌舞演出，用民族文化带领群众增收致富。

## （三）村规民约宣传保护生态环境

绿水青山就是金山银山，"生态"和"绿色"是建设的主线和底色，农村环境与旅游环境的治理及污染防控不容忽视，好花红景区将对生态环境保护的具体要求写入村规民约，通过院坝会、座谈会等接地气的形式宣传环境保护相关政策规定，唤醒群众爱护环境的主人翁意识。层层落实河长制，形成县、镇、村、组四级河长定期巡河制度，用实际行动践行良好生态发展理念，致力于好花红景区长远发展。

通过多年的持续发展，好花红村先后荣获了"全国民族团结示范村""全国文明村寨""中国最美休闲乡村""全国民主法治示范村""全国文明村镇""中国少数民族特色村寨"等荣誉称号。2017年，好花红景区已成为国家 AAAA 级旅游景区。

# 贵州省望谟县洛朗村：
# 小板栗带来大生机

贵州省望谟县有个以布依族人口为主的洛郎村，全村耕地面积有 6 000 多亩[①]，大部分耕地为处在山高谷深的坡地，很少有水田，但当地属亚热带温润季风气候，具有春早、夏长、秋晚、冬短的特点，适合板栗的生长。这里出产的毛红板栗以其独特的香、软、糯获得民众青睐，村里几乎组组都有板栗基地，户户都有板栗树。但由于人工成本上升、分散化生产，板栗因未经产品化、远程储藏运输不便等原因，只能就近"贱卖"。

2016 年，根据国务院和中央统战部的安排，引入上海均瑶集团定点帮扶贵州省望谟县洛郎村，投入了资金和技术支持，建立"望谟县万亩板栗高产示范园"，带领洛郎板栗向产业化、标准化、专业化、现代化发展。

望谟县板栗

---

① 亩为非法定计量单位，1 亩≈667 平方米，下同。

## （一）深入调查研究，完善造血机制

均瑶集团和当地政府共同开展地毯式摸底，下沉到每家每户了解贫困户的实际情况、脱贫意愿以及担忧顾虑。针对了解到的情况，积极鼓励贫困户到园区去工作，确保贫困户不出村就有稳定收入。同时，均瑶集团出资采购板栗种植所需的所有生产资料，免费发放给贫困户，形成"短期＋长效"的造血机制，解决了贫困户新种的板栗苗 3 年内不能挂果、短期内无收入的困境，还保障 3 年板栗挂果后年年有收入。

## （二）加强园区建设，发展特色种植

探索形成"龙头企业＋本地企业＋村委会＋种植大户＋贫困户"的企业帮扶模式，带领贫困户专业化、精细化管理板栗苗。完善配套设施，挖掘水窖，确保旱涝"保收入"；安装太阳能灭虫灯，打赢害虫"歼灭战"；修建产业路，让板栗坐上运输"快车道"。加大技术扶持，聘请技术专家团队，定期在田间地头交流、指导、示范，手把手培训贫困户科学种养板栗树，还额外聘请生产管理员，组织和督促种植户参与板栗生产，建立"一组一本、一户一册、一人一表"帮扶工作台账，实施动态管理，确保帮扶成效。

## （三）拓展销售渠道，打造网红品牌

开发"哆吉栗"板栗品牌，树立形象打开销路。为打开"哆吉栗"销路、扩大品牌影响力，均瑶集团扬长避短，帮助"哆吉栗"通过中国民用航空局航空食品审批，让"哆吉栗"成为旗下吉祥航空的航空食品。让吉祥航空每年 1 800 多万名旅客们不仅能在飞机上品尝到"哆吉栗"，下飞机后还能在包装袋上扫码购买"哆吉栗"，这一举措也叩开了电商销售大门，光秀公司的"哆吉栗"板栗也成为"网红"食品，销售额从 2016 年的 900 万元激增至 2021 年的 4 500 万元。销路打开后，光秀公司以保护价敞开收购板栗，确保了农户增收，更激发了农户种植板栗的积极性，形成了产业帮扶的良性循环。

2021年，在贵州省"特色田园乡村·乡村振兴集成示范试点"建设中，洛郎"金色果"（板栗）成为省里重点扶持发展的"五色"产业之一，成为独具特色的乡村振兴示范试点。除此之外，望谟板栗还荣获国家地理标志、"中国板栗名县"称号，形成了"小板栗坐上大飞机"的"洛郎样本"，为巩固拓展脱贫成果同乡村振兴有效衔接提供了有效示范。

# 浙江省永康市：
# "稻＋N"生态种养模式走出
# 致富新"稻"路

浙江省永康市气候温和、雨量适度、水源丰富、光照充足、土地肥沃，具备种植水稻得天独厚的条件，永康市不断探索农业增收、产业富民的新途径，充分利用稻田资源，大力实施以稻养鱼、以渔促稻、粮渔双赢的稻渔综合种养工程，有效减少化肥、农药使用，解决农业面源污染的同时，实现"一田两用、一水双收、渔粮共赢"。

## （一）夯实政策帮扶基础

深入开展"稳产保供三服务"活动，联合农业农村局组建帮扶团深入各村开展"农业产业稳产保供扶持政策"解读会，为农户讲解实施稻渔综合种养模式的相关金融扶持政策，摸清种粮大户意愿。组织种粮大户前往稻渔综合种养基地进行现场调研，培养农业转型升级理念。永康市财政局安排专项资金220万元大力支持"稻＋N"生态种养模式，用于建设永康市稻渔综合种养示范县及示范基地。出台《支持村集体经济巩固提升的十条举措》，支持多样化综合种养模式。以"企业＋农户"合作模式推进稻田螺综合种养，可减少肥料和农药使用量50％以上。以村集体经济抱团模式建立"村集体＋农户"稻虾养殖试点，"流转费用＋经营分红"组成收益，固定收益流转至村集体，盈利超出部分以分红形式返还股民。

## （二）强化专业技术指导

积极对接浙江大学和浙江省农科院水产、育种、栽培等领域专家，建立"省级专家＋市级专家＋县级专家＋乡土专家"四级纵向联动水产技术和粮油产业团队，对种植养殖主体进行专业指导，并帮助种植养殖主体把握各个环节时间节点和技术要领。邀请省、市水产研究专家开办"稻渔综合种养"农村实用人才培训班，采用"理论学习＋现场教学＋交流讨论"的方式，就稻渔综合种养技术、农业创新创业、新媒体营销、一二三产业融合发展等进行重点培训，加快培养一批掌握水稻种植、水产养殖、市场营销的复合型人才，解决稻渔综合种养关键难点，推动"稻＋N"生态种养模式不断发展提升。

## （三）整合资源推进三产融合

为促进产业链条全覆盖，永康市以"农安永康"和"浙样施"App 为依托，"浙农优品"为抓手，对种养全过程进行有效监管，保障产品安全。引导农户开展绿色和有机产品认证，培育稻渔产品生态品牌，依托品牌效益提升产品附加值，同时，借力电商平台立体化营销，通过发展稻渔产品电子商务平台拓宽销路、提升市场占有率。以"农旅融合"为引领，举办生态小龙虾美食节、龙虾垂钓文化节等节庆活动，并加强与县内外餐饮服务企业合作，有效延伸稻渔产业链；通过建设稻田观赏区、大米加工展示区等主题功能区，配套完善科普教育长廊、儿童玩乐设施，形成集休闲、科普、体验、创意为一体的"生态农文旅"聚集区。

永康市已成为金华市首个省级稻渔综合种养重点示范县，成功创建省级稻渔综合种养示范基地 8 家，申请注册自主品牌 8 个，亩均增收超 3 200 元，稻渔综合种养工作成效显著。

# 河南省虞城县：
# 壮大特色产业　助推乡村振兴

河南省虞城县位于河南省商丘市东部，豫、鲁、皖三省交界处，下辖 25 个乡镇，601 个行政村，总人口 126 万，面积 1 558 平方千米。2013 年，虞城县贫困人口高达 14 万，存在基础设施差、群众等靠要、政府兜底弱等问题，因病因残致贫占三成，同时还存在因智、因老、因婚、因学等致贫现象。河南省以产业振兴作为解决乡村振兴诸多问题的突破口，2019 年 5 月取得成效，河南省政府宣布虞城县脱贫摘帽。如今的虞城县着眼新发展格局，深入谋划农业特色产业发展，培育壮大战略性新兴产业，稳步推进农业优势特色产业，确保巩固拓展脱贫成果同乡村振兴有效衔接工作走深走实。

## 一、主要做法

### （一）谋划产业项目，注重特色引领

虞城县依托资源优势，紧密结合地理位置、气候条件和资源禀赋，综合考虑产业基础和市场需求，科学编制了年度农业特色产业发展规划，制定了年度农业优势特色产业发展实施方案，明确了年度任务、推动措施、责任分工、过程管理、考核验收等事项。同时，建立了巩固拓展脱贫成果和乡村振兴有效衔接项目库，项目效益不断凸显。

### （二）拉长产业链条，强化利益链接

虞城县重点支持和发展具有较好资源禀赋、良好市场前景、带动增收能力强的种养业，延伸支持农产品精深加工、农业产业为主体的一二三产业融合发展，并通过土地流转、就业务工、订单收购、技术培训指导、入股分红、自主创业等多种方式建立健全联农

带农富农机制，将脱贫人口、监测对象嵌在链条上，实现农户和企业"双赢"。

### （三）培育优势产业，促进农民增收

虞城县在产业基地建设、良种繁育、精深加工、科技服务、人才培训、品牌打造、市场销售等全产业链发展关键环节给予支持，聚力培育六大板块特色产业经济圈，推动特色农业龙头企业发展壮大；充分发挥涉农龙头企业引领作用，以规模养殖促进当地农业结构调整，以"公司＋基地＋农户"经营模式充分调动发展活力。同时，虞城县通过推进介绍务工、转移就业、产业帮扶就业等措施，促进劳动力就业、带动群众稳定增收。

## 二、主要成效

（1）该县 2023 年谋划产业发展项目 77 个，资金规模21 852.92 万元，占统筹整合资金总规模的 51.5％，其中优势特色产业项目 26 个，资金 9 749 万元，占产业类项目的 44.6％。

（2）该县重点支持了懂菜农业科技公司、科迪食品集团股份有限公司（河南科迪商丘现代牧场有限公司）、新航道科技公司、河南省徐佳福食品有限公司等龙头企业，通过建设农产品加工厂、中央厨房冷库、科创园、现代农业产业园等方式，直接帮扶脱贫户561 户，每户人均年收入增加 5 000 多元。

（3）该县重点打造了生猪养殖、蛋鸡养殖、荠菜种植加工、食品加工、冷链仓储等优势特色产业。2023 年，全县 111 家规模以上企业已吸纳脱贫人员 3 600 余人，人均月工资 2 600 元左右。同时，该县确立了股份合作帮扶模式和直接帮扶模式两种产业扶持模式。直接帮扶模式主要是针对有劳动能力，愿意自己通过种植、养殖提升收入的脱贫户，给他们提供种子、肥料或牲畜幼崽补贴等。2022 年，在股份合作帮扶模式中，全县投入产业发展资金达 1.04亿元，其中入股合作社资金 1 亿元，带动脱贫户 39 642 户，每个

合作社都能保证正常分红，有效解决了全县 3.9 万户老弱病残，缺少技术、劳力及自身能力不足农户的增收难题，使他们挂靠有能力的种植养殖、加工合作社，通过入股分红获得长期稳定收入。同时加大产业投入，提高产业项目占比，用于产业项目的财政补助资金占比在不低于 50％的基础上逐年提高。

# 河南省漯河市：
# "三链同构"实现食品产业集群协同发展

## 一、背景

河南省漯河市紧紧抓住"粮头食尾、农头工尾"，围绕"产业链、价值链、供应链"，探索出三链同构、集群协同的农食融合乡村产业高质量发展模式。2020 年，全市食品产业营业收入 2 000 亿元，带动农户 25 万，户均增收 3 000 多元。

## 二、主要做法及成效

### （一）培育产业群体，促进全产业链延伸

（1）扶持五级订单生产，夯实产业链基础。按照专种专收、专储专用、优种优收、优加优销要求，组织食品加工企业、面粉生产企业、种子企业、收储企业与种植大户、家庭农场和小农户签订"五级订单"。对优质专用、订单品种所需良种给予每亩 20 元补贴，组织相关金融机构洽谈合作，开发"专项贷""订单贷""种子贷"等金融产品。全市发展优质小麦种植 115 万亩，优质小辣椒常年保持在 40 万亩以上。

（2）培育产业化联合体，促进产业链延伸。制定土地、资金、人才扶持政策，支持组建龙头企业牵头、农民合作社和家庭农场跟进、小农户广泛参与的农业产业化联合体 25 个，联合体吸收龙头企业 100 家、农民合作社和家庭农场 200 家，年产值突破 900

亿元。

（3）打造优势产业集群，带动产业链拓展。实施"十百千"亿级产业集群培育、"小升规"培育、"小升高"培育三大工程，形成了双汇肉制品、中粮面业面制品、喜盈盈烘焙膨化食品、卫龙休闲食品、中大恒源健康食品、三剑客乳制饮品等6大产业全链条集群化发展的品牌典型。

### （二）打造平台载体，促进全价值链提升

（1）打造食品研发平台，提升科技价值。搭建国家级、省级研发平台84个，食品企业每年研发新产品300个以上；企业自主建设省级以上工程技术中心10个、博士后工作站4个、院士工作站2个。

（2）打造质量标准平台，提升品牌价值。设立市长标准奖，对主导或参与国家和行业标准制定的企业和组织进行奖补。以标准引领品种培优、品质提升、品牌创建，全市无公害农产品品牌154个、绿色食品品牌35个、有机农产品品牌1个，中国驰名商标6个、名牌产品4个。

（3）打造食品云平台，提升渠道价值。创新"互联网＋"电商营销模式，成立食品行业工业互联网标识应用创新中心、江南大学技术转移中心漯河分中心，形成大宗粮食电商服务平台，联结各类批发市场50多个，农村连锁超市1 400多家，中介组织1 500多家。

### （三）打通产业间联结点，促进全供应链贯通

（1）打通食品和装备制造业联系点，发展食品机械产业。成功发行3亿元检验检测专业园区建设专项债券，规划建成智能食品装备产业园，吸引广东6家国家级高新技术企业入驻。

（2）打通食品和造纸产业联系点，发展食品包装产业。着眼食品包装高端化、多样化、个性化需求，建设临颍食品饮料包装专业园区，年产各类饮料包装45亿只、占全国市场的1/10，园区年营业收入近30亿元。

（3）打通食品与宠物饲料行业联系点，发展宠物食品。投资10亿元建成宠物食品科技产业园，引进美国嘉吉20万吨预混料项目，利用玉米提取淀粉和果糖后的副产品加工宠物饲料母料。

（4）打通食品与物流产业联系点，发展以冷链物流为重点的食品物流产业。发挥漯河四方通衢的交通区位优势，大力发展冷链物流产业。全市现有国家A级物流企业24家，冷藏车拥有量占河南省1/4，9家企业上榜全国冷链物流百强，占河南省的2/3。

河南省宁陵县：<br>优化升级梨产业体系<br>激发乡村振兴新动能

河南省宁陵县位于河南省东部，是大别山片区乡村振兴重点县。受经济发展水平与自然条件制约，宁陵县存在贫困人口多、返贫几率高、基础条件差、发展能力弱等问题。作为中国国家地理标志产品的金顶谢花酥梨是宁陵县特产，与酥梨相关的种植与加工是发展战略核心。2018年国家助农车间落户宁陵县孙迁村，主打儿童梨膏、简装梨膏、高档老梨树梨膏等酥梨产品，主要销售渠道为线下展销与淘宝店铺。

宁陵梨花周开幕式

## 一、主要做法

### （一）打造优势产业

实施高标准农田建设，升级改造农田配套设施，提高农田种植质量，为酥梨产业发展打下坚实基础；统筹推进发展规划，打造以酥梨果品为特色的主导产业，构建种植与深加工相结合的现代农业产业体系，以此带动农业结构调整和二、三产业发展，促使农村经济不断壮大，农民收入稳步增加，同时联合科研院所提高酥梨种植科技底蕴。

### （二）突出文旅融合

完善万顷梨园基础设施，打造了皇家梨园、贵妃园、御景园、百年梨树王、金顶阁、梨文化博物馆、梨园六亭等特色旅游景点，形成了"春赏花、夏乘荫、秋品果、冬观枝"的四季美景；探索"生态康养＋休闲度假"旅游模式，高标准打造"万顷梨园景区—中原墙绘第一村—老坚决故居"精品旅游路线。

### （三）完善产业链条

打造了集仓储、分选、物流、深加工为一体的宁陵果蔬冷链物流产业园项目；探索村民变股民新模式，以农村土地"三变革"为抓手，探索"政府推动、企业带动、合作社互动、群众参与"的新模式，让村民以土地、资源、劳动力等要素入股，村民变股民，盘活闲置土地，减少企业风险。大力扶持新型农业经营主体，着力构建以家庭承包经营为基础，酥梨种植大户、家庭农场、农民合作社、农业产业化龙头企业为骨干，其他组织形式为补充的新型梨产业经营体系。

### （四）创新数字赋能

举办以网络销售、短视频制作、直播带货等为主题的培训班，培育了一批爱家乡、懂网络、会宣传的"土明星"，有关宁陵酥梨的短视频网络浏览量超过 800 万人次；运用大数据、区块链等技术，为梨果、酥梨深加工产品贴上溯源码，便于消费者清晰看到从生产到运输到销售的全链条信息，有效保护了酥梨产业品牌，助力产业转型升级，为打造集种质资源保护、生产、加工、流通、科技服务于一体的产业集群提供有力保障；拓宽网上销路，在涉及酥梨产业的乡镇建设电商服务站点，依托县乡村三级物流体系，孵化培育大型电商企业和电商带头人。

## 二、主要成效

### （一）筑牢产业根本

加强酥梨种植，保持"中国酥梨之乡""国家梨产业技术体系示范县""农业农村部第四批中国特色农产品（宁陵酥梨）优势区"等称号。目前，宁陵县酥梨种植面积 22 万亩，年产酥梨 10 亿斤[①]；注入科技力量，投资 1 200 万元，联合中国农科院郑州果树研究所建设了酥梨试验站，示范推广了"梨树高接换头""梨果控产提质""梨树宽行密植""梨园行间生草""液体授粉""蜜粉授粉""增施有机肥，应用腐殖酸肥、氨基酸肥""枝条还田"等标准化管理技术 8 项，使酥梨的生产经营模式从劳动力投入型向技术增长型转变。2022 年 4 月，实施酥梨品种改良超过 4 000 亩，预计提高经济收益 500 余万元。同时，开发了梨膏、梨膏糖、梨酒、梨醋、梨木工艺品等多个深加工高附加值产品，年产值超过 2 亿元。开发了宁陵红、喜水、秋月等 20 多个早熟梨新品种，售价是普通酥梨的 3 倍以上。

### （二）丰富旅游业态

先后举办了 19 届梨花节、15 届酥梨采摘节和"梨王争霸赛"，

---

① 斤为非法定计量单位，1 斤＝500 克，下同。

年接待游客超过 30 万人次，直接经济收益超过 2 000 万元。加快文旅融合。引入社会资金 1 800 万元，建设了梨元素与乡村文化相融合的"梨花小镇"民宿群，让"生态康养""慢生活"成为旅游特色。

### （三）强化品牌塑造

以做强做大酥梨公共品牌为目标，利用短视频、县长直播带货、研学游等方式，多渠道、全方位、立体化宣传推介。目前，已在天猫、京东、淘宝、拼多多等多个平台开设店铺，注册酥梨、梨膏、梨酵素等农特产品品牌。一系列举措叫响了宁陵酥梨品牌，催生出"果源贡""小梨妹"等多个网上爆款单品，酥梨网上年销售量达 1 万吨，销售额超过 2 000 万元。

## 上海市金山区漕泾镇：
## 养好"金财鱼" 致富新农村

上海金山区漕泾镇有良好的水产养殖业基础。2018 年，漕泾镇以水库村创建市级乡村振兴示范村为契机，引入财宇生态农业科技公司（以下简称"财宇公司"）开发生态乌鳢（黑鱼）养殖项目，带动全镇水产养殖业转型升级、提质增效，形成金山现代水产养殖业集聚区，走出了一条因水而美、依水而兴的乡村产业兴旺之路。2020 年，漕泾镇水产养殖销售额达 3 672 万元，亩均产值 1.6 万元，其中财宇公司作为全上海最大的黑鱼分销基地，日出货量达 3 万斤，年销售额达 2 000 万元，亩均产值 40 万元，是普通黑鱼养殖的 5 倍，普通虾类养殖的 25 倍。

铸品牌，创模式，讲好黑鱼新故事。财宇公司以做优产品品质和拓宽销售渠道来做大做强品牌农业，让漕泾黑鱼片成为上海酸菜鱼的标配，提升了漕泾农业的品牌知晓度和美誉度。一是打造品牌促合作。财宇公司立足金山区，辐射长三角，注册了"金财鱼"商标，联手盒马鲜生、锦江集团等优质运营商，供应了全市近 80％的品牌酸菜鱼馆，确保品质优良，市场反馈良好，客户体验满意度

财宇生态农业科技公司

高，形成了当地独有的"用最好的水养最鲜的鱼"品牌效应。二是创新模式促销售。运用成熟物流运输，配以冷链保鲜系统，与传统的实体店建立长期合作关系，拓展多种销售模式，采取线上直播、主播带货、社区团购、微商、电商等多种类销售途径，与广东海大集团合作形成全产业链运行途径，实现从苗种到成鱼的一体化销售。三是开发产品促增值。由单一的黑鱼、鲫鱼等活鱼销售，扩大到免浆黑鱼片等多品类水产加工品，走出一条鲜活品牌鱼与配套加工相结合的新路径。并通过优化水产品加工产品品类，加强鱼类农业科普教育、休闲观光旅游和体验餐饮相融合的农业延伸产品，切实推动农村一二三产业融合发展。

惠集体、促增收，办好农民的切身事。漕泾镇引入"金财鱼"项目，指导财宇公司与水库村建立了紧密的联农带农机制，探索了收益"流转＋租赁＋分红＋薪金＋销售＋帮扶"的"六金"模式，全面促进农民增收致富。一是固定资产强增值。水库村以全村土地经营权入股，组建了土地股份合作社，共同开发建设生态乌鳢项目，每年可获土地流转费 45 700 元；依托市级都市现代农业项目，第一期总投资约 950 万元，以"公建民营"的形式出租地上构筑物，每年获得租赁费 20 万元，并约定每三年上浮 10％。二是分红就业强增收。财宇公司与村集体约定了每年 6% 的收益分红比例，2020 年水库村克服新冠疫情影响得到分红 12 000 元。同时，公司通过建立村企劳务合作关系，帮助解决 13 个村民的就业问题。2021 年起公司将分两期继续投资约 2 500 万元，打造全新的鱼片包装生产线和智慧化分拣车间，建设产销一体化现代水产产业园综合体，预计三年内销售额可达到 1 亿元，并将新增就业岗位 30 人。三是党建引领强增产。漕泾镇以党建引领为纽带，在水库村建立"红领 LINK"党建之家，以结对帮扶的形式建立"企业＋合作社＋农户"生产经营模式，由财宇公司对接镇里较大规模的 8 家水产专业养殖户，涉及养殖面积 350 亩，通过提供苗种、饲料、养殖技术、产品定价回收等服务，提高了原有养殖塘的生产效率和产出效益，使养殖户亩均年收入增加 5 000～6 000 元。

护环境、亮底色，做好生态的振兴事。水库村和财宇公司围绕"绿水青山就是金山银山"的绿色发展理念，在发展黑鱼产业的同时，注重水环境治理和水生态保护，做到经济效益和社会效益双提升。一是保护水资源，提升水生态，推进物质文明。水库村充分利用现有的 41 条总长度 28 千米的河道，加强生态治理，开展拆坝建桥沟通水系，投资 1.48 亿元实施水利专项，使得水库村的水质常年保持在Ⅲ类水，冬春季甚至可达Ⅱ类水。好水产好鱼，财宇公司把水库村的好水引入到黑鱼养殖池塘和流水槽，经增氧处理后采用跑道锻炼的养殖方式，使蓄养的黑鱼肉质紧实，品质更鲜，口感更好。二是引入水科技，实现水循环，强化生态文明。财宇公司引进世界先进的工厂化养殖设备，建立了 25 条流水槽和水循环处理设施，最大程度实现水资源循环利用，提升黑鱼品质。同时，在养殖区周边开垦 8 亩湿地种植水稻，既有利于黑鱼养殖废水处理，又为水稻生长提供有机肥，形成了"鱼—稻"共作的生态种养模式，让养殖尾水经过自循环系统，实现零污染排放。三是宣传水科普，弘扬水文化，提升精神文明。在建成智慧渔业管理系统的基础上，财宇公司和水库村深入挖掘水文化、鱼文化，以生态黑鱼基地为核心打造"水产科普馆"，建设金山区智慧水产科普基地，向参观者尤其是青少年宣传水产科普知识，营造社会各界共同关注生态保护、渔业可持续发展的良好氛围。

## 辽宁省朝阳市十家子村：
## 一村一品 特色产业带动乡村振兴

从田坎上远望，几十个葡萄大棚罗列在平整的土地上，在阳光的照射下熠熠生辉，预示着"紫晶凌"的丰收。这种于2022年经农业农村部组织专家审核入选"一村一品"的葡萄，与十家子村的蔬菜瓜果等特色农产品一起，见证了这个人均耕地不足2亩的小村的振兴故事。创新型乡村经济搭上互联网快车，将特色产业产品推广至千家万户。

辽宁省朝阳市木头城子镇十家子村，全村土地总面积6 100亩，其中耕地1 400亩，人均耕地1.3亩。农民收入来源主要以大田种植、冷棚蔬菜制种、绿化苗木和外出务工为主。由于土地贫瘠、干旱少雨，村民收入很低。为切实做好乡村振兴工作，带领村民走上发展之路，十家子村党支部积极感召、扶持大学生返乡创业，以王颖为代表的本村大学生返乡领办合作社，创办经济实体，助力十家子村探索乡村振兴之路。

十家子村农业特产有杂粮、葵花、葡萄、苹果等，传统销售方式难以拓宽销路，"从农村地头到城市餐桌"的发展路径并不顺利。针对十家子村青壮年大多外出务工，村内缺少发展建设人才的情况，村支委利用亲情、乡情，吸引大学生返乡创业，并着手发展乡村产业新业态。

第一，领头企业开拓全新方向。2015年，大学生王颖响应十家子村号召，返乡创立新发永业电子商务公司，注册"村姑进城"品牌，发展葡萄、小米等特色农产品种植加工，推动当地特色水果和杂粮产业发展。在王颖的影响和村支委的支持与帮助下，先后有20余名大学生返乡创业，领办合作社。在头雁的带领下，十家子村开始探索"线上＋线下"的销售模式，逐步发展农村电商经济。

第二，品牌建设助推扩大影响。创立"村姑进城""蛮妞""晶脂"等知名品牌，联合线上宣传、线下实体体验扩展品牌影响力。在基地建设方面，以"土地流转＋入股"方式流转近万亩土地，打造高标准一体化农产品生产基地，同时建立农产品初加工分级标准，稳定供给质量。在产业链拓展方面，与沈阳农大等院校、研究所合作，开发母婴食品等深加工农产品。

第三，共同富裕稳定振兴成果。2018年合作社成立时，为贫困户设计了三种扶贫方案：向务农人员提供技术、设备支持，向务工人员提供合作社岗位支持，鼓励无劳动力贫困户以土地入股，年终分红。细化扶贫方案，让农民真正从乡村产业发展中受益。

电商网络的运用，使原本无人问津的农产品变为了还未成熟就已售罄的"抢手货"。网络销售不仅改变了农产品销售模式，也让越来越多的村民因此受益。在村干部的建议下，村民自耕地作物逐渐多样化，在种植小麦的同时栽培向日葵，通过售卖精品葵花籽油，每亩地能增收3 000～5 000元。十家子村已带动27户贫困户脱贫，500余户农民致富。2021年，十家子村乡村振兴经验被农业农村部列入全国乡村产业高质量发展"十大典型"案例。如今，十家子村继续发挥自身优势，把旅游业纳入发展规划，策划设计"朝阳格格"旅游产品品牌，实现一二三产业融合发展。

十家子村打造特产葡萄"紫晶凌"大获成功，是商业领头、品牌建设、共同富裕三线并行发展的必然结果，也是发展农村现代产业、坚持打造"一村一品"、牢牢把握粮食安全主动权三位一体的乡村振兴总要求。贯彻示范带动、三产融合的发展理念，高效发展、绿色发展，让乡村振兴的春雨落满大地。

# 宁夏回族自治区银川市昊苑村：
## 移民村如何成为"亿元村"

银川市西夏区昊苑村位于贺兰山脚下，东至西干渠，西至振兴路，南至小口子旅游路线，北至西部影视城防洪沟。20多年前，昊苑村是一片不毛之地，遍布砂石开采后遗留的大坑。村里居民全部为 1995 年华西村建设时从陕西、甘肃、安徽等 8 省 17 县来宁的移民。昊苑村设立之初，人均收入不到 1 000 元，村民主要靠种植养殖为生，增收途径有限。如今，该村已拥有 19 座酒庄，种植酿酒葡萄 1.8 万亩，年产葡萄酒 6 000 吨，产值近 4 亿元。2022 年，昊苑村被农业农村部认定为"全国乡村特色产业产值超亿元村"。

一个偏居西北一隅的移民村是如何成为"亿元村"的呢？

## （一）戈壁滩打造新产业

昊苑村地处北纬 38°，是业界公认最适合种植酿酒葡萄和生产高端葡萄酒的黄金地带之一，位于贺兰山东麓的冲积扇地带是生产优质酿酒葡萄的绝佳土壤。乘着自治区大力发展葡萄酒产业的"东风"，昊苑村群众开始在砂石地里栽植葡萄树。

一开始葡萄种植较为分散，都是一家一户种，成熟后再卖给周边酒庄或酒厂。由于加工能力有限，加上散户种植缺乏统一标准，导致果子质量参差不齐，达不到酒庄收购标准，卖不出去只能烂在地里。后来昊苑村由村委会牵头，将 1.8 万亩土地打包流转给酒庄统一种植经营，目前，已"长"出了 19 家风格不同的酒庄，生产的葡萄酒在全球各类葡萄酒大赛中斩获了 200 多项大奖。

2021 年，宁夏获批建设全国首个国家级特色产业综合试验区——国家葡萄及葡萄酒产业开放发展综合试验区，并成功举办两届中国（宁夏）国际葡萄酒文化旅游博览会，葡萄酒成为宁夏对话世界、世界认识宁夏的一张"紫色名片"。

## （二）小葡萄串联上下游

一颗小葡萄究竟能产生多大的效益？昊苑村在不断探索中突破其价值上限。在这里，一家一户种植、出售原果的种植模式逐渐被酒庄和企业规模化、标准化建园所替代，社会化大生产使分工更加细化，从而催生出很多新的工种。村民们也在日积月累的葡萄种植中学到了新技术。如今昊苑村形成一支支专业的种植服务队，常年活跃在贺兰山下的葡萄园，在展藤、修剪、养护、采摘、酿造等各个环节，随着技术的不断积累，大批移民完成了从普通农民到产业工人、技术员、酿酒师、管理者甚至行业专家的蜕变。19家酒庄的建设管理及后续产业的推进，衍生出大量新的需求，成为吸纳村民创业就业的新渠道。如今，昊苑村七成村民围绕葡萄酒上下游产业就近务工，人均每年可增收近3万元。

### （三）好生态催生新业态

随着葡萄酒产业的不断发育，其上游连着农业，中间依托加工业，下游与文化旅游、商贸物流等服务业衔接的特点逐渐显现。

尝到了葡萄种植带来的甜头后，昊苑村利用北邻镇北堡西部影城、贺兰山国家森林公园、贺兰山岩画、南邻西夏陵、西夏博物馆、贺兰山滚钟口等得天独厚的旅游资源，将葡萄酒产业与乡村旅游相结合，打造"葡萄酒＋旅游"特色产业，积极探索"全域旅游"新模式，着力打造集葡萄酒品鉴、乡村旅游、民俗文化、生态观光、农事体验、特色民宿"六位一体"的宁夏民宿发展品牌——望山民宿村，进一步促进一二三产业融合发展，带动周边500多名村民家门口就业，走出了一条脱贫致富的新路子。

"葡萄酒＋旅游"带动昊苑村"出圈"的同时，还形成了互联网销售红酒的新业态。位于昊苑村的志辉源石酒庄成功创建国家4A级旅游景区，即使在新冠疫情防控期间仍接待游客35万人次，这些游客逐渐成为葡萄酒重要的消费群体和传播媒介。如今，游客带货和回购颠覆了过去靠传统渠道铺货的营销模式，成为葡萄酒销售的主要渠道。

数十载"植"此青绿、戈壁变林海，好生态也渐渐孕育出新业态。当葡萄酒产业与文化、旅游等元素全面贯通、深度融合，便成为一个多产业融合、多业态叠加的复合产业。

**经验与启示：**

一个先天不足的移民村，仅凭种地是不可能种成"亿元村"的。昊苑村的成功实践，源于当地敏锐地抓住了农村发展动能加快转换的契机，积极推动农业与旅游、文化、康养、信息、餐饮等产业融合，延长农业产业链、市场链、消费链，加速一二三产业融合，通过"接二连三"，实现农村新产业、新业态、新模式的快速发展。

## 宁夏回族自治区西吉县龙王坝村：
## 发展特色产业　助力乡村振兴

宁夏龙王坝村坐落于宁夏南部山区著名的红色旅游胜地——六盘山脚下，位于火石寨国家地质公园、国家森林公园和将台堡红军长征胜利会师地三大景点之间，距离县城 10 公里，火石寨景区 19 公里，北接 309 国道，南连西三公路，交通便利，有龙泉湾等独特的优势资源，非常适合发展乡村休闲观光农业，是休闲、度假、踏青、避暑、采摘的好去处。2014 年以前的龙王坝村是西吉县一个贫困的小山村，随着整村推进扶贫工作在龙王坝的开展，龙王坝村大力发展乡村旅游、休闲农业和林下经济，彻底改变了这个贫困小山村贫穷落后的面貌。

龙王坝村窑洞民宿

### （一）三产互动"融合"

村里坚持林下经济、乡村旅游三产业融合发展，种植 2 000 亩

龙王坝村风貌

林下油牡丹、1 000 亩金银花、120 亩红树莓，养殖万羽震湖生态鸡，建成梅花鹿养殖中心，培育形成生态休闲观光农业。同时，投资建成 3 000 平方米的餐饮中心、4 000 平方米的乡村科技馆和儿童游乐场、占地 50 亩的滑雪场、200 平方米的旅游商店、5 000 平方米的日光大棚及 20 栋草莓采摘大棚。以销售马铃薯、芹菜汁、珍珠鸡蛋等本地特色农副产品为主的旅游商店年销售额达 200 万元左右。利用中组部、农业农村部全国农村实用人才培训基地和六盘山干部学院培训基地累计培训学员 1 万人次，产值 1 000 万元，实现了农业生产经营与旅游开发融合发展。

## （二）旅游扶贫"并举"

龙王坝村以西吉县心雨林下专业合作社为主体，吸收农户 200 多户，投资入股发展乡村旅游。建成 56 间窑洞宾馆，带动完成 40 户民宿改造，常年参与旅游就业村民 70 人，开发了石磨磨面、碌碡碾粮等传统农业生产体验，采农家菜、养农家鸡、吃农家饭、住农家炕等农家生活体验系列旅游产品，使游客听乡音、品乡味、留乡愁，贫困户从生产者变身经营者。2015 年 5 月正式运营以来，已累计接待游客 62.4 万人次，创收 7 300 多万元，贫困户户均增收 1.6 万元，"黄金周"期间每天接待游客 3 000 人以上。

### （三）基础设施"先行"

西吉县推荐吉强镇龙王坝村争取到国家旅游专项建设基金 1 000 万元用于实施乡村旅游扶贫项目，投资 500 万元对龙王坝实施特色产业融合示范村建设项目等，着力推动乡村旅游业快速发展，同时，整合旅游、林业、扶贫等各类投资项目集中用于农村道路、旅游厕所改造、危房改造和荒山田埂绿化等基础设施建设，着力改善乡村环境和硬件设施。

## 甘肃省玉门市：
## "五指合力"做强特色产业

2022 年，甘肃省玉门市持续优化"瓜、果、菜、猪、羊、草"六大产业布局，在全力"主攻四大、打造六区"上下足功夫，探索出了"五强五重"发展特色产业的新路子，全面推进产业帮扶成果同乡村振兴有效衔接。

### （一）强项目，重产能，推动产业高质高效发展

2022 年，玉门市以全面推进乡村振兴为目标，以巩固拓展脱贫攻坚成果和防止返贫为主线。围绕"瓜、果、菜、猪、羊、草"六大特色产业，以三年倍增行动为抓手，制定印发了《玉门市 2022 年农业农村工作实施意见》《玉门市 2022 年农村重点产业和重点工作扶持奖励办法》《玉门市现代丝路寒旱农业优势特色产业三年倍增行动计划实施方案》等文件，出台扶持措施 9 项，开展现场调研 8 次，研究工作推进措施。实施巩固脱贫成果和乡村振兴项目库项目 129 个，项目资金 2.3 亿元，高标准农田建设项目 6.48 万亩，项目资金 1.9 亿元。统筹财政衔接资金、产业集群、高标准农田等项目资金 4.2 亿元，全面推动特色产业发展，带动全市种植中药材面积达 16.5 万亩，预计产量约 5 万吨，产值约 20 亿元；蔬

菜种植面积达 8 万亩，预计产量约 42.6 万吨，产值约 10.48 亿元；生猪存栏达 9.63 万头、出栏 7.93 万头、产值达 1.43 亿元；肉羊存栏 75 万头、出栏 37 万头、产值达 2.96 亿元；饲草面积达 21.7 万亩，预计产量约 9.77 万吨，产值约 1.47 亿元；瓜菜花卉制种面积达 6.35 万亩，预计产量约 0.31 万吨，产值约 6.12 亿元；藜麦种植面积达 0.3 万亩，预计产量约 0.045 万吨，产值约 0.13 亿元，特色产业日益发展壮大。

## （二）强基础，重帮扶，坚决守住防返贫底线

玉门市制定印发了《玉门市健全防止返贫监测和帮扶机制实施办法》等文件，严格执行"四个不摘"要求，制定了"一户一策"产业帮扶措施，成立农业重点产业链发展领导小组、产业专家工作室和网格化服务小组，同时派驻 24 名技术人员常年下乡开展技术指导，逐户落实产业帮扶措施。积极探索建立"政府＋企业＋贫困户"的扶贫模式，将技能培训和就业机会直接带到贫困户家门口，帮扶贫困劳动力 1 610 人；完成贫困劳动力职业技能培训 202 人；开发乡村公益性岗位 170 个，聘用建档立卡贫困劳动力 170 人；累计建成"扶贫车间" 6 个，吸纳 67 名建档立卡贫困劳动力就业。同时，针对全市纳入重点监测的 25 户 104 人，按照户均不超过 2 万元的标准，落实日光温室、高效田、枸杞、羊、牛等产业帮扶资金 48.9 万元，在低收入群体中建立起坚实的保护屏障，从产业帮扶转向产业振兴，防止大规模返贫发生，进一步巩固脱贫成果，助力乡村振兴。

## （三）强改革，重增收，壮大村集体经济收入

玉门市对症下药创新发展模式，探索集体经济多种实现形式，不断增强村级集体经济自身的"造血"功能和综合实力。玉门市独山子东乡族乡源泉村主动融入全市蜜瓜产业布局，持续推动连栋拱棚蜜瓜标准化种植，筹资 70 万元发展拱棚蜜瓜，由村股份经济合作社统筹经营带动农户增收致富，深入推进农村土地流转，全面推进合作社规范提升行动。全市有种养基地、农业机械、良种供给、订

单销售、加工储藏的"五有"合作社达到 75％以上，持续深化农村集体产权制度改革。在继续抓好玉门镇东渠村、南门村 2 个试点村的基础上，新确定赤金镇铁人村、柳河镇官庄子村、黄闸湾镇梁子沟村 3 个村为股份经济合作社规范运营发展壮大集体经济试点。全市 59 个行政村集体经济收入均达到 5 万元以上，40％以上的行政村收入达到 10 万元，村集体经济收入较往年有了大幅度提升。

### （四）强龙头，重创新，培育新型经营主体

玉门市按照"规范提升一批、扶持壮大一批、清理整顿一批"的思路，培育壮大新型经营主体，以龙头企业、合作社、家庭农场、种养大户等为重点，采取"合作社＋基地＋农户"的模式，落实扶持政策，制定优惠政策，进一步提升经营主体组织化程度和市场竞争力，通过订单农业、入股分红等方式，带动脱贫群众增收致富。全市规范提升合作社 522 家、家庭农场 167 家、龙头企业 32 家，新建保鲜库 3 个，带动全市 1 756 户已脱贫户发展韭菜、葡萄、蜜瓜、枸杞、羊、芦花鸡等特色产业。同时，全市 32 家重点龙头企业重拳出击，普罗生物、拓璞科技等 5 家企业组建了专门的科研机构进行新技术研发，大业草业、绿地生物等 10 家企业申请通过了 ISO9000 等质量体系认证，祁连清泉、玉港农林等 12 家企业的农产品获得了"三品一标"认证，表青惠农等 2 家企业获得对外出口经营权，全市农产品加工转化率达到 71％，带动 936 户已脱贫户发展增收产业，全市新型经营主体带动能力逐步增强。

### （五）强品牌，重营销，增强特色产品竞争力

为推动质量兴农、品牌强农战略，玉门市构建农产品区域公用品牌、地标品牌和企业商标品牌相互支撑、协同发展的知名农产品品牌体系。按照"政府引导，协会运作"模式，指导市农产品流通经纪人协会做好"玉门珍好"区域公共品牌注册、管理、运行等工作，积极组织企业参加第二十八届兰洽会、2022"甘味"特色农产品贸易洽谈会等大型活动，参与举办首届甘肃酒泉枸杞博览会，通

过参与甘肃省农村广播节目"那山那水我代言",为玉门市枸杞、人参果、韭菜、羊肉等特色农产品进行代言宣传,拓宽了农产品的销售渠道,提升了农产品的市场竞争力。全市累计创建"甘味"农产品品牌3个,"祁连清泉"人参果、"赢瑞"辣椒、"沁馨"韭菜、"陇宇"枸杞、"昌马百草羊"牛羊肉等5个品牌成功入选"甘味"农产品品牌目录,累计认证"三品一标"农产品43个,面积达到45.82万亩,养殖规模达到106.05万只,"中国韭菜之乡""中国蜜瓜之乡"等品牌影响力和商品转化率持续提升。充分发挥农产品流通经纪人协会、枸杞协会桥梁纽带作用,在一线城市建立玉门农产品直销专柜,加强与北京、广东、安徽等地农产品经销组织、批发市场、流通企业对接合作,不断开辟外部市场销售新渠道,确保大宗农产品实现订单销售。

# 甘肃省榆中县:
# 打造特色百合产业
# 助推农业高质量发展

甘肃省榆中县位于甘肃中部、省会兰州东郊,距兰州市35公里,交通区位优势明显。所辖乡镇20个,总人口56万人,其中农业人口39.61万人。总面积3 302平方公里,耕地139.18万亩。全县海拔1 480~3 670米,属温带半干旱气候,年均气温6.7℃,年降水量350毫米,无霜期120天,特色产业发展条件得天独厚。榆中县属"兰州百合"主产区,种植百合已有130多年历史。其种植条件优越,气候环境适宜,种植区域涉及南山和北山两个片区,所产食用鲜百合因其洁白甘甜、瓣大肉厚、口味清爽、风味浓郁、个体均匀、产量稳定、精品率高、商品性好而享誉全国,深受广大客商和消费者青睐。榆中兴隆世友农副产品产销专业合作社、榆中富源百合产销专业合作社先后获得国家绿色食品认证中心"绿色食品"标识认证。

近年来,榆中县围绕产业发展、种业振兴、质量监管、品牌打造等有效措施,成功打造了以园子岔乡、银山乡为中心的北山片区和南山片区两大百合产业基地，规模逐年扩大，百合产业已成为主产区农民增收、企业增效的主要特色产业之一。

榆中县迎来百合丰收季，乡亲们正在分拣百合（刘彦令　摄）

## （一）提高生产技术，保障商品质量

2022 年依托百合种球繁育项目，在和平镇邵家泉村、小康营乡、园子岔乡、哈岘乡、贡井镇等乡镇建立百合种球、脱毒种球繁育试验示范基地 80 亩，并建立 2 个脱毒种球快繁生产实验室，年生产脱毒种球 20 万粒，通过试验示范带动产业区农户建立百合种球良种繁育面积达到 200 亩以上。建立百合标准化示范基地，依托龙头企业、合作社、家庭农场等新型经营主体，在园子岔、上花岔、和平、龙泉等乡镇按照统一品种、统一标准、统一生产、统一标识、统一品牌、统一销售的"六统一"要求，建立 13 个百亩百合标准化生产示范基地，示范带动面积达到 2 万亩以上，绿色认证 2 000 亩以上。

## （二）建立产业联盟，保障服务能力

强化科技创新引领，按照百合生产、加工、流通、科技、示范、服务等全环节升级发展要求，加强与省内外百合良种繁育大中专院校、科研机构及企业沟通交流，引进优良品种扩繁推广，构建科技集成创新平台，建设兰州百合产业化联盟组织，拓展百合全产业链科技智库，解决制约百合产业发展的关键技术难题，引进研发一系列新品种（系）、新技术。组建 13 个重点农业产业专家技术指导团队和县级农业科技特派员技术团队，为龙头企业和种养大户提供综合、系统的科技服务。

### （三）建立监管体系，延伸产业链条

推动形成标准化生产、网络化监管、全程可追溯发展格局，全县配备质量安全协管员 231 名，实现蔬菜主产乡镇、村全覆盖，建成蔬菜质量安全检测站 68 个，蔬菜农药残留例行检测和日常检测合格率达到 98% 以上。结合农产品产地仓储建设项目，建成百合保鲜库 40 座，储藏能力 1.4 万吨，建成百合初加工生产线 3 条，百合精深加工企业 1 家，年生产能力 2 000 吨以上。上下游企业的建设可有效解决农产品集中上市价贱伤农、产后损失严重等产销对接脱节问题，实现反季节销售和常年均衡供应，稳定农产品价格，延长产业链条。

### （四）拓宽销售渠道，强化品牌建设

坚持"内富品类、外拓门路"思路，积极组织新型农业经营主体、种植大户参加省内外大型农产品博览节（会），不断提高百合市场占有率，促使产品不仅畅销国内，还销往日本、韩国等国家和地区，产品市场竞争力持续提升。借鉴陇南、环县等电商经济先进经验，主动对接拼多多、京东、扶贫 832 平台等网销渠道，积极参与各种消费扶贫项目，实现"百合上线，效益富农"。全面提升"三品一标"认证比例，由"百合联盟"牵头对接兰州百合协会，对农产品商标、包装、规格、标识等内容进行统一规范，打造良好的百合产品形象。立足"名、优、特、精"产品升级，着力扶持兰州神果科技农业有限公司、甘肃芳莲农业科技有限公司等企业开发加工产品，注册了"云裳仙子""兰园芳莲"等商标，形成了"百合羹""百合

膏""百合干"等多个产品，"兰州百合"知名度进一步提升。

# 黑龙江省绥滨县忠仁镇：
# 牛鼻子"牵"出致富新路子

忠仁镇属黑龙江省鹤岗市绥滨县管辖。在县境北部，黑龙江南岸，北与俄罗斯隔江相望。镇政府驻地离县城 35 千米。1949 年为十四区，1956 年置集贤乡，1962 年成立公社，1984 年置忠仁乡，1989 年建镇。全镇 319.5 平方千米，人口 2.27 万。下辖集贤、黎明、永发、荣胜、富山、德胜、兴隆、荣边、联合、长发、东兴、忠仁、新建、永和、福太、新安、中兴、康乐、高利、建边等 20 个村，福禄、兴边、振边、富源、振兴、新垦等 6 个自然屯。

近年来，按照市委、市政府提出的大力发展肉牛养殖业的工作部署，结合近年来和牛市场供不应求的大好前景，忠仁镇联合村充分挖掘资源优势，积极探索发展新路径，加大人才引进力度，大力发展和牛繁育养殖，推动全镇肉牛养殖由低端向高端转型升级，一跃成为全镇最"牛"村。

## （一）健全领导责任体系，明确产业发展目标

2019 年，围绕市委、市政府"六个产业主攻方向"和县委、县政府"主辅同进，农牧双强"工作部署，忠仁镇党委组织各村外出考察学习，提出"调优粮、扩大经、发展牧、提升渔、延伸链、做活市、叫响游"的产业发展思路，并成立 7 个专班，由班子成员担任组长，全面推进工作。积极挖掘村级优势资源，联合村党支部带领村两委干部，挨家挨户走访调查，听取和收集村民关于本村长远发展、增收致富的意见建议，经过多轮研讨和对比，最终选择把发展目光锁定在和牛繁育养殖上。

## （二）健全工作推进体系，增强执行落实力度

2022 年年初，忠仁镇聘请考察时结识的绥滨县友成和牛繁育

养殖有限公司刘春海担任联合村"名誉村主任"。他充分发挥养殖基地辐射带动作用，探索众筹养殖模式，宣传鼓励村民通过入股加入改良和牛养殖产业中，一头牛犊可比普通牛犊多收入 5 000 元，实现了村集体增收、农民致富的双赢局面。为进一步将和牛繁育养殖产业做大做强，在全镇乃至全县范围内彻底打响"和牛品牌"，忠仁镇将公司总经理刘春海聘为"产业顾问"，由镇村两级和公司共同邀请全县各村到养殖基地观摩 20 余场次、深入各村开展培训和座谈等活动 30 余场次，切实收到了"引进一位产业顾问、培养一批致富能手、打造一项强镇产业"的良好效果。

### （三）健全考核评价体系，发挥引导激励作用

为充分发挥考核评价机制的作用，忠仁镇成立了由党政班子成员及相关站办所负责人组成的考评小组，采取每周调度、月听汇报、季度分析、半年拉练、年底考评的工作机制，细化考核内容，对产业规模大小、带动务工情况、产业链延伸情况、培养发展能人情况以及未来发展前景等进行考核评价，有效凝聚科学发展合力，切实做好各项重点工作，助力乡村振兴。

### （四）健全督导问责体系，着力提升工作质效

成立镇纪委监委办公室牵头的督导问责领导小组及办公室，以不发通知、不打招呼、不听汇报、不用陪同的工作方式，发现问题，建立台账，逐个销号，立行立改的工作流程，对各项重点工作落实情况进行督导督查，将考核评分结果作为绩效工资发放的重要依据。在督导检查中认真查找影响工作落实的普遍性、规律性问题，及时分析研判原因，查找补全漏洞，促进整改提高，确保每一项重点工作都督到位、查到底、见实效。

2021 年，忠仁镇联合村通过"筑巢引凤"，引进了友成和牛繁育养殖公司，投入资金 1 000 多万元，购置繁殖母牛 500 头，打造了和牛繁育养殖基地。该基地与龙江和牛元盛产业有限公司合作，采用和牛冻精父本与安格斯、西门塔尔和当地黄牛母本进行杂交，

着力打造高端肉牛繁育养殖基地，形成"公司＋合作社＋基地＋养殖户"养殖新模式。村企合作养殖模式既提高了养殖户收入，带动养殖户共同致富，又对绥滨县肉牛产业发展起到了促进作用，实现经济效益和生态效益的高效融合。

要想实现乡村振兴，产业兴旺才是关键，创新突破才是重点，高端市场才能够出效益。下一步，忠仁镇将按照把优质产业做成特色，把特色产业做成品牌的思路，扩大规模，调整结构，全力以赴推动乡村振兴，带动农民增收致富。

## 安徽省阜南县：
## 五优联动、三链协同
## "阜南样板"结出高质量发展硕果

阜南县，隶属于安徽省阜阳市，位于淮河上中游接合部北岸，东邻颍上县，南与河南省信阳市固始县、淮滨县隔河相望，西接临泉县，北近颍州区。2022年末，阜南县行政区域面积1 801平方千米，辖28个乡镇，1个省级经济开发区，334个行政村（社区），常住人口117万人。阜南县是产粮大县，也曾是国家级贫困县。长期以来，当地农业生产方式比较粗放，种原粮、储原粮、卖原粮，小麦品种多达百余种，与市场需求脱节，粮食亩产、品质上不去，连年丰产不增收。2018年起，国家粮食和物资储备局定点帮扶阜南县，立足其产粮大县优势，以优质粮食工程为抓手，实施优产、优购、优储、优加、优销等"五优联动"，推动延伸粮食产业链、提高价值链、打造供应链"三链协同"，探索出粮食产业高质量发展的"阜南样板"。

### 一、从"三小步"到"三大步"，打造乡村振兴"阜南样板"

2018—2020年，国家粮食和物资储备局支持阜南县深入实施优质粮食工程，完成优质小麦示范种植——规模化种植——就地加工转化"三小步"，助力打赢脱贫攻坚战，迈出融合发展"三大步"的第一步。2021年，坚持融合发展总体思路，持续实施拓展优质粮源基地——建设粮食产业园——打造皖西北粮食产业集群"三大步"，着力打造乡村振兴"阜南样板"。

### （一）突出"五优联动"，巩固拓展皖西北优质粮源基地

立足阜南县产粮大县实际，坚持夯基固本，抓牢优质粮源基地产购储加销"五优联动"全链提升。支持中国中化、中粮集团等龙头企业发挥专业化优势，为35万亩优质小麦规模化种植基地提供现代农业服务，产量质量双提升，实现优粮优产；指导龙头企业建立粮食经纪人合作联盟，帮助组建"收粮团队"，实现优粮优购；盘活阜南9个乡镇粮库近6.8万吨闲置仓容，开展分品种分仓储存，实现优粮优储；提供优质粮源，赋能阜南众合面业等中小型面粉加工厂生产优质产品，实现优粮优加；举办阜南优质小麦网上交易专场，成交7.98万吨，价值2.1亿元，均价达1.33元/斤，远超1.13元/斤的最低收购价，实现优粮优销。2021年冬季，优质粮源基地规模从35万亩进一步拓展到60万亩，粮食产业高质量发展基础不断夯实。

### （二）突出"三链协同"，建设皖西北粮食产业园

国家粮食和物资储备局帮扶阜南县建设皖西北（阜南）粮食产业园，延伸粮食产业链、提升价值链、打造供应链，加快建设粮食产业强县。帮助规划园区总体布局，推动首批4个项目全部完工。粮食质检中心、产后服务项目和10万吨高大平房仓已投产；引进中裕公司投资2.4亿元建设30万吨面粉生产线，2022年投产后，每年助农增收和纳税均超亿元；陆续引进中化、中粮、中裕、京东、鲁花等龙头企业与阜南县签订10个战略合作协议，有力带动粮食全产业链和一二三产业融合发展。同时，协调阜南县建立企业"专服员"机制，选派县有关部门负责同志担任"专服员"，一对一服务解决企业急难愁盼问题，为产业园建设保驾护航。

### （三）突出补链强链，培育皖西北粮食产业集群

产业园在首批项目落地的基础上，立足阜南县、辐射皖西北，统筹布局"一平台、两基地、三中心"，有序推动建设皖西北粮食电子交易平台、粮食产业助力乡村振兴示范基地、优质小麦全产业链示范基地，以及皖西北粮食集散中心、粮食质量监测中心和主食产业化与冷链物流配送中心。支持中裕公司二期投资 3.9 亿元建设食品加工厂，实现小麦副产物循环、全值和梯次利用，推动阜南县与江南大学共建食品产业技术创新中心，支持县粮食质检中心与多家粮食企业开展政企合作。产业园将逐步成为集粮食仓储、精深加工、物流配送、检验检测、科技研发功能于一体，带动阜南县、辐射皖西北的百亿级特色产业集聚区，持续打造优质粮食工程产业集聚区，"三链协同"和"五优联动"示范区。

## 二、从"小散弱"到"强集聚"，促进小农户有效衔接现代农业

调动农民种粮积极性，关键在于让农民种粮有钱挣。国家粮食和物资储备局坚持合作共赢理念，推动集聚集约发展，促进小农户有效衔接现代农业，分享粮食产业链升级成果，推进"阜南样板"走深走实。

### （一）强化龙头企业带动

先后协调引进中粮集团和中国中化两家央企，充分发挥其资源、技术、渠道优势，完成优质小麦"三步走"，促进产购储加销全链条整体联动、融合发展。2021 年，支持中国中化集团组织 60 万亩优质小麦订单种植，建成 4 000 平方米 MAP 现代农业技术服务中心和 27 个村级服务站，与当地近百家中小企业、农民合作社、粮食经纪人分工协作、抱团发展，有效破解当地龙头企业进不来、县域中小企业长不大的发展难题；带动分散小农户用现代农业生产

方式进行优质粮食规模化种植，保障优质粮食供给，带动农民增产增收，进一步夯实粮食产业发展基础。

### （二）构建利益联结机制

支持龙头企业建立"公司＋农民合作社＋基地＋农户"利益联结机制，实施组织土地、技术方案、机械作业、金融保险、烘干收储、培育品牌"六统一"标准化生产，利用精准农业气象、全程品控溯源等智慧农业技术指导农民科学种田，亩均增产 100 多斤，种植成本降低 60 多元，收购价高于市场价 5％，每亩助农增收 200元以上，带动 4.9 万脱贫群众受益。同时，协调中国人保提供 6 折优惠收入种植保险，让农民吃上"定心丸"。

### （三）推动适度规模经营

坚持市场需求导向，组织专家反复论证，从阜南县当地 100 多个杂乱小麦品种中优选 5 个良种。依托龙头企业，短短 3 年内，推动阜南县规模化订单种植面积从 1.5 万亩迅速扩大到 60 万亩，在 26个乡镇大力推广"一村一品"适度规模经营，推动优质粮食规模化、标准化、集约化、品牌化迈出坚实步伐，带动引领作用不断凸显。

## 三、从"小切口"到"大作为"，以点带面放大"阜南样板"典型作用

据统计，832 个原国家级贫困县中有 258 个产粮大县，一产不强、二产不优、三产不活是其共性问题。国家粮食和物资储备局找准阜南县粮食产业高质量发展这个"小切口"，在产粮县和脱贫县推广"阜南样板"，着力体现高层次保障国家粮食安全、促进乡村振兴的"大作为"。

### （一）加快推进复制推广

积极支持安徽省先行复制"阜南样板"，做优做强粮食产业链

条，全省优质小麦、水稻种植面积均超 2 000 万亩、占比 60％以上。重点支持龙头企业在 100 个全国产粮大县和 100 个脱贫县复制推广"阜南样板"，2020—2021 年从 13 省 64 个县拓展到 19 省 140 个县，其中全国产粮大县 116 个、脱贫县 69 个，实施优质粮食订单 500 多万亩，带动 100 多万小农户稳定增收。"十四五"时期将继续支持龙头企业在欠发达县复制推广"阜南样板"，力争提前实现第二个百县目标。

### （二）助力完善行业政策

财政部与国家粮食和物资储备局联合印发《关于深入推进优质粮食工程的意见》，印发优质粮食工程"六大提升行动"方案，打造优质粮食工程升级版，总结提炼"阜南样板"经验做法，突出强化产业集聚，促进乡村一二三产业融合发展，让农民分享更多产业增值收益，形成粮食兴、产业旺、经济强的良性循环，推进巩固拓展脱贫攻坚成果同乡村振兴有效衔接。

本案例入选全国"2022 乡村振兴创新案例"。

## 江苏省南京市栖霞区：
## 一三产业联动　高效赋能栖霞产业振兴

栖霞是南京市经济发展最有活力、创新研发最具潜力、深化改革最富动力的区域之一，为完成"最强增长极，最美新栖霞"的目标要求，栖霞以农村产业融合发展为引领，全面整合资源要素，促进主导产业、精品民宿、特色餐饮、农事体验、科普教育等协同发展，健全"吃住行游购娱"乡村旅游要素，推动花蔬果主导产业与乡村旅游齐头并进、一三产业联动发展，进一步壮大集体经济，推进乡村全面振兴。

### 打造"明星产品"

为描绘"农业高质高效、农民富裕富足、乡村宜居宜业"的富美乡村新蓝图，打造中国式现代化栖霞新风貌，栖霞中桥村与南京缘派蔬菜种植专业合作社合作开展"一棵葡萄、一个梦想，劳模领头奔小康"项目，在全国劳模周福安的带领下，为农户无偿提供"五统一"服务，即统一提供种苗、统一栽培种植、统一技术指导、统一病虫防治、统一收购销售，解决了农户们的后顾之忧，帮助中桥村、上坝村共 12 户低收入农户脱贫增收。该合作社培育种植的"阳光玫瑰"葡萄，已成为栖霞农业产品中的"明星品种"，深受消费者欢迎。

### 聚焦集群产业

乡村振兴的重中之重是产业兴旺。栖霞紧抓特色农业生产，集聚要素资源，打造省级八卦洲现代农业园区和市级龙潭现代农业园区，基本建成 3.3 万亩农业高效设施，涌现了缘派、东三乡等一批示范带动能力强的农业企业、专业合作社，促进高端果蔬、特色花卉、优质稻米等特色主导产业集群集聚发展。

### 做大主导产业

运用智能化、信息化管理模式，做大做强以芦蒿、"野八仙"为主的特色蔬菜和以百合、荷花为主的花卉主导产业。借助高校院所科技优势，攻克种源技术难关，通过科技创新驱动乡村产业升级，提升农产品品质和市场竞争力。如今，7 个蔬菜花卉产业科创团队齐聚栖霞八卦洲现代农业产业园，13 个科技创新研究和产业化示范推广项目落地生根。全区形成多肉、百合、"绿色银行"等 2 万余亩花卉苗木产业基地，蓄力打造产业突出、产业链条深度融合的现代农业产业。下一步，栖霞将推进花蔬果主导产业与乡村旅游齐头并进、推动一三产业联动发展。

## 广西壮族自治区西林县：
## 发展壮大油茶产业　助推乡村产业振兴

近年来，广西壮族自治区西林县依托丰富的林地资源，气候温和、雨量充沛的环境优势，通过实施惠农政策、开展技术指导等方式带动群众发展油茶种植。全县油茶面积 15.2 万亩，油茶产业已逐步成为该县乡村振兴、强县富民的特色产业。

西林县油茶果硕果累累，挂满枝头

西林县那公沟油茶示范基地

## （一）加强领导，压实责任

为加快油茶产业发展，自 2017 年以来，西林县委、县人民政府高度重视油茶产业，坚持把发展油茶产业作为助力和实施乡村振兴战略的重要抓手，将油茶产业作为全县特色产业四个十万亩工程之一，成立了西林县油茶产业发展工作领导小组，县四套班子领导多次率队到区内外考察调研油茶产业，借他山之石，推进全县油茶产业发展。同时，西林县还依托上级的油茶"双千"计划政策，2021—2022年主动申请增加年度造林任务，推动油茶产业发展，两年来，全县油茶造林任务共完成2.9万亩，西林县连续两年油茶造林面积排名全市第一。

## （二）规划先行，科学推进

油茶在西林县种植历史悠久，为做大做强油茶产业，在自治区鼓励各县（市、区）发展木本油料等特色经济林时，西林县就出台了油茶产业发展政策，在自治区政府出台油茶"双千"计划之后，西林县又在自治区政策基础上创新本县油茶补助标准，通过实施惠农政策、开展技术指导等方式广泛发动群众大力种植软枝油茶、香花油茶品种，积极推广标准化种植技术，大力推动油茶产业高质量发展，"十四五"期间该县规划新种油茶4万亩，预计2025年全县累计发展油茶20万亩以上。

## （三）示范带动，茶果丰收

为加快林种结构，推进油茶产业发展，西林县采用能人示范基地、村集体经济、公司＋农户、农户自行发展等模式推进油茶种植，大力推进油茶"双高"示范园和油茶示范区创建，以点带面，示范引领。全县共有连片300亩以上的油茶示范基地39个，面积2.92万亩，其中，该县马蚌镇那托村上那托屯率先实施产业转型，几年来全屯发展油茶面积5 000多亩，已陆续进入初产。

## （四）激励政策，促农增收

为加快油茶产业发展，西林县委、县政府先后出台《西林县2018—2020年油茶产业发展实施工作方案》《西林县实施油茶产业助推乡村产业振兴的实施方案》等政策文件，掀起了油茶发展新高潮。据统计，几年来西林县累计兑现油茶政策补助资金3 732.716万元，排全市第二位，受益群众达1 504户6 016人，实现人均增收 6 200 元，油茶产业不仅成为群众的"摇钱树""致富树"，也为巩固拓展脱贫攻坚成果同乡村振兴有效衔接提供了坚实保障。

## 陕西省渭南市：
## 擘画乡村产业振兴新蓝图

如何把巩固拓展脱贫攻坚成果同乡村振兴有效衔接工作做得更实、更好？如何全面推进乡村振兴？近年来，农业大市渭南市立足自身资源禀赋，走出了富有渭南地域特色的产业振兴之路。

陕西渭南坚持把产业兴旺作为乡村全面振兴的基础和关键，以"1171"体系为抓手，围绕巩固拓展脱贫攻坚成果同乡村振兴有效衔接这条主线，集中培育壮大一批首位产业，建强七条特色现代农业全产业链，全力实现农民增收这一目标，以产业振兴引领农业高质量发展。

### 紧扣"1"条主线，用活用好各项资金

"养殖场配备了空气能全自动供水、超声波全方位消毒、干湿分离清粪等设备，奶山羊住得可舒服了！"12 月 15 日，在富平县刘集镇北甫村奶山羊健康养殖场，北甫村党总支书记黄晓宇对记者说。

北甫村奶山羊健康养殖场由富平县畜牧发展中心、刘集镇政府整合衔接资金 300 万元建设，于 2022 年 4 月建成，建筑面积 3 000 余平方米，目前养殖奶山羊 580 只。

聚焦脱贫地区发展和乡村全面振兴工作主线，渭南在制度、资金、人员上创新体制机制，为产业有效衔接提供坚实保障。

渭南市设立果业、畜牧业发展专项资金和现代农业产业园奖补资金 4 000 万元，全部用于果业高质量发展、畜牧业转型升级和农业产业融合发展；鼓励涉农金融机构创新金融产品和服务，与多家金融机构签署乡村振兴金融合作协议，建立服务乡村振兴战略专项金融对接机制。目前，渭南市累计到位财政衔接资金 13.74 亿元，

安排项目 1 529 个，资金支出 12.6 亿元，资金支出率 91.7%。

## 壮大"1"批产业，走出产业致富路

"全村樱桃种植面积从最初的 30 多亩，发展到现在的 4 000 多亩，仅樱桃的产值就接近 1 亿元！" 12 月 16 日，在澄城县庄头镇郭家庄村的樱桃大棚里，村党支部书记姬红军对记者说。

近年来，澄城县通过示范引领、改进品种、科技带动等多种方式，不但将樱桃这棵"摇钱树"栽活栽好，而且栽植成了全省一流、全国知名的"参天大树"。"如今，全县樱桃栽植总面积突破 10 万亩，产值突破了 20 亿元大关。"澄城县农业农村局副局长习锋告诉记者。

渭南有大荔冬枣、富平奶山羊、韩城花椒、澄城樱桃 4 个国家级特色农产品优势区和蒲城酥梨 1 个省级特色农产品优势区，全国"一村一品"示范村镇 23 个、"一村一品"重点村镇 2 个。

渭南市因地制宜大力发展特色优势产业，做大做强首位产业，着力构建"跨县集群、一县一业、一镇一特、一村一品"的乡村产业体系。在政策引领下，韩城花椒、临渭葡萄、华州蔬菜等各县（市、区）首位产业发展势头迅猛。

## 聚力"7"大链条，促进产业转化增值

如何让特色产业品牌效应赋能乡村振兴？作为 2021 年首批全国苹果全产业链典型县，白水县给出了答案。

白水县将巩固拓展脱贫攻坚成果同乡村振兴有效衔接工作作为第一民生工程，以巩固拓展脱贫攻坚成果为底线，围绕建设全国苹果全产业链典型县，通过培优苗木供应链、提升种植生产链、优化加工流通链等"全链条"机制，推动一产往后延、二产两头连、三产走高端，全力补齐产业链短板。如今，白水县苹果种植面积达 55 万亩，年均产量 50 万吨以上，2 万余名果业经纪人年销售苹果 200 余万吨。

渭南市立足首位产业优势，把特色现代农业全产业链建设作为

农业高质量发展的主要抓手，以产业链、价值链、利益链三链同构为目标，重点打造品牌基础好、产品质量优、产业聚集度高的粮食、蔬菜、苹果等 7 条特色现代农业全产业链。通过聚焦全产业链发展，该市建立以"链主"企业为龙头、重点企业为补充，联结全产业链各个环节经营主体的市场体系，引导农产品加工企业向农产品优势产区聚集、向农产品加工园区集中，促进农产品就地就近转化增值，打造"1+4"农产品加工业聚集区。计划到 2025 年，该市 7 条特色现代农业全产业链产值将达到 1 500 亿元。

### 实现"1"个目标，多措并举促增收

2022 年 12 月，在临渭区官邸镇庙王村的高标准农田里，记者看到绿盛现代农机专业合作社的多款自走式小麦镇压机、牵引式镇压机等大型农机具穿梭在田间，对田里的冬小麦进行机械化作业、喷洒除草剂。

"庙王村从 2019 年起委托绿盛现代农机专业合作社实施粮食生产托管，现在共托管 2 415 亩地。"庙王村党支部书记孙书红说。对于土地托管前后情况的对比，孙书红给记者算了一笔账："传统耕作方式投入成本大、粮食产量低。通过全程托管，小麦、玉米两茬作物每亩能增产 10%，减少成本 100 多元，一加一减，每年亩均增收 300 多元。"

近年来，渭南市广辟途径，千方百计把产业发展落实到促进农民增收上来。

一方面，各有关部门深入开展农民合作社质量提升行动，大力实施家庭农场培育计划，完善管理制度，促进规范发展，快速增加农民经营性收入。截至 2022 年，全市共培育农民合作社 6 582 家，其中国家示范社 46 家、省级百强社 58 家；认定家庭农场 2 618 家，其中省级示范家庭农场 289 家、市级家庭农场 234 家。另一方面，全市建有农业科学研究院等农民培训机构 12 个，培训高素质农民近 2 万人，覆盖农业全产业链。通过深入发展特色现代农业产业，建设重大农业产业项目，该市实现了农民就地就近就业，全市

各类新型农业经营主体带动农户 39.76 万户，从业人数达到 120 余万人。

"渭南市创新构建'1171'产业发展体系，统筹发力、持续用力，避免了力量分散的问题，形成了全市产业发展'一盘棋'的大格局，擘画出一幅富有渭南地域特色的乡村产业振兴蓝图。"渭南市农业农村局党组成员、副局长刘刚表示，"下一步，渭南市将聚焦农业富民产业、三产融合战略、地方特色优势、农业科技创新、城乡发展差距 5 个方面，对乡村振兴工作再动员、再部署，提认识、强保障、添举措，促进农业高质高效、乡村宜居宜业、农民富裕富足。"

# 第二章　人才振兴

结合推进新型城镇化和乡村全面振兴，坚持外出就业和就地就近就业并重，多措并举促进农民工就业，引导外出人才返乡、城市人才下乡创业。

——习近平2024年5月27日在二十届中央政治局第十四次集体学习时的讲话

乡村振兴为年轻人提供了展现才华的用武之地，希望更多的年轻人为乡村振兴发挥积极作用。

——习近平2023年9月20日至21日在浙江考察时的讲话

人才是最宝贵的资源，是加快建设农业强国的基础性、战略性支撑。一些农村发展乏力，关键在于缺人才，缺发展引路人、产业带头人、政策明白人。

——习近平2022年12月23日在中央农村工作会议上的讲话

## 知识点

### 1. 人才振兴

乡村振兴，关键在人。习近平总书记2018年9月21日在十九届中央政治局第八次集体学习时强调，人才振兴是乡村振兴的基础，要创新乡村人才工作体制机制，充分激发乡村现有人才活力，把更多城市人才引向乡村创新创业。

推进乡村人才振兴以习近平新时代中国特色社会主义思想为指

导，坚持和加强党对乡村人才工作的全面领导，坚持农业农村优先发展，坚持把乡村人力资本开发放在首要位置，大力培养本土人才，引导城市人才下乡，推动专业人才服务乡村，吸引各类人才在乡村振兴中建功立业，健全乡村人才工作体制机制，强化人才振兴保障措施，培养造就一支懂农业、爱农村、爱农民的"三农"工作队伍，为全面推进乡村振兴、加快农业农村现代化提供有力人才支撑。

推进乡村人才振兴的目标任务是到 2025 年，乡村人才振兴制度框架和政策体系基本形成，乡村振兴各领域人才规模不断壮大、素质稳步提升、结构持续优化，各类人才支持服务乡村格局基本形成，乡村人才初步满足实施乡村振兴战略基本需要。

**2. 人才振兴的工作原则是什么？**

坚持加强党对乡村人才工作的全面领导。贯彻党管人才原则，将乡村人才振兴纳入党委人才工作总体部署，引导各类人才向农村基层一线流动，打造一支能够担当乡村振兴使命的人才队伍。

坚持全面培养、分类施策。围绕全面推进乡村振兴需要，全方位培养各类人才，扩大总量、提高质量、优化结构。尊重乡村发展规律和人才成长规律，针对不同地区、不同类型人才实施差别化政策措施。

坚持多元主体、分工配合。推动政府、培训机构、企业等发挥各自优势，共同参与乡村人才培养，解决制约乡村人才振兴的问题，形成工作合力。

坚持广招英才、高效用才。坚持培养与引进相结合、引才与引智相结合，拓宽乡村人才来源，聚天下英才而用之。用好用活人才，为人才干事创业和实现价值提供机会条件，最大限度激发人才内在活力。

坚持完善机制、强化制度保障。深化乡村人才培养、引进、管理、使用、流动、激励等制度改革，完善人才服务乡村激励机制，让农村的机会吸引人，让农村的环境留住人。

### 3. 人才振兴应加快培养哪些方面的人才？

一是加快培养农业生产经营人才

（1）培养高素质农民队伍。深入实施现代农民培育计划，重点面向从事适度规模经营的农民，分层分类开展全产业链培训，加强训后技术指导和跟踪服务，支持创办领办新型农业经营主体。充分利用现有网络教育资源，加强农民在线教育培训。实施农村实用人才培养计划，加强培训基地建设，培养造就一批能够引领一方、带动一片的农村实用人才。

（2）突出抓好家庭农场经营者、农民合作社带头人培育。深入推进家庭农场经营者培养，完善项目支持、生产指导、质量管理、对接市场等服务。建立农民合作社带头人人才库，加强对农民合作社骨干的培训。鼓励农民工、高校毕业生、退役军人、科技人员、农村实用人才等创办领办家庭农场、农民合作社。鼓励有条件的地方支持农民合作社聘请农业经理人。鼓励家庭农场经营者、农民合作社带头人参加职称评审、技能等级认定。

二是加快培养农村产业发展人才

（1）培育农村创业创新带头人。深入实施农村创业创新带头人培育行动，不断改善农村创业创新生态，稳妥引导金融机构开发农村创业创新金融产品和服务方式，加快建设农村创业创新孵化实训基地，组建农村创业创新导师队伍。壮大新一代乡村企业家队伍，通过专题培训、实践锻炼、学习交流等方式，完善乡村企业家培训体系，完善涉农企业人才激励机制，加强对乡村企业家合法权益的保护。

（2）加强农村电商人才培育。提升电子商务进农村效果，开展电商专家下乡活动。依托全国电子商务公共服务平台，加快建立农村电商人才培养载体、师资、标准认证体系，开展线上线下相结合的多层次人才培训。

（3）培育乡村工匠。挖掘培养乡村手工业者、传统艺人，通过设立名师工作室、大师传习所等，传承发展传统技艺。鼓励高等学校、职业院校开展传统技艺传承人教育。在传统技艺人才聚集地设立工作站，开展研习培训、示范引导、品牌培育。支持鼓励传统技艺人才创办特色企业，带动发展乡村特色手工业。

（4）打造农民工劳务输出品牌。实施劳务输出品牌计划，围绕地方特色劳务群体，建立技能培训体系和评价体系，完善创业扶持、品牌培育政策，通过完善行业标准、建设专家工作室、邀请专家授课、举办技能比赛等途径，普遍提升从业者职业技能，提高劳务输出的组织化、专业化、标准化水平，培育一批叫得响的农民工劳务输出品牌。

**三是加快培养乡村公共服务人才**

（1）加强乡村教师队伍建设。落实城乡统一的中小学教职工编制标准。继续实施革命老区、民族地区、边疆地区人才支持计划、教师专项计划和银龄讲学计划。加大乡村骨干教师培养力度，精准培养本土化优秀教师。改革完善"国培计划"，深入推进"互联网＋义务教育"，健全乡村教师发展体系。对长期在乡村学校任教的教师，职称评审可按规定"定向评价、定向使用"，高级岗位实行总量控制、比例单列，可不受所在学校岗位结构比例限制。落实好乡村教师生活补助政策，加强乡村学校教师周转宿舍建设，按规定将符合条件的乡村教师纳入当地住房保障范围。

（2）加强乡村卫生健康人才队伍建设。按照服务人口千分之一左右的比例，以县为单位每5年动态调整乡镇卫生院人员编制总量，允许编制在县域内统筹使用，用好用足空余编制。推进乡村基层医疗卫生机构公开招聘，艰苦边远地区县级及基层医疗卫生机构可根据情况适当放宽学历、年龄等招聘条件，对急需紧缺卫生健康专业人才可以采取面试、直接考察等方式公开招聘。乡镇卫生院应至少配备1名公共卫生医师。深入实施全科医生特岗计划、农村订单定向医学生免费培养和助理全科医生培训，支持城市二级及以上医院在职或退休医师到乡村基层医疗卫生机构多点执业，开办乡村诊所，充实乡村卫生健康人才队伍。完善乡村基层卫生健康人才激励机制，落实职称晋升和倾斜政策，优化乡镇医疗卫生机构岗位设置，按照政策合理核定乡村基层医疗卫生机构绩效工资总量和水平。优化乡村基层卫生健康人才能力提升培训项目，加强在岗培训和继续教育。落实乡村医生各项补助，逐步提高乡村医生收入待遇，做好乡村医生参加基本养老保险工作，深入推进乡村全科执业助理医师资格考试，推动乡村医生向执业（助理）医师转化，引导医学专业高校毕业生免试申请乡村医生执业注册证书。鼓励免费定向培养一批源于本乡本土的大学生乡村医生，多途径培养培训乡村卫生健康工作队伍，改善乡村卫生服务和治理水平。

（3）加强乡村文化旅游体育人才队伍建设。推动文化旅游体育人才下乡服务，重点向革命老区、民族地区、边疆地区倾斜。完善文化和旅游、广播电视、网络视听等专业人才扶持政策，培养一批乡村文艺社团、创作团队、文化志愿者、非遗传承人和乡村旅游示范者。鼓励运动员、教练员、体育专业师生、体育科研人员参与乡村体育指导志愿服务。

（4）加强乡村规划建设人才队伍建设。支持熟悉乡村的首席规划师、乡村规划师、建筑师、设计师及团队参与村庄规划设计、特色景观制作、人文风貌引导，提高设计建设水平，塑造乡村特色风貌。统筹推进城乡基础设施建设管护人才互通共享，搭建服务平台，畅通交流机制。实施乡村本土建设人才培育工程，加强乡村建设工匠培训和管理，培育修路工、水利员、改厕专家、农村住房建设辅导员等专业人员，提升农村环境治理、基础设施及农村住房建设管护水平。

**四是加快培养乡村治理人才**

（1）加强乡镇党政人才队伍建设。选优配强乡镇领导班子特别是乡镇党委书记，健全从乡镇事业人员、优秀村党组织书记、到村任职过的选调生、驻村第一书记、驻村工作队员中选拔乡镇领导干部机制。实行乡镇编制专编专用，明确乡镇新录用公务员在乡镇最低服务年限，规范乡镇工作人员借调流程。落实乡镇工作补贴和艰苦边远地区津贴政策，确保乡镇机关工作人员收入高于县直机关同职级人员。落实艰苦边远地区乡镇公务员考录政策，适当降低门槛和开考比例，允许县乡两级拿出一定数量的职位面向高校毕业生、退役军人等具有本地户籍或在本地长期生活工作的人员招考。

（2）推动村党组织带头人队伍整体优化提升。坚持把政治标准放在首位，选拔思想政治素质好、道德品行好、带富能力强、协调能力强，公道正派、廉洁自律，热心为群众服务的党员担任村党组织书记。注重从本村致富能手、外出务工经商返乡人员、本乡本土大学毕业生、退役军人中的党员里培养选拔村党组织书记。对本村暂时没有党组织书记合适人选的，可从上级机关、企事业单位优秀党员干部中选派，有条件的地方也可以探索跨村任职。全面落实村党组织书记县级党委组织部门备案管理制度和村"两委"成员资格联审机制，实行村"两委"成员近亲属回避，净化、优化村干部队伍。加大从优秀村党组织书记中考录乡镇公务员、招聘乡镇事业编制人员力度。县级党委每年至少对村党组织书记培训1次，支持村干部和农民参加学历教育。坚持和完善向重点乡村选派驻村第一书记和工作队制度。

（3）实施"一村一名大学生"培育计划。鼓励各地遴选一批高等职业学校，按照有关规定，根据乡村振兴需求开设涉农专业，支持村干部、新型农业经营主体带头人、退役军人、返乡创业农民工等，采取在校学习、弹性学制、农学交替、送教下乡等方式，就地就近接受职业高等教育，培养一批在乡大学生、乡村治理人才。进一步加强选调生到村任职、履行大学生村官有关职责、按照大学生村官管理工作，落实选调生一般应占本年度公务员考录计划10％左右的要求。鼓励各地多渠道招录大学毕业生到村工作。扩大高校毕业生"三支一扶"计划招募规模。

（4）加强农村社会工作人才队伍建设。加快推动乡镇社会工作服务站建设，加大政府购买服务力度，吸引社会工作人才提供专业服务，大力培育社会工作服务类社会组织。加大本土社会工作专业人才培养力度，鼓励村干部、年轻党员等参加社会工作职业资格评价和各类教育培训。持续实施革命老区、民族地区、边疆地区社会工作专业人才支持计划。加强乡村儿童关爱服务人才队伍建设。通过项目奖补、税收减免等方式引导高校毕业生、退役军人、返乡入乡人员参与社区服务。

（5）加强农村经营管理人才队伍建设。依法依规划分农村经营管理的行政职责和事业职责，建立健全职责目录清单。采取招录、调剂、聘用等方式，通过安排专兼职人员等途径，充实农村经营管理队伍，确保事有人干、责有人担。加强业务培训，力争3年内轮训一遍。加强农村土地承包经营纠纷调解仲裁人才队伍建设，鼓励各地探索建立仲裁员等级评价制度。将农村合作组织管理专业纳入农业技术人员职称评审范围，完善评价标准。加强农村集体经济组织人才培养，完善激励机制。

（6）加强农村法律人才队伍建设。加强农业综合行政执法人才队伍建设，加大执法人员培训力度，完善工资待遇和职业保障政策，培养通专结合、一专多能执法人才。推动公共法律服务力量下沉，通过招录、聘用、政府购买服务、发展志愿者队伍等方式，充实乡镇司法所公共法律服务人才队伍，加强乡村法律服务人才培训。以村干部、村妇联执委、人民调解员、网格员、村民小组长、退役军人等为重点，加快培育"法律明白人"。培育农村学法用法示范户，构建农业综合行政执法人员与农村学法用法示范户的密切联结机制。提高乡村人民调解员队伍专业化水平，有序推进在农村"五老"人员中选聘人民调解员。完善和落实"一村一法律顾问"制度。

**五是加快培养农业农村科技人才**

（1）培养农业农村高科技领军人才。国家重大人才工程、人才专项优先支持农业农村领域，推进农业农村科研杰出人才培养，鼓励各地实施农业农村领域"引才计划"，加快培育一批高科技领军人才和团队。加强优秀青年后备人才培养，突出服务基层导向。支持高科技领军人才按照有关政策在国家农业高新技术产业示范区、农业科技园区等落户。

（2）培养农业农村科技创新人才。依托现代农业产业技术体系、农业科技创新联盟、现代农业产业科技创新中心等平台，发现人才、培育人才、凝聚人才。加强农业企业科技人才培养。健全农业农村科研立项、成果评价、成果转化机制，完善科技人才兼职兼薪、分享股权期权、领办创办企业、分配成果权益等激励办法。

（3）培养农业农村科技推广人才。推进农技推广体系改革创新，完善公益性和经营性农技推广融合发展机制，允许提供增值服务并合理取酬。全面实施农技推广服务特聘计划。深化农技人员职称制度改革，突出业绩水平和实际贡献，向服务基层一线人才倾斜，实行农业农村科技推广人才差异化分类考核。实施基层农技人员素质提升工程，重点培训年轻骨干农技人员。建立健全农产品质量安全协管员、信息员队伍。鼓励地方对"土专家""田秀才""乡创客"发放补贴。开展"寻找最美农技员"活动。引导科研院所、高等学校开展专家服务基层活动，推广"科技小院"等培养模式，派驻研究生深入农村开展实用技术研究和推广服务工作。

（4）发展壮大科技特派员队伍。坚持政府选派、市场选择、志愿参加原则，完善科技特派员工作机制，拓宽科技特派员来源渠道，逐步实现各级科技特派员科技服务和创业带动全覆盖。完善优化科技特派员扶持激励政策，持续加大对科技特派员工作支持力度，推广利益共同体模式，支持科技特派员领办创办协办农民合作社、专业技术协会和农业企业。


# 重庆市荣昌区：
# "人才＋资源＋N"模式
# 为乡村振兴"把脉问诊"

## 一、背景

重庆市荣昌区地处川渝腹地交会、巴蜀文化交融之处，是一座以"成渝地区双城经济圈桥头堡"为定位的新兴城市。近年来，荣昌区抢抓区域协同、城乡融合发展契机，推动人才引进乡村、资源下沉乡村，在招才引智的方式方法上不断创新，助力乡村振兴。

## 二、做法

重庆市荣昌区牢固树立"人才是第一资源"意识，着力构建人才强区格局，形成"人才＋资源＋N"的良性互动、协同发展新模式，一方面直接导入乡村复兴论坛等乡建行业资源平台，另一方面巧用资源库针对性引入数十支乡建团队、数百位乡建行业专家学者，厚植发展潜力，使人才资源成为高质量发展的核心竞争力。

截至2021年10月，荣昌区以独特的招才引智新模式，带动几个乡村率先发力，探新路，推进整体乡村面貌改善。

### 河包镇："人才＋资源＋产业"，推动粉条产业品牌建设

荣昌区河包镇位于河水环抱地带，其粉条制作有着300多年的悠久历史，粉条加工规模居川渝之首，被誉为"中国粉条之乡"。为打响"粉条名堂"，做好"功夫文化"，河包镇先后通过各项扶持政策、措施，通过资本投资带产值、品牌塑造树形象、建筑规划改面貌、社区营造改思想、民宿运营引流量等方式，分门别类直接引入或间接吸引外部资源和多个配套服务项目与人才。

引进企业家人才，改进生产工艺，形成产业园区效应。河包镇先以"企业＋合作社＋农户"模式，规模化种植高淀粉红薯2 000余亩，并带动周边农户种植红薯2.7万亩，在夯实原材料的基础上，积极以"先建后补"等资金政策大力扶持椿林食品、黄海食品等粉条龙头企业，积极引进企业家人才，撬动企业投资7 600万元修建产业园区、建立标准厂房、做优加工链，带动河包粉条企业整体提质增效，推动河包粉条品牌建设。

引入品牌规划资源，提升价值链，重塑粉条产业品牌生态。为加强"河包粉条"公共品牌宣传，河包镇积极申报并获批河包粉条传统生产工艺市级非遗，与西南大学食品科学学院合作申报湿态粉条生产标准，并通过建设河包粉条网站、开设河包粉条全国连锁店、鼓励企业参加展销和糖酒会等途径，宣传河包粉条品牌。

引入社区营造团队，配套产业发展，助推一二三产融合发展。

为支持产业，河包镇选取经堂村为典型，围绕"治愈原乡"理念，践行村民自治之路，通过引进人才与服务的方式，聘请乡村营造青年团队，配合村集体持续深入开展乡村社区运营。举办"小院讲堂：经堂夜话"，探索村民众议机制，实行"日常事小院议、忧难事社区议、众筹事集体议"。

### 安富通安村："人才＋资源＋非遗"，营造非遗美育氛围

被称为"中国三大陶都"之一的荣昌安富街道地处川渝交界处，盛产陶器。通安村土地平旷，屋舍俨然，阡陌交通，鸡犬相闻，宁静和谐的氛围与陶渊明笔下的桃花源竟有几分相似。这里以非遗项目为切入口，不断释放艺术美育的举措，着力打造出一个培养非遗人才，提升艺术教育、美育教育水平的非遗传承基地。

以建设非遗工坊为抓手，完善非遗陶艺运营。一方面引入清华建筑规划团队，选择乡村中废弃矿井场地和房屋进行改建，打造"荣昌陶主题产业园区"作为"陶艺村"核心片区，后续引入北京三时生活运营团队参与非遗馆运营，深耕"艺术乡村"全品类落地，助推安富"陶都"和通安"陶艺村"相辅相成。另一方面利用安陶小镇的闲置场地打造"安北陶艺村"用以开展陶艺体验、陶艺课程培训、陶产品展出等陶产业配套服务，带动农户免费学习陶艺，提升就业技能，将优质的美术资源送到基层。

以培育非遗人才为核心，多主体发力提升乡村艺术美育。近年来，通安村积极对接高等艺术院校，在乡村社区营造、风貌改善、文化生态调查、艺术走进乡村等方面开展合作。通过高校带动效应，四川美术学院、景德镇陶瓷学院等更多高校青年来此调研创作、艺术下乡，从源头上提升乡村美育志愿服务品质。村集体乘势作为，依托党支部领办合作社邀请本土人才回村创业，打造了"青年大学生创业孵化基地"和创客空间；邀请入驻陶艺工作室手艺人开办陶艺课堂、作品展等，突出其示范带动作用，彰显本地良好的陶艺创作环境，打造第一批栖居在"陶艺村"的"领头雁"和"主力军"，为陶艺村的文旅产业发展培养配套服务人才。

### 清江河中村："人才＋资源＋政策"，培育本土人才

清江镇河中村四面环水，占地 800 余亩，自然风光秀美。河中村巧用政策推进"三变"改革，筑巢引凤吸引本土人才，明确一系列优惠政策，开展三个"一批"人才振兴工作，即培养一批、回引一批、合作一批。

培养一批本土人才，使干事有平台、发展有空间。给钱给物，不如建个好支部。清江镇历来重视本土人才的培养，为支部建设积蓄后备力量。在分水社区建设百货市场、发展集体经济工作中，本土人才运用所学知识，积极参与到工程建设后期的运营管理，实现分水社区集体经济年收入从原来的 4 万余元增加到 15 万元。

吸引一批技术人才，使创业有机会、创新有动力。清江镇每年至少召开 2 次清江籍创业人才座谈会，回引清江籍人才创业。截至2021 年 6 月，清江镇引进研学、康养、澳洲龙虾养殖、热带水果引种驯化等新兴业态返乡技术人员 21 人，平均年龄不到 34 周岁，落地项目 16 个，有效地推动了清江镇农旅产业融合发展，预计每年实现产值约 3 000 万元。

合作一批专家人才，让人才有舞台，镇村有方向。清江镇先后与西南大学水产系合作，开展水生态治理工作；与重庆文理学院美术学院合作，开展人居环境改造、文旅项目研发工作；与市农科院合作，开展水稻公园建设工作；与中国科学院桂圆研究所合作，开展精品桂圆林建设工作；与北京绿十字团队合作，以高水准打造"稻田艺术剧场"，丰富村民生活，如今"稻田艺术剧场"已经成为村民集体活动中心、婚礼举办地、研学教育实践点。

### 观胜银河村："人才＋资源＋社会"，社会组织共建激活村民内生动力

银河村是脱贫村，村集体经济和产业刚刚起步，村庄面积大、社户分布较为散落、"空心化"程度较高，导致留守的村民向心力薄弱。2020 年 8 月，银河村被确定为全市开展巩固拓展脱贫攻坚成果同乡村振兴有机衔接试点村。

村支两委通过培养社会组织进行共建服务，发挥社会组织调动

资源、引入资本、驻地陪伴的优势，进行"陪伴式乡村运营共建计划"，补齐了村级党组织人力、智力短板。以集体活动提高村民的社区归属感，以文化挖掘激发农民的自尊自信，以引进来走出去的技能培训丰富村民就业渠道，促进理想村庄的重构。

引进社区服务团队，共建共享，激发内生动力。引进服务社区的青年团队，以激活村民积极性为一阶段目标，一方面增加集体活动频率，一家一户走访调研，邀请村民同庆传统节日；另一方面以新时代文明实践站小院讲堂为载体，开展好"讲、评、帮、乐、庆"特色实践活动。

调动高校资源，创意共建，构建文明新风。为改善人居环境，共建最美庭院，村集体从人居环境整治着手，号召村民组建"银河环卫队"，初期便有 30 余位村民加入。每周六下午，村民主动在小院讲堂集结进行环卫队义务服务，逐渐形成村庄文明乡风；同时，通过入户宣传，指导居民进行居室布置、庭院美化、垃圾分类、杂物存放和植树栽花，深入开展"美丽庭院"创建活动。近年来，银河村整体环境大幅改善，村民精神面貌焕然一新，村庄文明风尚显著提高，村民对村集体认可度也大大增强。

村支两委趁热打铁策划"银河村最美庭院设计大赛"，初期就有 9 户村民主动报名加入，调动高校资源，汇聚浙江建设技师学院、重庆文理学院等 8 所院校团队的 63 个设计作品，把庭院环境改造作为新时代文明实践的重要窗口和美丽宜居乡村建设的主战场，创新开展"校村合作"共建模式，激发村民自己家园自己建的主动性。

持续吸引民宿规划、技能培训、花卉种植等村庄发展资源。社会组织入驻村里后，在协调资源进村的同时，带来了大量的年轻人、专业方面的能人进村，包括香薰精油制作人等进村开展技能培训；就村庄血橙、枇杷、中草药等特产进行文创产品研发及文化包装等；送有意愿参与农家乐运营的村民"走出去"学习培训；结合本村柑橘种植和肉兔培育的产业特色，邀请农业技术专家走进"小院讲堂"和田间地头，为村民和村集体开展农村产业发展、农业技术培训、产品销售指导，解决群众生产发展问题和技术难题。

## 福建省晋江市：
# 招才引智　推动农村创业创新集群发展

2002 年，时任福建省省长的习近平同志深入晋江调研，亲自总结提炼了"晋江经验"，成为多年来晋江发展的行动指南和制胜法宝。19 年来，在"晋江经验"的指引下，晋江市持续加强"三农"工作，深化"三农"体制改革，积极引导大学毕业生等高端人才参与农村创业创新，综合开发利用农业农村生态涵养功能、旅游观光功能和文化教育功能，加快培育乡村产业发展新动能，为乡村全面振兴提供有力支撑。2020 年，晋江市设立 1 000 万元农业贷款风险补偿专项资金，建立高素质农业农村"双创"团队 38 个、大学生经营规模农场 50 家，实现全市农村居民人均可支配收入 2.87 万元，同比增长 9.2%。

### （一）搭建农村创业创新平台，打造资源聚集高地

一方面，搭建孵化共享平台。建设创意创业创新园、国际工业设计园、智能装备产业园、福大晋江科教园等科技创新载体，为农业农村各类人才创业创新提供空间。全市拥有众创空间和科技企业孵化器 9 家，场地面积超 10 万平方米，入驻创业项目 200 个以上。另一方面，搭建校地合作平台。与省内外 11 所高校签订农村双创合作协议，成立"福建农林大学大学生晋江创业基地""福建农林大学研究生晋江工作站""福建农林大学晋江研究院"，重点在现代农业、人才培养等方面开展深层次、高规格的战略合作。与福建省农科院共建合作创业创新平台，成立"福建省农科院专家（晋江）工作站"。

### （二）培育农村创业创新主体，壮大乡村人才队伍

一方面，完善"人才创业创新"政策。以优越的政策吸引一批优秀人才回乡创业，为乡村振兴贡献力量。出台《晋江市农业农村创业创新三年行动方案》等政策措施，配套出台优秀人才认定标准、

加快引进优秀创业团队和项目，制定相关优惠政策，实施青年人才"生根计划"，建设人才公寓，落实优秀人才 10 项生活保障。另一方面，实施"人才反哺农村"计划。开展为期三年的"百生百村"乡村志愿服务等活动，2018—2020 年，每年选派百名大学生服务农村建设，逐步引导"双创"人才向农村集聚。实施青年设计师驻村计划，聘请 10 名设计师在省级乡村振兴试点村开展陪伴式服务。

### （三）开展农村创业创新活动，营造激情创业氛围

一方面，开展农村创业创新竞赛。2017 年以来，与福建农林大学、福建省农科院、台湾朝阳科技大学联合举办"海峡杯"现代农业创意创新大赛，征集海峡两岸农产品生产各环节和农业生产方式的创意创新作品 179 件，12 家风投公司参与对接，取得明显成效。

另一方面，开展"五微五营双创"活动。通过开展"微景观、微菜园、微庭院、微森林、微墙绘""大学生夏令营、国庆建造营、校园双微创意营、大树微景观工作营、大学生寒假社会实践营""大学生农业农村创业创新"等活动，进一步吸引大学生到农村践行创意灵感，激发干事创业热情。近年来，共吸引 300 多支大学生团队、1 000 多名大学生参与创作了 1 406 个原生态、乡土味的乡村微景观。

## 吉林省白山市江源区：
## 激活人才"引擎" 赋能乡村振兴

近年来，吉林省白山市江源区深入贯彻落实习近平总书记关于推进乡村人才振兴的重要指示精神，着眼解决乡村振兴人才引进渠道少、总量小、层次低、结构单一等问题，通过不断加大人才招引力度、选优配强人才队伍、搭建干事创业平台，全面激发乡村人才队伍活力，为推进乡村振兴注入源源不断的人才"活水"。

### （一）深化开放招引渠道，推动人才资源向乡村加速集聚

一是强化人才政策支持。出台《关于鼓励引导人才向基层一

线流动的实施方案》《白山市江源区服务企业发展人才政策十条》等方案，设立江源区"人才引进服务中心"，配备全额拨款事业编制100个，为全面优化引进急需紧缺和重点乡村人才提供有力保障。

二是拓宽人才引进方式。突出现代农业、化工能源、绿色建材新材料等产业需求，精准实施乡村人才招募行动，在乡村振兴专干、"特岗教师""三支一扶"等常规引才方式的基础上，创新实施"百名专家学者进江源""百名研究生进江源""域外人才引进""高层次和急需紧缺人才招聘"等人才计划，数百名农业领域专家学者、涉农专业优秀大学毕业生走进江源，人才服务地方发展效能显著增强。

三是突出高端人才引领。坚持以产聚才、以才促产，围绕"三区两镇"建设、蓝莓产业发展、山野菜和食用菌等优势资源项目，持续加大高端人才引进力度，依托"院士专家进江源"活动，采取"技术攻关""交流合作""特聘顾问"等方式，柔性引进国家级、省市级专家人才100余名，推动人才链同产业链、项目链有机融合。

四是深化校企对接合作。充分发挥农业企业主体作用，先后与中国农业科学院、吉林大学、吉林农业大学、东北电力大学等10余所高校院所建立合作关系，开展产学研深度合作，聘请中国菌菇"第一人"、中国工程院院士、吉林农业大学李玉教授为长白山菌菇小镇发展顾问。围绕蓝莓和豆制品加工，域内企业为杨秀荣院士和于寒松教授建立省级专家工作站2处，全力推动产学研合作成果转化。域内优秀企业吉科软信息技术有限公司凭借在智慧农业领域的优异表现，成功入选国家级专精特新"小巨人"企业和省级专精特新中小企业。

## （二）树立鲜明用人导向，选优配强引领乡村振兴骨干力量

一是配强乡镇领导班子。聚焦增强整体功能，精准科学选配28名熟悉乡村产业、乡村建设、新型城镇化、乡村治理等方面的

优秀干部进入乡镇领导班子，建立近 300 名优秀年轻干部动态储备库，在农村人居环境整治、发展村级集体经济、千村示范等工作中不断摔打历练促进其成长。

二是选好村级干部队伍。注重吸收退役军人、致富能人、返乡创业人员进入村班子，建立 120 名村级后备干部人才库，健全专人帮带、动态管理、集中轮训、跟踪考察等机制，确保乡村振兴事业"后继有人"。

三是集聚各方资源力量。精准选派驻村第一书记 15 名、驻村工作队员 30 名，实现脱贫村和乡村振兴重点村全覆盖。从涉农部门、企业、镇街、乡村一线，优选 204 名乡土专家、特聘农技员、新型经营主体带头人等组建乡村振兴指导员，按照平均每个村 3 名的标准，帮助发展壮大特色产业。持续推进科技特派员队伍建设，推荐认定省级科技特派员 5 名，服务全区 12 个脱贫村，入户开展农业生产技术指导百余次。按照"基层所需、专家所能、注重实效、因地制宜"原则，从农业、教育、卫健、工信、人社和文旅部门选派 140 名专业化人才分领域组建 6 个"人才帮帮团"，常态化开展"干部人才走基层作贡献"活动，以人才汇聚推动和保障乡村振兴。

## （三）拓展成长锻炼平台，引导各类人才为乡村振兴建功立业

一是聚焦村级领军人才培养。创新实施"头雁领航·雏雁丰羽"培训工程，采取"书记讲给书记听""头雁论坛""云端丰羽""三级联动赛马"等方式，全面提升村干部队伍履职能力，推动集体经济 10 万元以上的村实现全覆盖，19 个村被评为千村示范村，正岔街道立新村获评"全国文明村镇"荣誉，石人镇榆木桥子村获评省级"文明村镇"称号。

二是抓好农村实用人才培育。开展高素质农民培育工程，组建由省级专家、市县农业技术专家和业务骨干、乡土人才为主的 100 余人师资库，构建"党性培养＋红色教育＋职业技能"培育链条，推动全区 233 名高素质农民、创业致富带头人提升现代化振兴发展

理念，涌现出一批具有真本领的"田专家""土能手"，其中，徐建友、崔小华和徐有国被认定为吉林省首批乡村振兴优秀人才，49名乡村人才获评初级及以上职称，170名在乡村基层事业单位从事一线专业技术工作累计满30年且符合相应条件的专技人员被直接认定副高级职称。

三是搭建人才作用发挥平台。创建区级及以上返乡创业基地5个，电商直播孵化基地1个，培育10万以上粉丝量人才5名，孵化涉农企业5个，百万粉丝网红大Ｖ"来了大哥"团队直播带货推介域内农特产品营销额超过1 500万元。打造市级及以上农业产业化龙头企业10个，创建特色品牌10个，通过强化特色平台驱动，让各类乡村人才尽显其能，实现全区特色农产品加工收入突破3亿元，全面推进乡村振兴加快发展。

<h2 style="text-align:center">安徽省芜湖市繁昌区：<br>为乡村人才振兴注入"源头活水"</h2>

2022年以来，安徽省芜湖市繁昌区贯彻落实乡村振兴战略，科学谋划乡村振兴发展对人才的需求，下好"选、育、留"三步棋，在培育选拔乡村人才、鼓励外出能人返乡创业、吸引大学生扎根基层等方面下足功夫，推动各类人才与乡村发展深度融合，为乡村振兴提供坚实的人才保证。

### （一）先手下好"选"字棋，汇聚乡村振兴智慧力量

发展"大学生经济"，出台《支持大学生来繁就业创业的若干举措》《鼓励支持繁昌籍人员返乡就业的政策意见》等政策，支持青年人才来繁、繁昌籍人员返乡就业创业。引导医疗、教育、科技等领域人才服务乡村，对接安徽农业大学、安徽科技学院等高校服务"三农"，加强与中国科学院、上海海洋大学、安徽省农科院等高校科研院所开展合作，建立稻米、畜牧、水产、林果、蔬菜等5个产业专家工作室，成立农业科技创新团队，培育2家农业科技服

务公司，加快科技成果转化应用。出台《繁昌区科技特派员工作管理办法》，完成全区 70 个行政村、4 个涉农社区特派员全覆盖。2022 年已推荐 2 个涉农人才团队参加市级高层次科技团队评审，并获评 II 级团队。落实"行知计划""华佗计划"，2022 年教育、卫生系统引进各类人才 51 人。招录 14 名高校毕业生"三支一扶"，招募 3 名退休卫生专业技术人员到基层卫生院对口支援，补录 9 名高校毕业生进入基层特定岗位。

## （二）精心下好"育"字棋，激发乡村振兴内生动力

使用和培养好现有存量乡村人才，培养一批支撑乡村振兴战略的适用人才。一是积极开展农民工和新型农民技能培训。完成高素质农民培训 100 人，8 人获得芜湖市农村返乡创业之星；开展针对农村电商的业务培训，围绕电商运营、美工设计、客服技巧、网络主播等方面开展相关培训 27 期，培训人次达到 1 371 人次。开展补贴性职业技能培训 140 个班次，参与培训农民工 4 597 人次；实施新徽菜·名徽厨暖民心行动，完成徽菜师傅技能培训 365 人次，开展了"皖美味道　寻味繁昌"十大金牌名厨系列评选活动，选拔优秀徽菜师傅技能人才。二是组织开展"春谷杯"职业技能竞赛活动，通过示范引领，促进农民工就业技能练兵比武，提高技艺。积极推荐优秀选手和项目参加市级及以上赛事活动，繁昌区推荐的 6 名优秀徽厨技能选手参加芜湖市第一届"新徽菜·名徽厨"专项职业技能竞赛，其中 1 人荣获中式面点师组三等奖。推荐的创业项目"传统民族乐器二胡升级制造"和"葛宴全席"分别荣获市"创业芜优"创新创业大赛二、三等奖。三是培养乡土人才。区住建局集中组织乡村从业人员及农村建筑工匠 70 余人参加建筑业务培训，提升"土专家"业务水平。区司法局实施"法律明白人""法治带头人"双培育工程，共有在册"法律明白人"792 人，"法治带头人"109 人，组织开展全区法律明白人示范培训班。通过党建引领信用村，支持信用主体申请用信，培育特色农业产业人才，2 247 户信用主体存续授信余额 40 112.4 万元。

### （三）坚持下好"留"字棋，稳定乡村振兴优势资源

优化乡村人才环境，增强人才的荣誉感、归属感、获得感，让人才安于、乐于留在基层创新创业。一是积极宣传落实"紫云英人才计划"。兑现各类人才补贴和各类创业就业稳岗补贴436.8万元，发放个人创业担保贷款1.45亿元，惠及创业者761名。推荐乡村人才参加"繁昌英才"等表彰，服务人才，成就人才。二是加快推进人才平台建设。涉农龙头企业溜溜果园被认定为2022年省级博士后工作站，新认定市级创业孵化载体4个，2家涉农企业被认定为市级工程技术中心。三是发挥政策激励引导作用。对在乡镇基层事业单位专业技术岗位连续工作满30年且具有中、高职称资格的专业技术人才，不受单位岗位职数限制，聘任相应职务。选派31名乡村振兴指导员奔赴农村一线，全面推动乡村振兴各项工作落地落实。举办"乡村振兴群英汇"之"驻村这一年"擂台比武大赛，全区选派干部、村党组织领办合作社工作组组长、在村选调生等40余名同志干部参加。四是做好人才服务保障工作。人力资源服务产业园一期572套人才公寓完成装修并投入使用，全区共建设人才公寓1 038套1 269间，有效保障各类人才在繁期间住宿。落实联系服务人才工作机制，优化政策兑现流程，不断改进人才工作的软环境，打造比较优势，提升繁昌吸引力。

# 广西壮族自治区富川瑶族自治县：
# "345"模式建立人才超市
# 打造乡村振兴新引擎

近年来，广西富川瑶族自治县充分挖掘聚集各类人才，搭建农户与技术人才的沟通平台，推行"345"模式建立人才超市，发挥"土专家""田秀才"等经济能人引领作用，有效推动组织人才服务乡村振兴战略。截至2023年6月19日，富川建立人才超市12个，入库人才1 226名。

## （一）建立县乡村"三级"人才数据库

一是组建县级专家人才智库。成立县级乡村振兴人才超市领导小组，组织各成员单位摸底掌握专家人才状况，特别是发展乡村振兴急需的农业、电商、旅游等各类人才，县级已入库专家人才 45 人。二是组建乡级专家人才智库。以乡镇农业农村服务中心为依托，凸显脐橙、香芋、蔬菜等特色产业，聚集农业领域专家人才，乡镇已入库专家人才 365 人。三是组建村级人才智库。通过深入村户挖掘种植大户、养殖能手、创业能人、乡贤回乡投资创业等技术人才组织入库。截至 2023 年 6 月，各村入库专家人才 816 人。同时，鼓励各类人才下乡创业就业，培育一批懂农业、爱农村、爱农民的乡土人才。

## （二）健全人才超市"四有"运行机制

一是有线上人才数据库。使用"互联网＋"技术，将入库人才实现数字化，打造便民数据库。通过在手机上安装 App，农户、企业就能在线上了解人才姓名、联系方式及技术特长等信息，方便针对性地解决问题。二是有线下工作人员。为保障人才超市顺畅运行，各人才超市设置店长 1 名、副店长 1 名，店员 3 名，主要对服务对象提出的技术需求进行分类、汇集整理，协助筛选符合条件的专家人才，并跟踪订单情况，定好服务期限。三是有规范运行机制。全县各人才超市建立入库专家人才评价制度，出入库制度运行机制等，使服务对象进入超市就能清晰掌握人才服务技能和实效。四是有落实经费保障。人才超市运营采取财政预算和乡镇自筹经费，承担运营经费保障，坚持引育并重，抓好人才培育，依托人才超市，常态化举办新农人、高素质农民、电商直播人才创业孵化、青年人才创业等主题培训活动。

## （三）实行"五单"流程开展精准服务

一是乡村问单。围绕问计于民、问需于民，各乡镇对本地农业产业全链条发展所需技术、信息、市场等进行调研和汇总，梳理形成人才超市服务清单，发布到超市系统上满足服务需求，已开展问单 24 单。二是用户下单。农户、合作社、农业企业等服务对象针对生产生活中遇到的问题，到线下或线上人才超市登记，选择需求的技术服务内容和预约指定专家人才，用户通过 App 下单达 145单。三是超市配单。人才超市对服务对象提出的服务需求进行分类登记、汇集整理，筛选匹配符合条件的专家人才，管理人员通过后台系统及时进行精准化配单达 125 单。四是人才结单。超市人才根据派单与服务对象对接联系，定好服务时间，及时提供各类服务，完成订单任务。截至 2023 年 6 月 19 日，富川系统下单 145 单，已全部完成结单任务。五是组织评单。服务结束后，人才超市以群众满意度、农业技术培训效果、解决农业技术难题数量和成效、农产品销量、农业企业经营状况等关键结果为导向，组织农户及农业经营主体等服务对象对结单人才进行评价。在开展的 145 单中，评价好的层次达 120 单。

<h2 style="text-align:center">辽宁省凌源市：<br>汲取人才资源　助力高质量发展</h2>

2021 年以来，辽宁省凌源市坚持"人才是第一资源"的发展思路，紧紧围绕钢铁冶金、汽车及零部件、新材料、农产品深加工等主导产业发展需要，坚持在人才"引、育、留、用"上下功夫，助推凌源经济社会高质量发展。

### （一）坚持搭平台引才，构建人才集聚洼地

做大做强主导产业，不断加大人才引进力度，全力打造人才集聚洼地。经济开发区创新体制机制，实行管委会、公司改革，通过市场化方式面向全国引进专业招商人才 13 人。实施"大学进园区进企业"，坚持"走出去"项目洽谈、"请进来"对接签约等形式，注重"项目、团队""带土移植"模式，积极吸引域外高校院所专

家团队带项目、带技术在该市落地转化，先后与航天十五所、沈阳工业大学、辽宁工业大学、沈阳农业大学等大学院所建立校企合作关系，落地转化航天凌河汽车与辽宁工业大学特种车底盘电气系统开发等成果22项，柔性引进高层次人才141人，建立以西诺花卉、日兴矿业等企业做盟主的实质性产学研联盟14家。实施"双招双引"，坚持招商引资与招才引智并重，落地云影飞扬、三沅环保科技等项目64个，柔性引进企业经营管理、专业技术人才等215人。实施"凤来雁归"工程，通过政策吸引、帮助就业等措施，年吸引1 000名以上高校毕业生来凌回凌就业创业。

## （二）坚持多渠道育才，打造人才培养高地

结合凌源产业发展和乡村振兴需要，对不同行业、不同类型人才实施差别化培育，努力把人才优势转化为高质量发展动力。开展专业技能人才培养，依托实践基地、职教中心、域外大专院校，通过产教融合、订单培养等方式，培育高技能人才222人、专业技术人才539人。大力培育培养乡村人才，重点抓好农业生产经营人才、农村二三产业发展人才等人才队伍建设，采取举办培训班、现场指导、域外学习等方式培育新型农业经营主体带头人、高素质农民等600人，培育农村电商人才150人，培训农村实用人才和农民技术员2 500余人次。实施新动能企业培育，全面提升人才培育水平，新增九旗生物等注册科技型中小企业19家、炜盛玻纤企业技术中心等研发平台4家，获批高新技术企业5家、雏鹰企业2家，航天凌河汽车获批瞪羚企业、国家专精特新"小巨人"企业和国家级工业互联网二级节点综合服务平台。

## （三）坚持重实效用才，激发人才创业活力

坚持"不求所有、但求所用"原则，充分发挥各类人才在推动产业转型升级、城乡协调发展中的重要作用。做大做强"双创"孵化基地，完善服务功能，提升运营质量，为人才创业创新搭建平台，入孵项目52个，孵化成长企业44家，举办高质量创业活动

57 场，发放创业担保贷款 4 121 万元，"双创"孵化基地成功获批国家级创业孵化示范基地。实施"专家进园区进企业"，成功对接"高性能玻纤网格布制备方法及应用推广"等项目 51 个、团队成员 456 人次。积极对接省市科技特派团，开展技术推广、人才培训，现已成功对接蔬菜花卉、果树、食用菌、设施农业等省级科技特派团 5 个，共引进新品种 19 个，示范推广技术 36 项，开展农村实用人才培训 276 次、1 439 人次。

### （四）坚持优环境留才，提升人才服务水平

构建市人才工作领导小组、各服务中心、基层人才科技工作站"三位一体"人才综合服务体系，制定落实《吸引和留住高层次人才暂行办法》《新动能企业培育奖补政策》等人才政策，对引进高层次人才、落地合作项目、新建研发服务平台、新动能企业培育等方面落实奖补资金 210 万元。深化领导联系服务专家工作，副县级以上领导每人联系 1～2 名专家，协调帮助解决实际问题 41 件，并为专家每年安排一次健康体检。加强对域外高层次人才关心关爱，在医疗保健、配偶安置、子女就学等方面建立绿色通道，为人才就业创业提供安心舒心的发展环境。

## 山西省平顺县：
# 引"百名新农人"　助力乡村振兴

人才振兴是乡村振兴的基础。为充分发挥致富"带头人"的带动作用，山西省长治市平顺县借省市抓党建促基层治理能力提升专项行动之东风，大力实施"乡村振兴百名新农人计划"，遴选出一批"新农人"并重点扶持，为发展壮大村级集体经济蓄积"源头活水"。

如今，在平顺涌现出越来越多"新农人"，他们运用新理念、新模式、新技术，在广阔的青羊大地上大展身手，合力奏响了平顺县全面推进乡村振兴的奋进曲。

平顺县举办乡村振兴新农人座谈会

### 广泛"引"精严"选"，解决人"怎么来"

平顺县出台《平顺县实施"乡村振兴百名新农人计划"的行动方案》，拿出 2 000 余万元奖补资金和扶持资金，从平台统筹、系统培训、产业扶持、资金奖补、信贷贴息、资产盘活、营销带货等十个方面提供扶持引导，吸引爱农村、懂经营、善管理的"新农人"投身农村创业发展。同时，对申报的"新农人"，按照产业发展型、乡村旅游型、家政服务型、商贸物流型、电子商务型等分类建立台账、进行动态管理。

截至 2022 年 9 月底，通过就地取"才"、回流引"才"、企业聚"才"、平台蓄"才"等方式引来的"新农人"已申报入库 194 名，通过竞演展示、初步遴选"新农人"50 名。

一批批人才正汇聚平顺，"党参哥"宋建红、"药茶仙女"刘明伟、"归农小都"都杨茜等 20 余名网络红人，形成了电商销售、民宿休闲、托管服务等新业态百花齐放、茁壮成长的发展格局。

### 双向"联"精准"结"，解决人"怎么用"

平顺县设"新农人"专办，优化项目储备库，由专班专人负责申报"新农人"对接事宜，讲清扶持政策，综合比选合作村和产业项目，确定合作意向。

自主领办创办项目或村集体聘用的"新农人"，通过租赁村集体资产资源、入股经营等形式与村集体合作，"新农人"负责经营运行，乡村两级负责为"新农人"经营提供保障和服务，县级涉农部门开通"绿色通道"。

"新农人"与村集体签订合作协议，约定保底收益＋效益收益分配模式。村集体在确保租赁收益或保底收益（不得低于村集体投入资金的 6％）的基础上，剩余经营效益按照自愿协商原则确定分配比例。

石城镇源头村回引长治劲旅有限公司"新农人"曹东平，注册山西恒佰利康养发展有限公司，投资 1 200 万元建成源头村花椒小镇康养接待中心，成功申请"花椒宝贝""花椒谷"绿色农产品品牌，线上线下销售"花椒锅巴"休闲食品，实现村集体年增收 8 万元。

### 定期"考"精准"评"，解决人"怎么管"

平顺县制定"新农人"考核评价办法（试行），通过半年评估、年底考核、结果运用三种方式对新农人进行科学评定。

每半年从日常工作、运营成效、带动群众、信贷情况等方面对"新农人"和项目进行市场风险评估，解决实际问题，帮助指导发展；年底根据经营效益、带动群众、投资风险、利益联结等方面，由乡镇主导对"新农人"进行专项考核，按"优秀""良好""一般""较差"确定四个等次。根据考核情况，对评为"优秀"且经营良好、成效明显的，奖励定额补助、优先列为党员发展对象、列入后备人才库重点培养，优先推荐"两代表一委员"，县级三干会上予以宣传表彰，对效益不佳、信用不良的进行动态调整。

### 导师"帮"专班"带"，解决人"怎么育"

平顺县把"新农人"纳入全县干部教育培训规划，采取"江浙专训＋观摩实训＋送技下乡"等方式开展培训。建立乡镇科级干部、农业龙头企业中层管理人员、金融机构业务员、农业农村和乡村振兴干部"四对一"导师帮带。已组织"新农人"开展各类培训300余人次,导师帮带50人。

此外,平顺县还结合"新农人"网络短视频拍摄直播技能需求,筹资5万元举办"新农人"短视频运营技能培训班,采取讲授公开课、集中教学、专人帮带、实操示范、案例制作等相结合的形式对"新农人"深度培训,从采集素材、拍摄、剪辑、制作及短视频直播运营等多个方面进行"手把手"实践教学。

虹霓村依托长治市四海伟业公司开展"新农人电商培训班",指导24位"新农人"开展网络直播、帮助他们打造流量IP,带动花椒、粉条等线上销售8万余元。通过公司指导、团队运作、全民参与,将手机变"农具"、直播变"农活",农民变"网红",使"互联网+"成为经济新业态,流量经济变成增量经济。

## 真心"扶"解心"忧",解决人"怎么留"

"新农人"大展身手的背后离不开政策的有力支撑。为支持"新农人"创业,平顺县举办"新农人"银企对接会,做好贴息贷款服务,提供金融支持,并分类梳理"新农人"扶持发展需求,提出个性化扶持方案,落实实实在在的扶持政策。同时,加大财政补贴力度,做实投保灾害保险、价格保险等多险种,保障村级集体经济与"新农人"保底收益,确保稳妥发展、风险可控。

此外,平顺县设立创客之家,举办创客沙龙,为"新农人"提供免费办公场所、免费健康体检、免费畅游平顺等服务保障,解除后顾之忧。

为了让"新农人"定心丸吃得更踏实放心,平顺县还推动一批乡村两级干部带头领办集体经济项目。虹梯关乡北秋房村"两委"引进"新农人"刘国良,发展连翘产业,带动20余名村民增收就业。东寺头乡安阳村支委委员方亮与村集体合作扩大藏香猪养殖规模,带动村集体年增收4万元。全县56名村干部成立合作社等经济实体,参与市场竞争,助力乡村振兴。

# 陕西省永寿县常宁镇：
# 培育"五类人才"

常宁镇位于陕西咸阳市永寿县城东北部，镇政府驻地距县城32千米。全镇辖 35 个行政村，农业人口 10 279 户 41 854 人，总面积 164.2 平方千米，耕地 9.1 万亩。2021 年农民人均纯收入13 800 元。近年来，常宁镇立足巩固拓展脱贫攻坚成果同乡村振兴有效衔接的实际，牢牢把握"人才振兴"这一乡村振兴的关键，坚持聚焦人才抓振兴，积极引导培育五类人才向农村聚集，在乡村振兴的主战场发力，为实现乡村全面振兴提供了强有力的人才保障。

果业协会严忠厚组织的果业技术现场培训

## （一）选优头雁人才，夯实基层基础

2020 年脱贫攻坚战全面胜利之后，常宁镇结合村两委换届，坚持优化村级班子结构，选优配强村两委班子成员，重点吸引各村的种植养殖大户、专业合作社负责人、复员军人、经商能人、返乡大学生等优秀人才进入村两委班子。全力推进村党支部书记、村委会主任和村级集体经济组织法人"一肩挑"。全镇 35 个村党支部书记全部通过法定程序当选为村委会主任和集体经济组织法人。全镇 175 名村两委当中有各类种植养殖大户 13 名、专业合作社负责人 21 名、复员军人 4 名、经商能人 20 名、返乡大学生 8 名，为全镇各村打造出了一支"永远不走"的乡村振兴人才队伍。

### （二）注重乡土人才，增强内生动力

常宁镇自古以来就是渭北地区的商贸和农业重镇，从事农业生产、商贸交流和各行各业的乡贤能人人才济济。近年来，常宁镇立足实际，大力挖掘本土各行各业的能人志士，充分发挥乡土人才号召力和凝聚力较强的优势，带动群众发展各类产业增收致富。能人牵头，政府助力。2020 年，常宁镇果业协会会长严忠厚牵头成立了常宁镇果业协会，并建立了果业协会党支部，吸纳常宁本地果农 300 余户加入协会共同经营，统一提供苹果生产过程中的各种技术指导和销售信息，2021 年就实现了果农收入翻番的良好成效。常宁镇共培育培养果业生产、畜牧养殖、蔬菜生产、技能型务工等本地乡土人才 261 名，遍布常宁镇的每个村落，为乡村振兴提供了良好"乡土动能"。

### （三）扶强创业人才，形成产业合力

在中央 1 号文件等政策的激励下，越来越多的农村群众选择了立足农村、自主创业。芦笋是一种原产于欧洲的蔬菜，在国际市场上享有"蔬菜之王"的美称。2015 年由本地农民刘涛、张昊等首次在常宁镇引进试种，2019 年产业初具规模，并成立了富涛、昊天芦笋种植专业合作社。镇政府牵头成立了常宁镇芦笋产业协会，确保了芦笋从选种、育苗、移栽、病虫草防控、施肥、采笋等生产全过程达到标准化、规范化。先后为富涛合作社争取国家扶持资金 360 余万元建成标准化综合示范园、芦笋研发中心、冷鲜恒温气调库，争取行业部门资金建成温室育苗棚 550 平方米，四联动温室种

植棚一座，拱棚 22 栋，大田芦笋 2 000 亩。2019 年成功引进本土创业青年王文升成立秦槐合作社发展芦笋种植，争取国家资金 126 万元，建成芦笋种植园 300 亩，配备现代化滴灌设施。芦笋产业已经成为常宁镇"一镇一业"的主导产业。常宁镇已累计投入产业扶持资金 6 000 余万元，扶持本地种植养殖合作社和各类种植养殖大户 1 300 余户。

### （四）招引返乡人才，注入振兴活力

自 2018 年开始，常宁镇坚持每年春节前后组织召开全镇返乡人员座谈会，向返乡人员通报一年来的工作成效，推介常宁产业项目。通过几年的不懈努力，常宁镇共吸纳招引在外返乡创业人才 30 余人，从事的行业有规模化种植养殖、农副产品加工、商贸服务等。通过"返乡走亲"活动招引回的"三兄弟"西安餐饮有限公司，投资 3 000 余万元在上邑街道建成了永寿县秦福园食品厂，占地面积 7 500 平方米，建设包子生产线两条，现有员工 105 名，生产管理人员 25 名，年产值达到了 3 200 万元以上。2021 年全年共采购镇区内种植的辣椒、茄子、大葱等新鲜蔬菜价值 600 余万元，发放务工人员工资 420 万元。全镇返乡青年创办农产品加工企业 5 家、肉牛养殖场 3 家、蛋鸡养殖场 1 家，发展大棚蔬菜 190 多座。

秦福园食品厂手工包子生产线

### （五）用活驻村人才，提升治理能力

常宁镇立足镇域实际，充分发挥派驻工作队员的行业优势，为基层有效治理、乡村全面振兴注入了新的活力。县交警队派驻果纳村工作队，在全镇开展了为期 1 个多月的交通安全宣传月活动，在镇区集中开展机动车违停整治 10 多次，有效杜绝了农用车载人、车辆乱停乱放等交通安全隐患。县财政局派驻南章村工作队结合行业部门优势，为村上争取资金 50 多万元，将村上多年来的"垃圾沟"进行了规范化治理。市统建办派驻良左村工作队先后 6 次组织群众赴咸阳市民文化中心进行参观学习。县医保局派驻和平村工作队在全镇各村组织开展健康知识宣传 60 余场次。县林业局派驻陈家村工作队为本村协调各类绿化苗木 1 500 余株。通过各驻村工作队的辛勤付出，使基层治理能力和治理水平得到了有效提升。

## 湖北省郧西县：
# "4344" 模式打造人才高地

近年来，湖北十堰市郧西县从关键环节入手，通过践行聚焦"四个一批"、实施"三雁工程"、落实"四项措施"、建立"四项机制"的"4344"模式，奋力打造鄂陕毗邻地区人才高地。

### （一）聚焦"四个一批"，不拘一格引人才

回引一批外出打工能人。引导郧西在外人才回归，建立"郧西籍在外优秀人才数据库"及信息共享平台，全力推动"雁归天河"工程，打好"感情牌"，广发"英雄帖"，努力实现"总部回迁、项目回移、资金回流、技术回乡、智力回哺"，共吸引 397 名外出成功人士回归，创办企业 68 家，领办产业项目 162 个，带动农村创业就业 1.85 万人，涌现出"扫帚大王"、闻名全国的"淘宝村"郧西县涧池乡下营村等一批先进典型。

招录一批高校毕业生。统计郧西籍高校毕业生 1 500 余人的信息，建立郧西籍高校毕业生信息库。策划、筹备、组织高校人才引进专场活动 3 场，与西北大学、长安大学等高校达成人才合作意向，完成岗位开发 2 036 个，招聘到岗大学生近 800 人。

吸引一批高层次、急需紧缺人才。主动抛出"橄榄枝"，设计、印制首版人才政策清单化宣传折页 4 000 份，制作引才政策宣传动画短视频，全媒体、多渠道宣传推广郧西人才政策，为县医院、天道新能源汽车公司等单位引进各类科技人才 50 名，引进高层次及紧缺人才 300 余名。

争取一批科研技术专家。抢抓国家、省市支援革命老区、秦巴山区和少数民族地区的特优政策，先后争取国家"三区"人才 136 名、省级科技特派员及科技副总 13 名、市级科技特派员 34 名，为郧西 80 余家中小企业和农民专业合作社签约服务，促成科技成果转化 100 余项，解决技术难题 130 余项，推广新品种、新技术 150 余项。

## （二）实施"三雁工程"，以用为本育人才

"头雁"领航。实施乡村产业振兴带头人培育"头雁"项目，每年对 12 名乡村产业振兴带头人开展定制化、体验式、孵化型培育，变"带头人"为"领头雁"。推进"国家级产业领军人才＋省级农村实用人才带头人＋县级高素质农民带头人"综合培训体系，培训"头雁" 324 名。实施"红色头雁"工程，培育"精神引领型、善抓机遇型、能人乡贤型、敬业职守型、蹲苗成长型"等"五型"优秀村支部书记，先后有 30 余名村支部书记荣获"全国劳动模范""全国先进个人""全国优秀共产党员""全省优秀村党支部书记"等省级以上荣誉称号，成为领航乡村振兴的中坚力量。

"雏雁"培育。建立"头雁"结对帮带"雏雁"机制，完善青年优秀人才跟踪培养、业务技能培训、轮岗锻炼和定岗考核机制，让优秀专业技术人员充分发挥头雁"传、帮、带"作用，分行业定

期组织开展"雏雁"交流座谈会，由"头雁"向"雏雁"交流心得、传授经验，提升雁阵整体水平。探索实施"把优秀青年农民培养成党员、把青年农民党员培养成致富带头人、把党员致富带头人培养成村党组织书记、把优秀村党组织书记培养成先进典型"的"四个跟踪培养"模式，成功培养出全国农村青年致富带头人翁新强等一批"国字号"青年典型群体。

"阵雁"齐飞。实施郧西名校（园）长名师工程，每年开展一次"郧西名校（园）长""郧西名师"评选活动，已评选"郧西名校（园）长"10 名、"郧西名师"30 名，培养十堰市名校长 1 人、名师 6 人、骨干教师 47 人、湖北名师 1 人、湖北省特级教师 2 人。通过"县乡审核、免费培养、认定学历、回村服务"订单培养模式，培养基层全科医生 50 余名，定向委培乡村医生 100 余名。实施高素质农民培育工程，举办种植养殖、电商、村级集体经济与产业发展、创业创新青年暨乡村振兴巾帼带头人等培训班，已培训高素质农民 1 281 人、基层农技推广骨干 121 名、科技示范主体 352 名。启动农民职称评审工作，按照生产经营型、专业技能型、社会服务型三种类型，每年开展农民职称评定 2 000 人。

## （三）落实"四项措施"，搭建平台留人才

培育创业平台。重点支持科技企业孵化器、众创空间、星创天地等创业平台建设，通过国家、省、市有关部门认定（挂牌）的，当年分别奖励 50 万元、20 万元、10 万元，后续减半支持，连续支持 3 年，成功培育国家级农村创业产业园 5 家、省级众创空间 3 家、省市级星创天地 5 家、省市级企校联合创新中心 8 家、省级乡村振兴科技创新示范基地 1 家。

打造"人才飞地"。按照"研发在飞地，创业在郧西"的协同创新发展模式，在经济发达、技术先进地区或高校、科研院所设立"人才飞地"，根据场地面积、工位数量和孵化效果，给予补贴，先后与湖北省农科院等 3 家院所签订了《院县合作框架协议》，促成县内重点企业与武汉大学等 30 余家高等院校科研院所建立深度科

研合作关系。

设置"招商大使招才大使"。瞄准高技术含量、高投资强度、高税收贡献、低资源消耗的重量级优质项目，聚焦世界 500 强、"中"字头企业、总部企业，设置"招商大使招才大使"，精准开展以商招商、节会招商、产业链招商。

聘请专业管理队伍运营。出台奖励政策，对县内重点创新创业平台聘请具有一定资质的专业管理团队运营，按照实际运营费用的 50％给予资助。

### （四）建立"四项机制"，优化环境聚人才

建立领导联系人才制度。调整人才工作领导小组，优化重构县委人才办组织架构，由县委书记担任组长，县"四大家"领导带头，每人联系服务 2 名优秀人才，定期开展领导慰问优秀专家人才、"我为企业办实事""我为人才办实事"等活动，帮助解决企业及人才需求。

创新人才政策机制。梳理上级重要政策文件，结合县内实际，从引才、育才、人才、平台、保障服务等方面，编制《人才政策汇编》，分类制定"政策包"，统筹整合资金 5 000 万元，设立"郧西县人才发展专项资金"，作为培养、引进、奖励人才和人才项目建设的专项经费，组织企业按照一定比例设立科研经费基金。建设郧西县人才公寓（专家大院），出台人才住房补贴办法，解决各类人才住房问题。

完善人才表扬奖励机制。设立不同类别、不同层级的人才奖励项目，以"天河英才"为最高人才奖项，每年开展不同主题的人才奖励活动；每两年开展一次"天河英才"及重才爱才先进单位评定工作，已评选表彰"天河英才·农村实用人才"60 名，推荐上报各类优秀人才 92 名。

落实"楚才卡""武当人才卡"制度。组织近 200 人申领"武当人才卡"金卡、银卡和菁英卡，落实科研、职称评审、税费优惠、交通出行、文旅健身、医疗卫生、子女教育、家属就业、老人

养老、出入境和停居留、落户、政务便利、生活便捷等服务。

<h1 style="text-align:center">山东省菏泽市定陶区：<br>聚焦人才支点　赋能乡村发展</h1>

2018 年以来，山东菏泽定陶区新增返乡创业 1.1 万人，新增市场主体 16 828 户，被评为全国农村创新创业典型县，菏泽云众创业孵化基地被评为全国农村创新创业孵化实训基地，"能人带动＋返乡创业＋党建引领"模式入选省人才工作创新优秀案例。

首家"中医农业院士（专家）工作站"落户菏泽奠基仪式

### （一）精准化打造体系，下好服务人才的"先手棋"

坚持问题导向，找准工作靶点，全方位摸排人才需求、企业需求、产业需求，构筑起服务人才的精准体系。一是组织上更加精准，责任到人。成立农村创新创业服务工作领导小组，负责政策措施制定，组织协调工作开展。全区 11 个镇街对标成立镇街工作领导小组，明确具体责任人，细化任务分工，确保政策落地落实。二是对接上更加精准，贴心帮扶。培树 22 个示范点，遴选 1 391 名党员干部组成 341 个驻村双创服务工作队，44 名村干部跨县区

（镇街）结对帮学，52 名业务能力强的党员干部驻点服务双创园区，实现服务双创工作"零距离"。三是战略上更加精准，因地制宜。瞄准产业需求，编制人才需求清单，做到有的放矢。与高校院所精准对接，建成国家星创天地 1 个、省级乡村振兴专家服务基地 2 个、院士工作站 3 个、省农科驿站 6 个、省级博士后创新实践基地 3 个、市级乡村振兴专家服务基地 1 个、市级专家服务基地 1 个、建成产业扶贫基地 33 处。全国首家"中医农业院士专家工作站"在定陶揭牌成立，中国农业科学院牡丹研究中心菏泽分中心落户定陶，为高素质人才创新创业提供了平台。

## （二）多元化搭建平台，建设适宜人才发展的"栖息地"

立足农业资源禀赋，打造了一批优质产业平台。一是主动登门，延伸服务覆盖面。成立区返乡创业管理服务中心，设立镇街返乡创业服务窗口，在上海、广州等本地人聚集城市，建立返乡创业服务站 16 处、招才引智工作站 6 个，以"一条龙"式的全链条流程，提供创业政策咨询、项目推介、培训指导、小额担保贷款办理等服务，搭建起人才返乡创业的桥梁。二是注重创新，培育壮大孵化基地。建设省级小微企业创业辅导基地 3 处、市级创业孵化基地 4 处、市级创业孵化示范平台 2 处、创业定点培训学校 4 家，其中狮克假日生态农场被列入全国农村创业创新园区目录。融合"互联网＋创新创业＋商户"模式，推进信息技术应用，万泰电商产业园被认定为省级创业孵化基地和省级创业示范平台。张湾镇淘宝创业孵化平台，入驻企业 16 家、淘宝店 163 个，年销售达 10 亿元。34 名优秀家庭农场负责人被列入全国"现代青年农场主计划"，与阿里巴巴联合成立淘宝大学，培训农村电商人才 1.2 万人。三是龙头带动，促进就业脱贫增收。形成了以鲁花、稻香村为龙头的食品加工业，以嘉宏、利德尔为龙头的果蔬加工业，以鼎森木业为龙头的木材加工业等三大产业集群。2016 年以来，全区各农业龙头企业流转 4 000 余户脱困户土地共 1 万余亩，为 3 000 余名低收入群众提供了就业岗位。

## （三）集约化保障要素，形成激励人才的"活力源"

坚持"束水攻沙"思路，集中现有政策统一捆绑打包，在硬件、软件上给予更多倾斜，进一步提升人才创新创业积极性。出台支持返乡创业 20 条政策，设立 1 000 万元创业担保基金，对符合条件的返乡创业者从事个体经营、创办小微企业的，分别提供最高 10 万元、300 万元创业担保贷款。设立 200 万元返乡创业专项扶持基金，对首次领取营业执照并正常经营 1 年以上的初创期返乡创业小微企业，给予不低于 1.2 万元的一次性创业补贴。出台《推进人才强区战略深入实施的若干政策》，对新入选的齐鲁乡村之星给予 5 000 元奖励，将企业引进本科高校毕业生区级补贴由原来的每月 500 元提高到每月 1 000 元，提高了政策含金量和吸引力。2018 以来招募"三支一扶"计划人员 101 人，全部充实到乡镇教育和卫生系统，持续为乡村教育和医疗事业输送高学历紧缺专业人才。截至 2021 年 12 月，兑现企业引进高校毕业生、农业领域创新平台政策资金、齐鲁乡村之星奖励 129.7 万元，获评省突出贡献中青年专家 1 人、市突出贡献中青年专家 2 人、齐鲁首席技师 2 人、市首席技师 1 人、齐鲁乡村之星 3 人、市级以上"新农人" 4 人，在社会上形成了尊重人才、支持创业的良好社会风尚。

灵武市美丽乡村风景

# 宁夏回族自治区灵武市：
# 以人才绘就乡村振兴壮美画卷

近年来，宁夏回族自治区灵武市坚持以人才"第一资源"引领发展"第一要务"，紧紧围绕自治区"才聚宁夏1134"行动，认真落实《自治区关于加快推进乡村人才振兴的实施意见》，探索创新"1333"乡村人才工作思路，诚心引才、悉心育才、精心用才、真心留才，"人人竞相成才、人人尽展其才"的乡村振兴人才格局全面形成，乡村人才成为助推经济社会高质量发展的"动力引擎"。

## （一）党建统领、凝聚共识，爱才重才氛围更加浓厚

一是持续强化政治引领。推动市乡村党员干部全员轮训，选送70余名基层党组织书记赴外研修。推选万仲武、马磊等93名高技能人才为区市"两代表一委员"，不断增强他们的职业"含金量"、身份认同感。二是责任体系更加健全。大力实施"一把手"抓"第一资源"工程，高标准编制人才发展规划和乡村人才振兴实施方案，明确7方面27项具体措施，探索人才工作"积分制"考核，通过"晾晒比促"，确保乡村人才振兴工作压力层层传导、任务件件落实。三是工作合力不断凝聚。充分发挥"头雁"作用，26名县处级领导带头联系人才，与52名专家骨干交朋友、听建议、谋未来，各部门和乡镇负责人积极包联产业人才和后备力量，38名人才专员入企问需、结对服务，做到人才工作"一揽子"部署、"一盘棋"统筹、"一体化"推进。

## （二）筑巢引凤、聚才而兴，近悦远来环境更加优越

聚焦自治区"六新六特六优"产业布局、银川市"两都五基地"建设，统筹配置科研项目、创新平台等资源，推动人才资源向重点产业发展集聚，努力为各类人才打造"政策高地""聚才洼地"

"创业福地"。一是创新政策开门迎才。着力构建"1＋3＋N"人才发展战略体系，研究制定《灵武市才俊兴灵助力经济社会高质量发展激励办法（试行）》等保障政策，在住房、教育、医疗等方面为各类优秀人才提供全程化服务，用真诚服务赢得支持信赖。创新出台《灵武市备案科技服务机构管理暂行办法》，设立科技创新服务体系专项经费，为乡村振兴发展引进150余名科技服务人才，切实解决了涉农企业创新难题。积极探索"候鸟式"聘任、"离岸式"研发、"巡回式"服务等创新模式，柔性引进来宁院士、专家教授90余名，进一步拓展丰富了灵武高质量发展的"智库外脑"。二是围绕产业全面聚才。着眼奶产业、高端种植等特色优势产业，打好"政策招引＋项目助力＋资金支持"组合拳，先后与宁夏大学、天津科技大学等高校、科研院所"攀亲结缘"，引进42个人才团队311名急需紧缺人才。80余名西北农林科技大学硕博研究生潜心钻研，在全区率先培育出153头胚胎牛和3头高产克隆奶牛，填补了宁夏奶产业良种繁育空白。依托灵武长枣产业研究院，吸纳人才专家11名，研究推广设施长枣根域限制栽培等技术，将灵武长枣上市期提前6个月，带动亩均增收1万余元。同时，做好"以企引才"文章，依托华信达健康科技有限公司加强与华中农业大学合作，借助富杨食品公司推动与江南大学合作，引进果蔬加工利用研究团队7人，在枸杞原浆、枣汁等特色农产品生产研发上取得4项国家专利，特色产业人才聚合磁场效应得到充分释放。三是引导归乡反哺纳才。大力实施"引凤归巢"行动，建立全区首个专家咨询委员会，中国地质大学周风山教授等45名知名专家学者重返家乡、回报桑梓，中国工程院院士张志愿、马玉山等优秀人才应邀到灵传经送宝。开展"才俊兴灵"行动和牵手计划，建立在外灵武籍人才信息库，收录在外公职人员、创新创业人才等3 000余名，设立人才发展专项资金500万元，290余名"灵州才俊"返乡创业就业、投身乡村振兴。其中，夏能生物科技公司李建军、同心农业综合开发公司汪威返乡创业，聚焦高端农产品、优质牧草种植等领域，培育了"莎妃蜜瓜"等一批优质农产品品牌；企业家吴海宝返乡兴业，将郝家桥镇胡家堡村104 亩闲置苇湖化"废"为宝，打造集文化观光、休闲采摘、特色民宿等为一体的乡村文旅融合发展示范基地，该村获评"中国美丽休闲乡村"和宁夏特色旅游村镇，一些干部群众也开玩笑地称他是灵武的"吴仁宝"。

### （三）系统培养、科学引育，多元梯度结构更加稳定

坚持走好人才自主培养之路，持续推进人才培育"六项行动"，注重文化引领、素养培育，全力打造一支懂农业、爱农村、爱农民的"三农"工作队伍。一是重点实施校园教育。充分发挥灵武职中培育高技能人才摇篮作用，紧跟产业发展需求科学设置课程，创新开设畜牧兽医、现代纺织等特色专业，积极搭建"产教融合"平台，促进职业学校和企业联盟、与行业联合、同园区联姻，全面推行学徒制、订单制农业人才培养模式，建立校内外实训基地 32 个，960 名学生一线工学交替，培养专技工人 100 余名，有效破解了农村技能人才瓶颈，积蓄了产业发展人才活水。二是着力开展企业孵育。创新"以赛识才"制度，依托奶产业、现代纺织产业等高技能人才竞赛，2 400 余名一线技能人才脱颖而出、大展其才。探索建立"政府出钱、企业育才、企业用人"的人才储备机制，以培养高技能人才和技能大师为重点，做好专业技术"传帮带"。宁鑫源牛羊肉公司纪成军探索"互联网＋滩羊"营销模式，培育电商主播150 余人，2022 年销售额达到 1.77 亿元。"土专家"王合忠带头打造"沙坝头西瓜"特色产业示范基地，带领 200 余名村民实现了由"泥腿子"到"田秀才"的身份转变。三是深入开展社会培育。持续推进导师帮带机制，创新"农学交替、弹性学制、送教下乡"办学模式，重点围绕种植、养殖等产业发展需求，打造石坝村"党员先锋农场"、移民"电商直播间"等实用技术培训基地 22 个，培育高素质农民 2 599 人，22 名"土专家""田秀才"喜获银川市高素质农民职称，占银川市获评职称总人数的三分之一，长枣专家杨金国被国家林草局聘为第三批林草乡土专家。

### （四）知才善用、人尽其能，乡村振兴成效更加凸显

坚持用好人才第一资源，着力推动人才集聚与产业发展同频共振、人才成长与产业提升同向共进，切实让人才成为乡村振兴"源头活水"。一是在治理上积极选用。大力实施"四个一批"进班子计划，从优秀青年大学生、产业带头人、退役军人、在外发展优秀人才中选拔优秀人员进入村干部队伍，全市村支部书记中致富带头人占比达73%。选派7名县处级干部和70名大学生作为乡村振兴专干深入农村服务，实现"一村一名大学生"全覆盖。韩渠、史家壕等16个村集体收入突破百万元大关。35名乡镇干部被提拔重用，1名优秀村支部书记、8名到村任职选调生、7名驻村第一书记选拔为乡镇领导干部，充分激发了干部投身乡村振兴的热情活力。成功举办全国首届社会工作助力乡村振兴大会，1 590余名社工投身基层治理一线。30名法律顾问扎根一线，指导培育1 100余名"法律明白人"，基层治理质效稳步提升。二是在产业上应用尽用。紧盯产业需求和发展需要，积极培养高技术技能型人才，1 570名产业发展和生产经营型人才在岗位上发明创造、创新创优，有力推动灵武市长枣产业、特色种植、沙产业健康发展，全面形成比学赶超、百花争放的局面。三是在增收上精准使用。大力实施"人才兴农"行动，鼓励事业单位人员、科技特派员领办合作社、创办企业，郝家桥镇农业综合服务中心史进创办沃益农种植专业合作社，带领泾灵村移民种植串番茄等经济作物，带动群众增收致富。234名科技特派员深入田间地头引入新品种、推广新技术，举办培训800余场，实际解决技术问题5 000多个，不断做优农业技术服务。着力打造"城南工人""灵武纺织工人"劳务品牌，创新"社区＋企业＋移民"劳务输出模式，劳务移民群众就业率稳定在86%以上，2022年移民人均可支配收入同比增长11.3%。

# 黑龙江省龙江县：
# 以"人才＋"思维赋能乡村振兴

黑龙江省龙江县牢固树立人才是战略资源理念，不断创新思路，拓宽渠道，加快推进各类人才队伍建设，扩增量、优存量、提质量，运用三种思维，筑牢"聚才、育才、留才"根基，扎实走好人才振兴助力乡村振兴之路。

## （一）发散思维"聚才"，强化人才梯队建设

多渠道构建乡村人才体系，发挥人才聚合效应，打造一支可持续发展的乡村振兴人才队伍。推行科技特派员制度，选派 15 名省级科技特派员、14 名市级科技特派员、27 名县级科技特派员，实现 14 个乡镇、27 个脱贫村科技特派员全覆盖，切实做好示范引领作用，帮助百姓解决实际问题，用科技力量为乡村振兴赋能；选派 126 名年轻干部到村任职，夯实基层骨干力量，提升村级组织带领群众共同致富的能力；严把驻村干部选派关，选派驻村工作队 38 支，其中第一书记和工作队员共计 123 名，充分发挥驻村优势，协助村党组织推动各项工作落实，有效衔接"人才接力棒"，助推乡村振兴工作精准传递。

## （二）创新思维"育才"，激发人才内在潜能

健全乡村人才培养机制，加大培训力度，提升乡土人才队伍建设能力。发挥县域电商产业园运营孵化带动引领作用。截至 2023 年 3 月底，园区入驻和孵化电商企业 75 家，入驻电商平台 4 个，通过线上线下举办乡镇电商培训 57 场、电商创业培训 53 场、农家小园种植技术培训 37 场，带动从业人数 1 540 人次；实施农村实用人才培养计划，做好创新技能人才开发培养工作，针对青年农民、种养大户、养殖能手等群体开展全产业链培训，共设置 15 个专业 66 个培训班，培训 3 161 人，促进就业 2 541 人。同时，依托

龙江县职业教育中心学校，举办园艺工、食用菌生产、护林员等方面培训班共 55 个，培养 2 592 人，进一步强化乡土人才知识储备，为全面推进乡村振兴蓄电赋能。

### （三）扩展思维"留才"，拴好人才发展钥匙

持续升级各项服务保障，加大对乡村人才领办项目的支持力度，不断优化人才发展生态。制定系列乡村振兴、人才振兴配套实施方案，利用乡村资产资源招引人才返乡创业，发掘本地"文化人""新农人"等乡土人才，壮大乡土人才队伍，近三年，利用村集体资源吸引创业人才 115 人，实现产值 1.3 亿元，与周边群众结对帮扶 2 500 多对，促进群众收入；积极争取项目相关补贴，对利用农村资产资源进行创业的人员、创业带动就业的人员发放补贴，充分激发乡村人才创新创造活力；对于创业人才利用村集体资产资源创业和进行农业生产经营，完善创业担保贷款政策，简化审批流程，放宽创业担保贷款申请条件，2022 年至 2023 年 3 月底，为符合申请条件的办理创业担保贷款 324 笔，共计 4 637 万元，切实增强了示范引领和辐射带动成效，增添了乡村振兴新动能。

## 江西省永新县：
## 激活乡土人才　做优乡村产业

近年来，江西省永新县委、县人民政府围绕巩固拓展脱贫攻坚成果、助力乡村振兴，大力实施人才强县战略，按照"选树一批典型、发展一批产业、壮大一支队伍"的工作思路，把乡土人才的选育管用、帮扶帮带、服务保障摆在突出位置，激活乡土人才引擎，为乡村振兴提供坚强有力的人才支撑。

### （一）精准管理，选树一批好典型

永新县委、县人民政府坚持党管人才原则，立足永新实际，做

好规划。明确由县委组织部、县统计局具体负责，各乡镇分工负责，在全县238个行政村开展摸排调查，梳理农村种养能手、养殖能手、技能能手、专业合作社带头人等信息，建立乡土人才信息库，实行动态管理，跟踪做好培养、服务和保障等工作。

建立乡土人才联系制度。县、乡两级领导干部每人联系2～3名乡土人才，真正把"土专家""田教授"等乡土人才纳入党委和政府的服务范围。持续选派144名"第一书记"、组建23个乡村振兴服务队、选派290名工作队员，采取"支部＋基地＋专业合作社＋农户"模式，重点帮助解决乡土人才发展产业缺资金、缺技术等难题，加大乡村产业技术普及推广力度。

引导在外人才返乡创业。出台《鼓励和引导人才向基层一线流动的实施方案》《乡土人才返乡创业实施意见》，明确在外优秀企业家、大学毕业生、退伍军人、农民工等回乡创新创业的，在资金、技术和场地上给予支持。每年春节期间召开在外返乡人才座谈会，宣传返乡人才创业政策，唤醒在外优秀人才"乡愁"。近年来，全县共吸引返乡创业人才1 000余人，建立农民专业合作社342家、家庭农场186家、行业技能协会6家，吸纳农村社员2.7万多人。

选树一批乡土人才典型。坚持示范带动、典型引领，每两年开展一次"最美乡土人才"评选，每人给予5万～20万元创业引导基金奖励。积极吸纳优秀乡土人才入党，将优秀乡土人才推荐为"两代表一委员"、劳动模范，支持优秀乡土人才在社会团体和行业协会中担任职务，聘请优秀乡土人才担任乡村振兴发展顾问。"制酱能人"李志良、"白茶大王"李小江、"巾帼能手"危云云等一批乡土人才脱颖而出，营造了尊重乡土人才浓厚氛围，有效激发乡土人才最大动力。

## (二) 精心培育，打造一批好产业

永新县按照"高山种楠、缓坡植柚、田间种菜、河滩育桑"，着力打造"四个千万工程"，一个个特色富民产业在山间田野落地开花，培育出井冈蜜柚种植大户1 100多户，林业种植大户1 210多户，绿色蔬菜种植大户2 180多户，蚕桑大户3 380多户。乡土人才做优产业、助力乡村振兴信心满满。

坚持政策引领。按照"一个产业、一套班子、一个方案、一抓到底"的原则，四个产业相继成立了由县领导牵头、相关责任单位和协办单位组成的项目推进领导小组，具体负责"四个千万工程"的发展建设。出台了《农业产业化扶贫专项资金使用管理暂行办法》，县财政每年安排扶贫资金1 000万元对"四个千万工程"进行奖补和扶持。开展"财政惠农信贷通"工作，由政府年贴息3%～4%，对经营主体按1∶8放贷。通过加强组织领导、政策扶持、金融支持、督查考核给予"四个千万工程"充分保障，极大地调动了乡土人才发展农业产业的积极性，农业增产增效、农民增收致富的脚步更加铿锵有力。

提升产业技能。通过"请进来＋走出去＋线上线下相结合"的方式大规模培育乡土人才。一方面，由县农业农村局牵头，组织优秀乡土人才赴江西农业大学、西南大学、四川大学、江西省农科院、江西蚕茶所等高等院校、科研院所，举办乡土人才技能提升培训班近100期，培训农村实用人才6 000多人次。另一方面，按照"科技支撑，提质增效"的思路，由县委组织部具体负责，聘请20名永新籍在外高层次人才为产业发展顾问，每年不定期开展回乡指导、线上授课等活动，并依托农业科技示范园建立现场教学基地，"手把手"传授技能，让乡土人才快速成长。

打造产业样板。围绕"科技兴蚕、蚕桑脱贫、蚕农增收"发展思路，与蚕桑院士向仲怀先生签约，共建蚕桑院士工作室，聘请6名蚕桑体系专家为发展顾问。在沙市镇塘边村，返乡创业人才夏海创办的江西海欣农业发展有限公司，高标准建设桑园基地1 000亩，小蚕共育室300平方米，养蚕大棚5 000平方米。公司采用省力化蚕台、自动取茧机、自动上蔟机、木制方格蔟养蚕设施和小蚕共育等技术，年饲养蚕种10批次，养蚕1 200张，产鲜茧2.5万千克，产值达110余万元，起到了良好的示范带动作用。

## （三）精品带货，壮大一批好队伍

永新县坚持科学统筹、合理推进，通过丰富宣传推介形式、引入发布品牌形象、加大品牌宣传力度等方式，以益农产品中心为载体，建立了农产品直播带货基地，组建"电商＋直播带货＋自媒体"运营团队，最大限度让乡土人才创新创业有回报、有获得感。

开展电商人才培训。借力国家电子商务进农村综合示范项目，开展多层次电商人才培训。自项目启动以来累计培训 5 628 人次，其中低收入户学员 1 167 人次。实现培训学员创业孵化超 200 人。实际带动县内 13 家农产品企业、农村合作社转型开展电商销售业务。永新县从事电商行业农业人才有 800 余人。

举办直播带货大赛。每年举办 2 期乡土人才集训暨农特产品直播带货大赛，邀请抖音直播带货大咖和网红授课，现场开展实操演练和直播带货比赛，打造一支 200 多人的抖音直播带货"先遣队"，已培育出 6 名农产品直播带货网红。永新特色农产品"和子四珍"，直播带货大赛当天就受到在外永新人的追捧，现场下单突破了 1 000 单。返乡创业人才贺晓忠，创新"物理压榨＋物理微滤"生产工艺，仅直播 1 天就卖出了 237 箱山茶油，市场供不应求。

鼓励自媒体零售。按照"集中推广、分散运营"的销售模式，除了每年集中举办"直播带货"大赛外，部分合作社与抖音直播网红建立产品销售长期合作关系，每名抖音网红代言 3～5 个农产品，为产业合作社和平台客户提供专业化、定制化服务。针对一些保存周期较短的农产品，鼓励部分有优势的乡土人才自己带货，采取"线上下单＋线下配送"方式尽快送到消费者手中。永新县益农中心金月玲通过微信、抖音等平台，将野生蜂蜜、恒龙白茶、蚕丝棉被等产品卖到全国各地。越来越多触网成功的乡土人才，自发做起直播带货生意，形成了一道亮丽的风景线。

## 河南省许昌市建安区：
## "三力"齐发  加快推进乡村人才振兴

乡村振兴，人才是关键。近年来，河南省许昌市建安区深入贯彻落实习近平总书记关于推动乡村人才振兴的重要指示精神，落实中央、省、市有关决策部署，"三力"齐发，为打造乡村振兴建安样板提供有力人才支撑。

### （一）政策引领，创新机制，凝聚乡村人才振兴强大合力

一是制定政策，大力引进乡村创新创业人才（团队）项目。出台了《许昌市建安区乡村人才振兴五年行动计划》，依托"许昌英才计划""建安人才四大工程"，围绕乡村特色产业发展，积极引进农业方面带技术、带项目的创新创业人才（团队）。同中国科学院、河南省农科院、郑州大学、河南农大等高校专家教授开展合作，引进农业团队6个，在中国·河南招才引智创新发展大会许昌专场暨第二届中原人才发展环境高峰论坛上，建安区有3个创新创业团队登台签约，3个团队参与成果展示，数量为全市第一。做好招商及高层次人才登记工作，邀请罗锡文院士、张金霞等8名教授完成高层次人才登记，通过传帮带培育相关行业研究员100余人，培训技术人员500余人，形成了"行业专家＋技术指导员＋从业人员"的人才引育体系。二是创造条件，着力支持农民工和青年人才返乡创业。开展创业孵化示范基地、农民工返乡创业示范园区等平台创建，树立创业典型活动，引导更多返乡农民工和返乡大学生创业，实现"大众创业，万众创新"。共发放创业担保贷款1 137笔，合计16 262万元，其中为返乡创业农民工发放担保贷款867笔11 828万元，累计1 800余人次使用创业担保贷款进行创业项目孵化，带动就业5 500余人。创建省市级农民工返乡创业示范园区3个，培育5家全市充分就业社区，获授市级"创业之星"5名，许昌优加粮农产品开发有限公司被认定为省级农民工返乡创业示范项

目。积极引导青年人才返乡创业创新并参加返乡创业大赛活动，建安区有5名创业者荣获许昌市农民工返乡创业之星的荣誉称号，6家企业在返乡创业大赛中荣获奖项。其中，河南三点壹肆检测技术有限公司的员工李亚在2020年荣获"全国优秀农民工"称号，优加粮农公司在2021年度"凤归中原"返乡创业大赛河南省总决赛中荣获三等奖。三是创新机制，选派机关年轻干部到基层挂职锻炼。组建农村社区党委51个，先后从区直单位和乡镇选派有能力、干劲足的优秀干部153人，担任农村社区党委书记、副书记，通过组织联建、治理联抓、产业联兴、人才联育、文化联创，推动干部往基层流动、资源向基层下沉、力量在基层凝聚。四是多措并举，引导各类优秀人才向农村汇聚。支援农村人才输入，招募"三支一扶"34人、"特岗教师"121人，拓宽基层人才职业发展空间，对农村专业技术人员在职称评聘方面给予倾斜政策，开启"绿色通道"。近三年来，符合申报教师绿色通道2人，直接评聘中高级216人，考核认定14人，有效提升了公共服务人才的工作积极性。认定高校毕业生就业见习基地45家，发放补贴54万元，为高校毕业生留许服务、返乡创业起到促进作用。

## （二）立体培育，搭建平台，提升乡村人才振兴内生动力

一是整合资源，擦亮干部学校品牌。与河南农大联手，编制培训教材，建立90余名专家教授以及市区领导干部组成的乡村振兴课题师资库，确定6条线路28个优质现场教学点，课堂教学与实践教学结合，对村（社区）党组织书记、农村社区党委书记、副书记、现代农场和社区工厂负责人、乡土人才等不同对象开展培训3期共计615人。二是创建基地，持续发挥星创天地作用。投资建设融合科技示范、技术集成、成果转化、融资孵化、创新创业、平台服务为一体的世纪香星创天地和农科种业省级星创天地并通过科技部和省科技厅认定。截至2021年11月入驻全国农村创新创业实训孵化基地等科普基地4个、河南农大、山西农大等高等院校科研实习基地6个。通过实施"公司＋农民合作社＋基地＋（大学生、返

乡农民工、职业农民等）创新创业主体"的模式，开展免费培训、观摩实习，帮扶指导、跟踪服务，引导自主创业，开展农村技能培训38期，培训1 300人，成功孵化企业26个。三是"四位一体"，大力培育乡村振兴中坚力量。探索教育培训、评价管理、政策支持、跟踪服务"四位一体"培育制度，研究制定《建安区2021年高素质农民培育工作实施方案》，共培训高素质农民3 834人，计划安排经营管理型高素质农民培育任务180人，安排专业生产型和技能服务型高素质农民培训任务247人，加快培养出一批建安区农业产业发展、乡村建设急需的高素质农民队伍。四是全面覆盖，积极开展农村职业技能培训。近年来开展农村技能培训260期，培训学员17 105人；发放国家职业资格证书5 408本，专项能力证书600本，拨付培训补贴1 280.93万元。通过学习有7 863人找到了更加称心的工作，有3 158人工资待遇得到了明显的提升。对符合条件的创业者开展创业培训5期180人，孵化创业项目64个，开展对创业项目的集中推介12次，连续两年受到了省级部门的表彰奖励。

### （三）实施工程，示范带动，激发乡村人才振兴创新活力

一是选树典型，形成比学赶超良好氛围。举办乡土人才成果展，评选出建安区"十大乡土人才"10名，连续3年评选"十佳现代农场""十佳特色农产品品牌"共30名，并在每年丰收节上进行表彰，营造尊重人才、用好人才、集聚人才振兴乡村的良好社会氛围。二是搭建平台，拓宽乡土人才交流渠道。开展了农业农村发展成就观摩活动，对新型经营主体、三产融合典型园区、特色村庄进行实地观摩，共叙丰收成果；召开建安区乡土人才及现代农场论坛，各位行业代表各抒己见，共商发展大计，通过现场参观、成果展示、技艺表演、经验交流等方式，充分展示各类人才技艺专长、成果成就，形成沟通交流、互学互鉴的浓厚氛围。三是组团服务，精准破解乡村技术难题。分类组建专家服务团，积极推动各类专家人才向基层一线流动，实施"暖心帮扶工程""志愿服务工程""人

才服务主题月"等活动，开展专题技术讲座、大型文化活动 100 余场，发放各类技术资料、宣传手册 40 万余份，培训人员达 1 200余人次，受益群众达 10 万余人次。四是立足产业，大力发展电商特色项目。建成区级运营中心 1 个、农村村级服务站点 92 个，乡级服务站点 5 个，培训电商从业人员 350 人左右。灵井镇霍庄村利用电商销售模式，每天销往全国各地的订单 10 000 余件，年销售额突破 2 亿元，年人均纯收入 2 万多元，带动周边 1 000 多名富余劳动力就业。建安区被农业农村部评定为全国"一村一品"示范村镇，被河南省文化和旅游厅评定为"文化产业特色乡村"。

**山东省夏津县：**

# 以人才振兴实现"吨半粮"创建

山东省德州市夏津县地处鲁西北平原，鲁冀两省交界处，因"齐晋会盟之要津"而得名，具有 2 200 年历史，先后荣获中国棉纺织名城、中国面粉大县、中国椹果之乡、全国食品工业强县等国家级荣誉称号。夏津县先行先试，指导东李官屯镇在全市率先探索创建乡村振兴培训学校，让农民在家门口就能上大学，培养懂技术、爱农业、善经营的高素质农民和农村实用人才，为持续推进乡村全面振兴注入"源头活水"。

## 一、为什么率先探索创建乡村振兴培训学校

一是落实上级精神的迫切需要。党的十九届五中全会提出，优先发展农业农村，全面推进乡村振兴。要实现乡村振兴，关键还是要提升农村广大群众的素质，只有人的素质提升上去，党中央的各项决策部署才能在农村得到更好更快地贯彻落实，全会描绘的宏伟蓝图，才能转化为实现高质量跨越式发展的生动实践。

二是严格贯彻省市工作部署的现实需求。2021 年，山东省率先提出在有条件的地方开展"吨半粮"生产能力创建。而德州作为

全国 5 个整建制粮食高产创建试点市之一、全国第一个"亩产过吨粮、总产过百亿"的地级市，义不容辞扛牢粮食安全的政治责任，在全国率先提出创建首个大面积"吨半粮"示范区。

三是实现"吨半粮"创建目标的重要路径。夏津作为传统农业强县，实现"吨半粮"创建目标，必须作表率、走在前。2022 年 2 月 16 日，全县召开县委农村工作会议，贯彻落实中央、省市农村工作会议精神和全国春季农业生产暨加强冬小麦田间管理工作会议精神，突出"吨半粮"生产能力建设，深入推进"藏粮于地、藏粮于技"，建强"公司＋三级合作社"推进体系，打造"吨半粮"生产能力建设夏津样板，助力乡村全面振兴。

## 二、如何发挥好乡村振兴培训学校的作用

围绕缺什么、学什么的原则，重点解决了"在哪讲、谁来讲、怎么讲（听得懂）"三个问题。

### （一）在机构设置上，成立"乡村振兴培训学校"，解决"在哪讲"的问题

夏津县东李官屯镇是传统农业乡镇，位于县境东部，马颊河纵贯南北，两岸土质肥沃，生产条件得天独厚，是鲁西北平原少见的膏腴之地。作为全县吨半粮创建的核心区之一，东李官屯镇党政领导班子立足于镇域实际，以发展现代高效农业和现代化畜牧养殖业为主，深挖资源优势，利用镇农民专业联合社办公区，于 2021 年 8 月，与山东农业大学创建了农学院研究生教学实践基地，依托高校人才资源优势，创建高素质农民培训学校，实施"一村一能人"工程，为农业农村现代化提供人才支撑。

### （二）在宣讲主体上，组建"三支队伍"，解决"谁来讲"的问题

聘请一批专家教授，借外力建第一支队伍。与山东农业大学签

订技术服务协议，农学院教授定期进行农技指导。到 2022 年，乡村振兴大讲堂已报名 80 余人次，分两个班次累计举办培训班 5 期、培训学员 320 余人，有效解决了农民在种植小麦、玉米生产中技术标准低、技术服务不及时、生产效率低等问题。利用好本地"田秀才"，提内力建第二支队伍。积极与县乡村振兴学院对接，邀请县域内和镇域内种粮能手等本地"田秀才"加入师资队伍，每月定期举办农技培训。发挥好县农业技术专家技术优势，升智力建第三支队伍。改原来灌输式教学为实践性教学，做到理论联系实际，开展以田间学校为主要方式的教学活动，农技人员走出机关，下到村组果园鱼塘、田间地头、农户家中等农业生产第一线，"面对面""人对人""手把手"为农民传授早稻育秧、蔬菜种植、果木剪枝、病虫害防治、牲畜养殖等技术，提高农民的科技水平，助力农民增产增收和乡村振兴。

### （三）在受众群体上，推动"田堂融合"，解决"怎么讲"的问题

一是全面覆盖。乡村振兴培训学校将全镇 33 个村 68 名种粮大户全部纳入学员管理，严格学分制，每月邀请山东农大教授授课，增强新型农民培训的针对性。在关键农时、关键技术环节，开展"田间培训"，将市县农业部门的技术方案落实到田间地头。

二是以赛提技。为充分调动广大农民种粮科学性，挖掘粮食增产潜力，推广高质高产种植技术方案，2022 年 2 月，东李官屯镇启动小麦粮王大赛，众多种粮大户踊跃报名，经过专家培训、田间指导、"六统一"科学管理等一系列增产举措，种粮大户喜获丰收。

三是现场教学。为帮助农民朋友消除后顾之忧，为小麦后期管理提供技术遵循，东李官屯镇开展了"吨半粮"建设暨麦田后期管理培训班，农民培训学校全体学员参加了培训。学校邀请夏津农家丰植保农机专业合作社的农技专家尹训斌对小麦后期管理技术进行讲解，以东李官屯镇的土壤、水利条件为前提展开论述，通过图

片、视频、案例展示，解答农民在种植中遇到的困难和存在的误区。

## 三、乡村振兴培训学校成效怎么样

一是"吨半粮"创建取得良好成效。2022年6月16日，东李官屯镇举行"吨半粮"生产能力创建粮王大赛颁奖仪式暨"粮食银行"启动仪式。根据抽样测产，小麦亩产最高837.11千克，42名种粮大户平均亩产较上年同期增长19%。

二是种粮科学性显著提升。东李官屯镇积极推进"吨半粮"生产能力建设工作，通过建立农民培训学校、开设乡村振兴大讲堂、开展"粮王大赛"等方式，为广大农民朋友提供了学习科学种植技术的平台，已建成34处书记抓粮示范田、1.5万亩样板田。

三是培养了一批懂技术、爱农业、善经营的高素质农民和农村实用人才。东李官屯镇通过内培外引，激活本土人才"一池春水"，培养出更多的"土专家""田秀才"，推广农业生产上积累的成功经验，打造"高质高产、沃野东李"品牌，树牢"夏津粮仓"良好形象，拓宽农业规模化、产业化发展路径，为助力乡村人才振兴奠定坚实基础。

# 第三章　文化振兴

中国式现代化既要有城市的现代化，又要有农业农村现代化，我很关注乡村振兴。希望你们保护好自然生态，把传统村落风貌和现代元素结合起来，坚持中华民族的审美情趣，把乡村建设得更美丽，让日子越过越开心、越幸福！

——习近平 2023 年 10 月 10 日至 13 日在江西考察时的讲话

推进农村现代化，不仅物质生活要富裕，精神生活也要富足。农村精神文明建设要同传承优秀农耕文化结合起来，同农民群众日用而不觉的共同价值理念结合起来，弘扬敦亲睦邻、守望相助、诚信重礼的乡风民风。

——习近平 2022 年 12 月 23 日在中央农村工作会议上的讲话

乡村不仅要塑形，更要铸魂。农村精神文明建设是滋润人心、德化人心、凝聚人心的工作，要绵绵用力，下足功夫。要加强农村思想道德建设，弘扬和践行社会主义核心价值观，推进农村思想政治工作，把农民群众精气神提振起来。要开展形式多样的群众文化活动，孕育农村社会好风尚。要普及科学知识，推进农村移风易俗，革除高价彩礼、人情攀比、厚葬薄养、铺张浪费等陈规陋习，反对迷信活动，推动形成文明乡风、良好家风、淳朴民风。要注重农村青少年教育问题和精神文化生活，完善工作举措，加大资源投入，促进他们健康成长。

——习近平 2020 年 12 月 28 日在中央农村工作会议上的讲话

## ◎ 知识点

### 1. 文化振兴

习近平总书记指出，"我国农耕文明源远流长、博大精深，是中华优秀传统文化的根""中国式现代化是赓续古老文明的现代化，而不是消灭古老文明的现代化"。这些重要论述深刻阐明了中华农耕文明是中华文明的智慧结晶和精华所在，只有赓续中华农耕文明，才能筑牢中国式现代化的文化根基。乡村文化振兴是赓续中华农耕文明，提升文化软实力的题中之义。

文化振兴是乡村振兴战略的重要组成部分，与产业振兴、人才振兴、组织振兴和生态振兴共同构成了乡村振兴战略的总要求，它是乡村振兴的灵魂，为全面推进乡村振兴提供强大精神动力和智力支持。文化振兴旨在通过加强农村思想道德建设、传承发展提升农村优秀传统文化、加强农村公共文化建设、开展移风易俗等方式加强乡村文化建设，提高农民的文化素质和道德水平，提升乡村社会的文明程度，增强乡村社会的凝聚力和向心力。同时，文化振兴还涉及挖掘和利用乡村文化资源，发展文化产业，促进乡村产业的发展，提高乡村经济的竞争力。此外，文化振兴还包括加强乡村生态环境保护，实现人与自然的和谐共生，以及加强乡村组织建设，提高乡村组织的凝聚力和战斗力，推动乡村治理体系和治理能力现代化等。

### 2. 乡村文化振兴存在的问题有哪些？

当前，我国乡村文化振兴存在一些问题。

**一是主体困境：内生动力不足**

村民是乡村文化的创造者、建设者和传承者，对于乡村文化的认知、认同、践行关系到乡村文化的发展前景。当前乡村文化内生动力不足，其主要原因是乡村文化主体意识薄弱、乡村文化认同感缺失，具体表现为以下几个方面：一是乡村文化自卑心理难破除。深层次文化自卑是乡村文化危机的导火索。部分村民乡村文化自觉意识薄弱，难以理性、正确地看待城市文化与乡村文化之间的关系，滋生了"城市＝先进、乡村＝落后"的错误思想，将城市文化视为先进、文明的代名词，而将乡村文化视为落后、保守、封建社会的产物，这种认知导致村民弱化甚至丧失了自我身份认同和文化自信，对乡村文化日益淡薄。二是文化传承主体出现断层。随着城镇化和工业化进程加快，大量的青壮年村民选择离开生于斯长于斯的乡村进城务工，乡村成为老弱妇幼的留守阵地。传统手工艺面临着传承人才紧缺、技艺失传的危机。尽管年迈的村民对乡村文化、传统技艺具有深厚的情感，但是由于年龄偏大、精力有限等原因，导致传统技艺濒临失传，甚至已经失传。据浙江省文化和旅游厅统计，浙江省国家级"非遗"传承人共 122 位，其中 70 岁以上的 79 位，超过六成，而其中 17 位已经离世。三是传承创新能力不足。封闭性是自给自足的小农经济长期存在的特征，导致了村民封闭保守的思想和安于现状的心理，抑制了村民的创新性思维、创造性创作。乡村传统手工艺是乡土文化的活态载体，蕴含着村民的精神、情感、个性、气质，深藏着乡村记忆的独特密码。当前乡村传统手工艺产品仍停留在原生态的展示阶段，与时代发展、群众需求、现代宣传方式相脱节，难以满足人民日益增长的文化需求。

　　**二是发展困境：外在推力不强**

　　乡村文化不仅面临着文化主体意识薄弱、文化认同感缺失等内生动力不足问题，而且存在着外在支持力度不强的问题。主要表现在三个方面：一是城市文化挤占乡村文化生存空间。在多元文化共存环境下，乡土文化的存续空间逐渐被挤压，城市的价值观念、生活方式日益流入到乡村，乡村社会的一些传统节日、乡风民俗和生产技艺逐渐被遗忘。二是文化资源保护力度不足。部分村民对于乡村文化资源的保护意识薄弱，损毁、破坏、拆除文物资源的现象时有发生，造成了资源流失、特色消解等不可挽回的损失。文化部门、村集体虽然对文化资源采取了保护措施，但基本停留在传统的普查、征集、陈列等基本方式上，价值利用不充分，影响力微弱。三是对于乡村文化的政策支持力度仍需加大。随着经济社会快速发展，广大村民对精神文化生活提出了更高的要求，呼唤着乡村文化建设提档升级。与人民群众日益增长的文化需求相比，乡村文化设施存在着总量不足、覆盖不广、质量不高、配置不合理等问题，公共文化服务"供需错位"现象依然存在，部分文化活动场所长期处于"有建无管"的状态。总体而言，乡村文化供给质量尚未得到根本提高。这就要求政府继续向乡村文化领域倾斜，出台乡村文化资源保护政策，强化乡村文化基础设施建设，大力培育传统技艺文化传承人。

三是载体困境：文化传承载体缺失

文化可以通过各种有形的活动、礼仪、程式、器物等载体呈现，通过广播、电视、微博等渠道传播，使村民逐渐深化对乡土文化的本质、规律、价值的认识。当前，许多乡村存在着乡土文化传承载体缺失的问题。具体体现为：一是对于乡村文化的宣传力度不够。社会对乡村文化的关注度不够，对乡土文化传承的重要性认识不深、保护意识不强、尚未形成人人关心爱护乡土文化的浓厚氛围，有待进一步增强对于乡村文化的宣传力度。二是乡村艺术、表演项目等活动表层化。当前，许多乡村只有在春节、元宵节等重大的时间节点才会开展一些大型文艺活动，日常生活中的文化活动形式较为单一、内容较为单调，这给赌博、迷信等低俗文化发展提供了可乘之机。三是乡村文化开发方式不恰当。乡村文化是村民在长期生产与生活实践中积累下来并流传至今的道德情感、风俗习惯、行为方式等，不同村庄的文化都具有独特性，在内涵、意蕴和呈现形式上存在差异。一些村庄忽视了乡土文化的独特价值以及发展规律，盲目按照城市发展模式进行开发，产生了大量同质化的建筑和旅游产品，导致了乡村文化不断被侵蚀、同化。

乡村文化振兴是重塑乡村文化自信的内在需求，是满足村民美好精神文化生活需要的必然要求，是加快推进农业强国的必由之路。

乡村文化历史悠久、资源丰富，具有凝聚人心、引领方向、整合资源的作用，为实现乡村振兴提供思想基础和智慧源泉。明晰乡村文化振兴的时代价值，深入剖析乡村文化振兴面临的问题，构建"守根、铸魂、强基、政府引领"的路径，对于增强思想认同、重塑精神家园、推进乡村文化振兴具有重要的理论和现实意义。

### 3. 怎么样推动文化振兴？

文化兴乡村兴，文化强乡村强。中央农村工作会议强调，实施乡村振兴战略，必须传承发展提升农耕文明，走乡村文化兴盛之路。乡村文化兴盛既是乡村振兴的重要动力，也是乡村振兴的重要标志。当前的中国正处在乡村振兴的加速时期，急需大力推广传播乡村文化，促进文化振兴，为泱泱大国打造最强大的"精神引擎"。

健全文化服务体系，丰富乡村文化生活。健全文化服务体系要加强农村思想道德建设和公共文化建设，不断丰富乡村文化生活，为广大农民提供高质量的精神食粮，满足农民群众的精神文化需求，填补精神世界的贫乏与空虚。对此，首先要提高各级领导干部对精神文明建设，特别是对思想道德建设的重要性的认识。完善相关工作机制，制定一套科学、合理、操作性强的思想政治目标管理机制和奖惩机制，树立各地区的良好社会风气。充分利用广播、电视、报刊、公开栏等传媒，把握正确的舆论导向，大力宣传一切有利于乡村振兴、国家富强、民族团结等积极的思想和精神，不断丰富民族精神和时代精神的内涵。其次要不断丰富乡村文化生活。一方面，丰富农村居民的精神文化生活，在乡村开展各种文化文艺活动，如继续开展各种文化文艺下乡活动，支持志愿者深入农村开展丰富多彩的文化志愿服务活动，让城市高品质的文化社团、文化节目更多走进乡村，让农村居民分享越来越多的优质文化资源；另一方面，充分发挥乡村文化空间的作用，继续办好农家书屋，充分利用村民大讲堂、农民议事厅、道德讲堂等公共空间，开展各种文化活动，让广大农村居民享有更加充实、更为丰富、更高质量的精神文化生活。

壮大乡村人才队伍，推动乡村文化振兴。"功以才成，业由才广。"人才是干事创业的关键资源。乡村文化振兴离不开乡村文化人才。推动乡村文化振兴，需要大力实施乡村文化人才培养工程，培养乡土文化能人、民族民间文化传承人和各类文化活动骨干，建立健全人才发展体制机制，优化人才发展环境。加强基层文化队伍培训，培养一支懂文艺、爱农民的乡村文化人才队伍。可以通过组织各种文化文艺活动、开办学习培训班、组织外地采风等方式，开阔乡村文化人才视野，提升其文化服务能力和参与公共文化服务的积极性，充分发挥他们在乡村文化振兴中的作用，让乡村文化人才大施所能、大展才华、大显身手。

推进数字乡村建设，打造文化特色产品。数字乡村建设能为乡村文化建设提供多样的传播渠道和多彩的文化产品，为乡村文化振兴注入强大动力。目前，我国数字乡村建设还存在资源统筹不足、基础设施薄弱、区域差距明显等问题。要大力推进数字乡村建设，进一步发掘数字化巨大潜力。加强数字技术基础设施建设和县级融媒体中心建设，提高数字平台的普及率和适用性。加强乡村传统文化的发掘整理，打造新的文化产品，扩大乡村数字文化产品的有效供给，大力开发反映农村生产生活、深受村民欢迎的数字文化产品和服务，不断提高乡村数字文化产品质量，扩大乡村传统文化的创造力、表现力、传播力和影响力。促进优秀乡村文化资源数字化转化和开发，传承和利用好乡村文化遗产，推动优秀农耕文化创造性转化和创新性发展，增强农村居民的文化认同感和自豪感。

习近平总书记指出："要推动乡村文化振兴，加强农村思想道德建设和公共文化建设，以社会主义核心价值观为引领，深入挖掘优秀传统农耕文化蕴含的思想观念、人文精神、道德规范，培育挖掘乡土文化人才，弘扬主旋律和社会正气，培育文明乡风、良好家风、淳朴民风，改善农民精神风貌，提高乡村社会文明程度，焕发乡村文明新气象。"乡村振兴离不开文化振兴，新时代新征程，只有不断丰富乡村文化内涵，推动乡村文化振兴，丰富乡村文化生活，让乡土文化温润乡村"精气神"，才能让乡村焕发生机和活力，让乡村更美丽、村民更幸福，实现永续发展。

# 重庆市酉阳土家族苗族自治县：
# 文化赋能　乡村增彩

"乡村振兴，既要塑形，也要铸魂。"产业是乡村的基础，文化是乡村的未来，只有真正实现乡村文化振兴，才能描绘出更加美好的未来，让乡情有来处，让乡愁有归处。

酉阳县举办的乡村艺术季

近年来，重庆市酉阳土家族苗族自治县（简称酉阳县）按照"产业兴旺、生态宜居、乡风文明、治理有效、生活富裕"总要求，紧紧围绕"1234"战略目标，立足生态人文资源，扎紧文化之"根"、铸牢文化之"魂"，大力实施以文促建、以文兴旅，让村民生活富起来、环境美起来、精神乐起来，一曲描绘着"诗"和"远方"的乡村文化振兴之歌在当地不断唱响。

## 艺术赋能乡村　刷新农村颜值

背篓、搭斗、铧口……一件件旧时代农民生产、生活用具被画上居民房墙；《美好攀升》《荧光》《传来的都是好消息》等艺术作品伫立在村里，这是酉阳县举办"希望花田——中国酉阳第二届乡村艺术季"的成果。随着乡村振兴战略的推进，这样一件件具有特色的农村生活的艺术作品，在酉阳县花田乡何家岩村成为现实。

何家岩村图

"这些艺术作品把我们的村庄装饰得很美，每一件作品都贴近我们的生活，我们在茶余饭后还能感受到艺术文化的熏陶。"谈及根植在何家岩村寨里的艺术作品，村民何绍华脸上洋溢着自信。

艺术作品《美好攀升》

据悉，2021年7月至10月，来自国内的顶尖艺术家及四川美术学院、西南大学艺术学院、西南民族大学艺术学院、四川音乐学院等院校的30多名艺术家吃住在村，与何家岩村民历时2个多月，共同创作了29件各具特色的乡村艺术作品，探索出了一条艺术振兴乡村的新路径，一幅共建、共创、共享的壮美乡村田园画卷在花田大地徐徐展开。

"搭斗、板凳、蜂桶等农具依次从下往上组装成一架楼梯，梯子底部的搭斗用来收割和存放粮食，寓意温饱，梯子中间是铧口、犁耙，再往上就是人生的转折点，最后是蜂桶，象征着村民通过勤劳与奋斗，由苦到甜，终将收获甜蜜的幸福生活。"艺术作品《美好攀升》创作者之一符彪介绍，该作品采用超现实主义的形式，生动形象地将何家岩的生产、生活工具与自然生态结合在一起，展现了何家岩的山地风貌和当地人的生活习惯，象征着村民们在生产、生活与生态的融合中，追求更加美好的生活。

"这些艺术作品涵盖光影装置、声音装置、木质雕塑、墙绘涂鸦多种类型，每一件都与当地村民的生产生活息息相关，增厚了何家岩的文化底蕴，实现了艺、文、农、旅深度融合。"何家岩村党支部书记陶涛说，艺术家们将美术元素、艺术元素应用到城乡规划建设中，以艺术为桥梁，让艺术滋养群众心灵、丰富群众精神世界、激发群众内生动力，促进了村民的生活艺术化、艺术生活化，增强了乡村文化自信，为花田乡乡村振兴提供了有力支撑。

### 盘活非遗文化　增加村民收入

非物质文化遗产是百姓生产生活的"活化石"，这些传统的文化技艺，犹如一座座可以深入挖掘的文化宝库，从中能找到促进乡村振兴的文化力量。如何使非遗文化得以活化，助力乡村文化产业振兴，也留住乡愁？酉阳县通过支持以传统工艺为主的非遗项目，有计划、有组织地建设非遗工坊，实现农村人口就地就业和居家就业，形成了非遗助力乡村振兴的生动实践。

酉阳县非遗工坊

　　"酉州苗绣"是第六批重庆市非物质文化遗产项目。2021 年 7 月 3 日，"酉州苗绣"非遗传承人、非遗企业代表陈国桃以花田乡是重庆市乡村振兴重点乡镇为契机，把苗绣非遗工坊搬进了花田乡何家岩村，标志着花田乡苗绣培训班正式开班。

　　55 岁的胡兰是何家岩村留守家中的妇女之一，前两年胡兰的丈夫查出了直肠癌，为了给丈夫治病花去了家中所有积蓄，而除了要照顾生病的丈夫，身体状况一直不好的她也干不了重活，靠着两个女儿打工挣钱补贴家用。作坊住进了何家岩村后，吸纳了当地的留守妇女前来培训学习，胡兰的生活也因此发生了变化。

　　"来作坊上班，一天能拿到 50 元的工资，一个月下来能赚到 1 500 元，生活费也有了。在这里缝制苗绣，活路轻松，不仅离家近，方便照顾家人，还能为孩子们减轻一点负担。在陈国桃老师的精心指导下，我已经掌握了绣制技巧，能够绣出一些简单的苗绣产品。"在胡兰看来，苗绣作坊开到了家门口，生活有了奔头，也更有了希望。

　　苗绣扎根传统村落，手工作坊开到村民家门口，不仅让当地村民就近就地务工增收，还极大地传承了苗绣这一非物质文化遗产，促进了花田乡村旅游发展，带动了酉阳旅游文化，成为酉阳推动乡村振兴、促进农民增收致富的有效途径。

"我想通过手中的一针一线，把苗绣传承下去，让苗绣更好地在酉阳这片热土上生根发芽，开出美丽的苗绣之花。"陈国桃说，她将融合酉阳生态人文资源，让前来花田旅游的游客能够在非遗工坊里体验苗绣技艺，还要通过苗绣产品，把花田绣出来、把梯田绣出来、把菖蒲盖绣出来，绣出农耕文化，绣出酉阳桃花源，让村民记得住乡愁，游客停得下脚步，也让更多人知道酉阳的乡村振兴故事。

### 赓续红色血脉　激发爱国热情

文韵与国韵相牵，文脉同国脉相连。酉阳历来注重挖掘和保护红色资源，致力于红色资源和文旅产业融合发展，依托山地农业和山地旅游业，做大做强红色精品旅游线路，成为传承红色血脉、推动乡村文化振兴、实现经济社会高质量发展的新引擎。

龙潭古镇

龙潭古镇是全国爱国主义教育基地、全国历史文化名镇，这里的每一所学校每月会安排一堂"赵世炎阅读课"，通过老师讲解、学生演讲、师生讨论，营造"尊世炎、学世炎、传世炎精神"的文化氛围。此外，每当传统佳节到来，该镇的学生们都会到赵世炎烈士纪念馆缅怀先烈，在"世炎精神"的熏陶下，激发爱党爱国热情。

"随着红色旅游影响力的进一步提升，赵世炎烈士故居吸引了本县及周边区县不少机关单位、企事业单位和社会团体，在清明节、青年节、国庆节等重要时间节点，到这里瞻仰烈士风采，听讲解员讲述红色故事。"据龙潭古镇旅游开发投资有限责任公司负责人曾越介绍，龙潭古镇红色旅游市场继续升温，赵世炎烈士纪念馆成为酉阳红色旅游重要目的地。

无独有偶，在酉阳南部，还有另一颗璀璨的红色明珠——南腰界。

"现在人气起来了，我们的生意也更好了！"位于南腰界红军广场不远处的一家超市老板罗群说，红军街以前是一条穷困潦倒、无人问津的破旧老街，通过打造，成为了"香饽饽"。

"近年来，南腰界在全国的名气越来越大，从全国各地到南腰界开展党史学习教育的人越来越多，南腰界游客量成倍增长。"南腰界镇党委书记秦勇说，南腰界是革命老区，我们将进一步挖掘红色资源，打造以红三军司令部旧址、红军街、红军寨为中心的旅游区，还将与沿河、印江、松桃、德江等周边区县共同发展，打造以南腰界为中心的红色旅游线路，让更多的老区人民吃上"旅游饭"，过上幸福新生活。

如今，行走在酉阳大地，处处都能感受到高质量文化供给带给人们的文化获得感与幸福感，酉阳的老百姓正在享受文化、参与文化、创造文化。未来，酉阳还将大力实施"文化＋""旅游＋"战略，着力构建生态美、产业兴、百姓富有机统一，让文化遗产变文化资产，绿水青山变金山银山，打造"全域桃花源、满满幸福感"。

# 贵州省凯里市：
# 传统文化嫁接现代要素
# 苗绣产业焕发新活力

苗绣是苗族民间刺绣技艺，是苗族文化传承的重要载体。贵州凯里积极挖掘传统文化资源，以脱贫为核心，以培训为抓手，以市场为目标，以合作社为落脚点，做大苗绣传统产业，在指尖上绣出一条发展产业致富的新路。截至 2019 年底，贵州凯里市相继投入400 余万元，帮助 17 个村寨数千名绣娘对接时尚、对接电商，绣娘每年增收数千元。苗绣走出大山，站到了乡村产业蓬勃发展的前沿，成为继承弘扬民族文化、传统文化，带动农民就业增收的美丽产业。习近平总书记评价苗绣为：传统的也是时尚的，一针一线绣出来，何其精彩！

凯里苗绣

## （一）整合资源，带动抱团发展

2015 年，凯里制定苗绣扶贫计划，培育发展特色手工企业和专业合作社，通过"一带一、一带多"抱团式发展，辐射带动了更多村寨妇女参与发展刺绣产业。梅香村在政府扶持下成立刺绣合作社，经过三年发展，累计接到企业订单 100 余万元，苗绣作品销往全国各地，甚至远销国外，绣娘收入达到 3 000 元，有的近万元。随着订单量不断增加，梅香村合作社"一带多"，将多余订单分发给周边的凯棠、凯哨、养小等苗寨，带动了周围村寨妇女共同增收致富。

### （二）强化培训，提升自身水平

为解决刺绣因村而异，因家庭而异，因人而异，与市场接轨不畅的问题，凯里以刺绣合作社为基础，组织开展村寨培训、集中培训，提升刺绣产品标准化水平，更新绣娘发展理念。创新培训形式。针对苗族村寨的少数民族妇女文化程度较低、识字率低的问题，制作凯里方言和苗语双版本苗绣视频教材；开展作品晒、比、评，调动绣娘培训积极性。丰富培训内容。邀请省级大师传授苗绣技艺，邀请企业负责人讲解市场需求，走进企业实地学习文化创意、电商经营、市场理念，不断提升培训针对性、实效性。凯里市已培训各村寨绣娘 3 500 余人次，有效解决苗绣标准化难和绣娘市场观念缺乏的问题，推动苗绣作品变产品，并转化为商品。

### （三）交流合作，对接外部资源

从 2015 年开始，凯里市先后与中国宋庆龄基金会、联合国开发计划署达成合作实施"嘉人女性幸福基金"苗绣村寨扶持项目、"指尖上的幸福"经济赋权项目等协议，推动凯里及周边地区苗绣发展。在项目带动下，大山深处的绣娘走出凯里，到贵阳、杭州、上海等大城市参观学习、开阔眼界。通过与外地企业和厂商的接触交流，不仅提升了绣娘的刺绣技艺，还让她们学会造血，自己找订单、签订单、做订单，逐步拓展市场。

### （四）加大宣传，打造苗绣品牌

为拓展发展空间，提升苗绣市场影响力，凯里市积极与多方合作，打造苗绣品牌形象。凯里与深圳艺立方公司合作，打造"凯里试点"，建设"走出去"合作平台。通过联合国开发计划署牵线，与知名化妆品牌签订苗绣大单。在巴黎组织中国苗绣公益展，在上海举办中国苗绣展等。苗绣进一步与现代都市接触、结缘，走向时尚和国际舞台。

时光流转，当传统与时尚碰撞，当苗绣与产业融合，苗绣已不仅仅是苗族人世代延续的传统手工，更是带动苗乡增收致富的时尚产业。

# 广东省：
# 岭南文化"双创"工程守住根脉擦亮瑰宝

借助一条条古道，岭南文脉"串珠成链"；依托一座座老城，南粤遗珍重获新生。在广东，游古城、品美食、观潮剧、叹非遗，成为越来越多"潮人"的过节新模式。

"注重文明传承、文化延续，让城市留下记忆，让人们记住乡愁。"习近平总书记视察广东时提出殷切期许。

近年来，广东深入实施岭南文化"双创"（创造性转化、创新性发展）工程，用"绣花功夫"让越来越多的历史文化街区"活起来"，在最近省文化和旅游厅公布的 5 家新增"省级旅游休闲街区"中，广州市荔湾区永庆坊、潮州市湘桥区牌坊街榜上有名。与此同时，在非遗传承人、文保工作者、文创团队等社会各界共同呵护下，粤剧、龙舟、醒狮、广东音乐等岭南文化瑰宝也绽放出更加迷人的光彩。

## "微更新"再现古城光彩

潮州文化是中华文化的重要支脉。潮州如同点缀在粤东大地上的一颗明珠，拥有千年文化底蕴，又散发出新生魅力。

过去几年来，古建筑保护修缮工作在潮州古城各处紧锣密鼓地推进。呵护好古城，建设好古城，已经成为潮州全城的共识。潮州制定出台古城提升行动计划（2020—2025年），提出深化古城管理体制机制改革等24条具体措施，列出第一批26个重点项目。

镇海楼曾是潮州府署的谯楼，创建于明洪武初年，曾见证潮州府"一府管九县"的辉煌历史。辛亥革命时期，镇海楼与潮州府署一同毁于战火，很长一段时间无迹可寻，人们只能在少量存世旧照中一睹芳容。为了修复这座历代潮人心中的地标，潮州遵从原形制、原结构、原材料、原工艺，按明代传统谯楼建筑形制进行复建。复建后的镇海楼坐北朝南、红瓦灰砖，穿越千年的"府衙钟声"将在不久的将来传来回响。

在其他64条街巷改造中，如牌坊街兵马司林、辜厝巷等街巷，将增加"微更新"网红打卡点，让游客更直接触摸古城历史印记。

让千年古城"活"在当下，除了文物本体修缮外，也离不开城市文脉的传承。

潮州广济桥就是全省文物古迹活化利用的典型案例。

历史上有着"十八梭船廿四洲"美誉的广济桥，素以独特的"桥市"为人们所熟知。如今，每逢节假日，潮州手拉壶、潮州木雕、潮绣等非遗技艺以互动式展演的形式在广济桥轮番上演，重现昔日"一里长桥一里市"的热闹场景。

"广济桥已成为潮州文化对外展示的一个橱窗。"潮州广济桥文物管理所所长余小洁说。

放眼潮州古城，海阳县儒学宫、许驸马府、外江梨园公所等越来越多的历史建筑正成为非遗展示展演大舞台。潮州市民间文艺家协会秘书长郑烨娃在海阳县儒学宫"设帐授徒"，假期每天都有孩子前来体验潮州麦秆画。

"我要找到属于自己时代的东西。""80后"郑烨娃将麦秆画元素融入手机壳、蓝牙音箱、杯垫等，与人合伙在潮州开了一间以麦秆画为主题的客栈。

"绣花功夫"让古城有了新活力，在潮州，137家老宅旧院纷纷变身民宿客栈，向游客打开了认识古城的一扇扇窗口。

纵横有序的古城街巷，正在拂去历史的尘土，重新焕发光彩。

### 永庆坊迎来非遗热

"文化新生"的故事也在广州永庆坊不断上演。

非遗主题艺术展"有中生有——西关故事新编"进驻永庆坊，广州珐琅、榄雕、醒狮、古琴等岭南非遗技艺，通过装置、新媒体、声音艺术"活起来"，吸引不少市民围观。

广州首个"非遗街区"在永庆坊开市，陆续开设广彩、广绣、珐琅、牙雕等 12 个非遗大师工作室，吹响广府非遗"双创"的"集结号"。

"永庆坊拉近了非遗与市民之间的距离，年轻消费者也给了我们不少灵感。"广彩瓷烧制技艺代表性传承人谭广辉表示，科技与设计的加持，正在让越来越多"老广"耳熟能详的文化符号，以更新潮的模样回到都市生活。

在广东醒狮代表性传承人赵伟斌掌舵的生活馆里，陈列着上百件自主设计的醒狮文创产品。VR、AR 醒狮颇受游客青睐，还有全球首款拥有人机一体操作技术的醒狮机器人，将"狮王争霸"舞出了浓浓"未来感"。

非遗传人与创意达人在"同一屋檐下"彼此交融：广彩茶具、骨雕音箱、广绣汉服、广绣中药防疫香囊……"以前觉得非遗是走进博物馆的老物件，但在永庆坊却能看到他们活在日常生活里。"传承人的创意让成都游客王女士大开眼界。

为给非遗传承人、非遗企业、非遗街区大师工作室提供公益性服务，广州成立市级非遗工作站"永庆坊非遗工作站"，旨在打造链接非遗传承人、非遗企业及其他相关资源的综合性服务创新平台。据介绍，广州已设立 16 家市级非遗工作站，为现代化大都市背景下的非遗振兴探索出一条可行道路。

### 古驿道赋能乡村振兴

走进位于韶关乐昌的华南教育历史研学基地（坪石），沿途可见定友图书馆、中山大学工学院旧址、武阳司法学院旧址、《资本论》陈列馆、玉清书舍……这里被重新"串珠成链",成为一条完整的红色旅游路线。

近年来,经过考古勘探,以韶关、清远、云浮、梅州 4 市为重点打造"华南教育历史研学基地",将一段抗战时期华南教育历史重新串联起来。"我们希望将这片遗址打造成开放式、体验式的'自然历史博物馆'。"广东省文物考古研究所所长曹劲介绍,遗址的发现得益于南粤古驿道西京古道乐昌段的工作调研。

古驿道沿线的人文资源,正在成为粤北旅游新热点。

自南粤古驿道保护利用工作写入广东省政府工作报告以来,各地掀起了发现、调查、研究、保护、利用和宣传南粤古驿道及沿线文化遗产的热潮。截至 2021 年 10 月,广东在相关保护修复中推进了 1 200 多公里重点线路、588 个重要节点建设。

古驿道网络串联起一座座古村落。"曾经因为古道更替而兴衰,但现在又因古驿道的活化而重焕生机。"曹劲介绍,广东曾经有近 60% 的贫困村分布在南粤古驿道两侧 5 公里范围内,这些贫困村借助古驿道带来的旅游热,加快脱贫致富。

"古驿道+旅游""古驿道+文化""古驿道+体育"……在广东多个地市,以"南粤古驿道"为载体,定向大赛、少儿绘画大赛等品牌活动随之铺开。在文旅产品带动下,南粤古驿道逐渐成为游客喜爱的旅游目的地。

据统计,南粤古驿道沿线村民年户均旅游收入达 2 万元,占年户均收入的 21.6%。

南粤古驿道的遗产活化理念与实践,也延伸到粤港澳大湾区更广阔的空间。两批广东省粤港澳大湾区文化遗产游径先后公布。8 大主题、超 40 段实体游径,激活湾区居民共同的文化记忆。

## 江西省彭泽县芙蓉墩镇:
### 身处繁花似锦　留住田园花香

文化是民族的血脉,是人民的精神家园,是为人们所认同的价值观，是社会发展的核心和灵魂所在，更是乡村振兴的初心、灵魂和方向。彭泽县历来是文化繁盛之地，芙蓉墩镇湖西村许家坝更是不负"钟灵毓秀人才出，物华天宝青山美"的美誉：这里有"青山晚照映霞光，碧水潋波芳湖畔"的秀丽风光；这里有"渔舟唱晚归来早，未觉斜阳已醉人"的唯美意境；这里有"不惜唯我身先死，后继频频慰九泉"的铁骨忠魂。

"十四五"期间，芙蓉墩镇政府立足已有文化、深入探索挖掘、务求工作实效，在湖西村许家坝倾力打造了"翰林故里、创客乡村"项目，全力践行"农文旅"结合发展理念，在发展乡村产业"壮体"、推进乡村建设"塑形"的同时，注重文化赋能"铸魂"。

## 一、追本溯源，文化兴盛之地

芙蓉墩镇湖西村地处彭泽县西南部，毗邻芳湖，靠近长江，这里曾是原湖西乡的政治、经济、文化中心。许家坝自然村有一栋超过 200 多年历史的老宅"敬思堂"，是清末许氏父子的翰林旧宅府邸。

许氏父子翰林府

父翰林名曰许笃趾，生于道光十九年。咸丰十一年许笃趾中了举人，后考取进士。在四川任荣昌县知县期间，许笃趾为官清正、深受爱戴，他秉公执法、断案有方的故事在当地传为佳话。后被提升为金州知州兼西昌知县。光绪十八年（1892 年）病逝，葬于十五都长冲（即现在的彭泽县黄岭乡旧县塔东面），留有《许氏家训》传世，是当地优良家风的底蕴和根基。

子翰林名曰许业笏，是许笃趾的幼子，生于光绪二年（1876），聪明好学，甲辰科贡士，后考取进士，曾留学日本早稻田大学，毕业后在国史馆从事史书编撰工作。庚戌年曾向巡抚冯公上奏办农学堂，未准。国变后更是心灰意冷，便剃度出家到庐山黄龙寺修行。1938 年病逝，享年 62 岁，留有《四时读书歌》传世，激励着当地学子勤奋苦读。

除了翰林故事，许家坝自然组还流传着一段红色革命故事。据彭泽县志记载，湖西乡许家坝人许垂善（1903—1941 年），号述斋，清光绪二十九年（1903 年）出生。平生热爱公益，重义轻财，他先后担任临时县参议会副议长及第三区区长，当时湖西乡地处战斗前线，他率领仁人志士积极抗日、奋勇杀敌。民国 30 年 1 月 16 日深夜，他由前线归来，行至计村突遭暴徒袭击，惨遭杀害，时年 39 岁。

在许家坝自然村，有一处抵抗日军的战争地叫细山嘴，当年日军要从这里通过到达方湖，新四军利用细山嘴易守难攻的地形，用坚强的意志和顽强的生命发起阻击战，使得日军没有顺利通过，造福了一方百姓。

## 二、欲流之远，文化赋能发展

按照"文化引领、产业带动，农民主体、多方参与，政府引导、市场运作，科学规划、特色发展"的基本原则，芙蓉墩镇党委政府多措并举，深入挖掘六大文化，托起乡村振兴梦想。

## （一）赤子情怀不改，发展创客文化

2021年7月，在外创业的韩结华、韩云华两兄弟热爱家乡的赤子情结不改，希望回到家乡，投身振兴热潮。2021年9月进驻湖西村许家坝成立"乡村青年创客空间"，通过直播带货、视频创作、参与公益等方式介绍家乡、弘扬正气、服务群众，并注册"二佬表"乡村品牌，拓展手工创作、商业广告和VR体验等业务。创客团队不断增加，其中不仅有"80后""90后"各类人才，还有"00后"也在扎根乡村、服务振兴中挥洒汗水、贡献青春。

创客空间基地

## （二）传承遗风余韵，弘扬翰林文化

芙蓉墩镇党委政府倾心打造"翰林故里、创客乡村"项目，建设了翰林戏台、传承展厅、读书竹亭等诸多节点。结合宅改工作，将"许氏家训"挂牌展示。挖掘勤廉元素，修建勤廉小道。在亓俊云、张小砚等艺术名家和网络达人成功入驻的同时，邀请艺术团队为当地群众送上小品、合唱和戏剧等文化大餐，尤其是"四时读书歌"朗诵表演获得当地群众的高度赞扬，极大地丰富了当地村民的精神文化生活，也为推进新时代文明实践工作打下坚实基础。

湖西村翰林戏台

## （三）聆听渔舟唱晚，品味水乡文化

许家坝自然组过去是湖西村对外经贸营运的窗口和通往长江水路的关卡。方湖内盛产鱼虾，尤以银鱼虾仁著称，得天独厚的丰饶水产，使作业于湖中的渔民时常发出满怀欢悦的歌声，船上橹桨之声和轻声哼唱曲调相互融合，又有青山绿水、蓝天湖草交相衬映，俨然一副江南水乡的别致景色，成为当地文化风气和精神风貌的象征。许多文人墨客到此留下了美妙的佳句，最经典的便是王勃在《滕王阁序》中写的"渔舟唱晚，响穷彭蠡之滨"。

## （四）寻找儿时记忆，触摸乡愁文化

许家坝有记忆深处的老树寒屋、有放眼无限的山峦河流，还有夜晚油灯旁母亲细心缝补的背影和归乡村口处父亲佝偻身姿的等候。为了留住在外游子的思乡情怀，芙蓉墩镇党委政府在保留古朴沧桑风貌前提下，对古宅民居整体租赁、精心修缮，并打造了具有"70""80"年代感的乡村主题民宿、老旧电影展厅，并搜集整理农耕器具、黑白电视、卡带、杂志等诸多具有年代感的物品，通过"老物件"记起"乡愁情"，也推动许家坝成为全县宅改示范点。

乡村主题展室

### （五）远离城市喧嚣，乐享休闲文化

"久在樊笼里、复得返自然"。看尽灯火繁华的现代都市人们，向往的是花香情浓、难忘的是诗意田园。许家坝古韵盎然、静谧安详；古宅群立、青砖斑瓦，如同一位长者在用沉淀岁月和厚重历史，描绘着"桑野就耕父、荷锄随牧童"的舒心画卷。在小马哥唱吧、老班长酒馆、露天电影场，大人们相聚而坐、把酒言欢，孩子们嬉戏打闹、乐享童年，在"悦亲戚之情话、乐琴书以消忧"中忘却疲惫、放下操劳，还有灯光点亮夜色、璀璨照亮笑颜。

### （六）夯实堡垒基础，深耕党建文化

为切实发挥党建引领效能、夯实基层战斗堡垒，依据"企业家与领头雁携手、村支部与企支部同行"理念，扎实开展"支部共建、村企协作"活动，双方在思政共学、活动共办、矛盾共调和产业共建的过程中融合发展，芙蓉墩镇高标准打造了"党建红小屋""细山嘴广场"，让党建工作有人员、有场所、有阵地。按照"一乡一主题、一村一品牌"要求，对外推介"红领创客"品牌，总结提炼党建引领乡村振兴"1246"模式，为乡村振兴长远发展凝聚了力量。

湖西村广场

## 三、细涓成海，文化凝聚效能

文化赋能乡村振兴，关键在"抓落实"，重点是"有成效"。经过探索和磨合、沟通与协调，走出了一条可持续、可复制、可推广的农文旅结合的乡村振兴新路子。

### （一）理顺了机制

"支部共建、村企协作"的本质是合作机制的建立和运行。创客空间和湖西村委先试先行，共同开发了 400 亩的中药材种植基地。2022 年 10 月，以固定资产评估价值为标准，对营收性质较强的"二佬表餐厅"按照利润按比例分红，对公益性质的小马哥唱吧等以投资额度固定比例分红，后续双方签订战略合作协议。

### （二）吸引了游客

自从"翰林故里、创客乡村"项目完工后，前来芙蓉墩镇湖西村许家坝参观指导、休闲散心、团建研学的人群络绎不绝。从之前的荒草丛生、残壁断垣到现在的车水马龙、人群熙攘，许家坝已然成为了网红打卡地、人气流量地和游客集散地，充满了生机与活力，收获了认可与称赞，为后期长久发展注入了强大的动力。

## （三）打响了名声

许家坝对 22 幢老房进行了租赁修缮，盘活资源、发展业态、创造效益，在 2022 年全县宅改示范点中走在前列、成绩斐然，全县宅改工作现场会也选择在许家坝召开。作为全县 6 个 2022 年全市乡村振兴样板点其中一员，许家坝紧紧围绕"政府搭台、创客唱戏，支部共建、村企协作，多元思维、发展业态"24 字方针，形成了完善健全的农文旅产业链条，江西农业大学还授权许家坝开展乡村运营培训班。

## （四）壮大了经济

江西振田兴园科技有限公司承接昆山电子商务业务，全年业务收入将达到 1 500 万元，创客空间团队 2021 年 9 月 20 日在许家坝开播，当年实现网络直播销售额 150 万元，2022 年预计实现销售额 450 万元。老班长酒馆平均每天营业额也有 2 000 多元，二佬表餐厅每月利润达到 3 万～5 万元，且通过小工岗位就业、收购农副产品，全年带动村民增收 40 万元。通过战略合作，2022 年村集体经济将达到 30 万元。可以说乡村振兴效果十分明显。

助农直播间

# 福建省龙岩市永定区：
# 多彩非遗赋能乡村振兴

文化振兴是乡村振兴的灵魂，是激发乡村振兴内生动力的精神基础。近年来，福建省龙岩市永定区认真贯彻落实习近平总书记"要推动中华优秀传统文化创造性转化、创新性发展，以时代精神激活中华优秀传统文化的生命力"重要指示精神，抢抓文化和旅游部对口支援政策机遇，扎实推进非遗保护、传承和发展，推动非遗保护利用从"抢救保护、巩固成果"向"活态传承、合理利用"转变，有力助推乡村振兴。

## （一）乡村振兴下非遗保护和利用的永定实践

永定区是世界文化遗产福建土楼所在地，孕育了灿烂多姿的非物质文化遗产。龙岩市 10 个国家级非遗代表性项目中，7 个项目在永定有传承实践。此外，永定区还有省级非遗代表性项目 6 个、市级非遗代表性项目 39 个、区级非遗代表性项目 53 个。近年来，永定区在非遗保护和利用上集中发力，非遗保护更加全面、非遗传承阵地更加坚实、非遗品牌建设更加深远、文旅融合发展更加高效。

永定在全区开展非物质文化遗产普查，制作拍摄永定区非遗纪录片《守艺》，编制永定区客家文化（闽西）生态保护区县级规划和 5 个首批重点区域乡镇保护规划，实施"凤城十八罗汉""古竹陶罐制作技艺""永定客家民间唢呐十盏灯吹奏技艺""虎岗面摆制作技艺"4 个亟须抢救性保护项目。

在传承阵地方面，永定区强化非遗传承体验设施建设，初步建成永定非遗综合展示馆，结合现场互动体验、实物展示等方式，全方位展示永定非遗保护传承成果；先后成立永定万应茶采善堂、客家山歌、客家五色锣鼓、客家十番音乐等传习中心，建设福建土楼博物馆等一批客家文化和非遗项目试点传承基地。加快建设 7 个传统村落非遗展示基地，推出建筑文化展示馆、客家家训馆、客家家风楼、民间绝艺馆、万应茶饼原秘方古制法传习所等多处非遗传承体验场所。

通过创编"多彩非遗·魅力土楼"永定非遗一台戏，编写永定区传统村落非遗绘本，开展非遗进校园、进机关、进社区、进军营、进乡村、进景区"六进"活动，积极参与"非遗过大年"线上活动以及"视频直播家乡年""农民丰收节"等，永定非遗影响力和知名度显著提升。

2022年，福建土楼永定景区入选"全国非遗与旅游融合发展优秀项目"名录。这是永定区推动非遗与旅游深度融合、与文旅扶贫精准对接的一个缩影。洪坑土楼景区新增大鼓凉伞、客家木偶戏等非遗表演，抚市、坎市等乡镇每年正月开展"走古事""打新婚"等民俗活动，吸引众多游客，促进文旅融合发展。以"振兴传统工艺，助力精准扶贫"为切入点，依托中医养生（永定万应茶）、永定牛肉丸制作技艺、永定三堡高粱酒酿造技艺、永定菜干制作技艺等非遗项目，永定区积极探索非遗助力乡村振兴、巩固成果之路。

### （二）非遗传承与发展赋能乡村振兴的现实路径

党的二十大报告对中国式现代化作出深刻系统阐述，对推进乡村振兴作出科学规划和详细部署。非遗是乡村文化振兴的有力抓手，然而，永定区在推动非遗创造性转化、创新性发展中，还存在传承后继乏人、经费保障不足、产业化经营落后等难题。例如，村镇各级非遗保护队伍的工作经费难以保障，基层非遗保护工作队伍薄弱的问题日益凸显，部分非遗项目代表性传承人创新意识不强，表演类非遗项目与文旅产业的融合程度还比较低，促进农民增收致富的路子较窄。

如何为传统文化注入新的生命力，进一步深挖非遗价值、助力乡村振兴？永定区从实际出发，在完善政策体系、加强宣传引导、打造非遗品牌、深化文旅融合等方面多措并举、不断探索。

一是完善政策体系，汇聚保护合力，加强非遗认定记录、政策资金保障和规划体系建设。积极开展非遗代表性传承人申报，加大对客家土楼营造技艺、永定万应茶等国家级非遗项目以及红色故事、红色歌谣等非遗资源有关文字、图片、音频、视频、实物资料的搜集、整理和数字化处理，积极建设数字非遗博物馆，让非遗展品"活"起来。推动县级财政将非遗保护经费列入财政预算，抢抓对口支援、帮扶、合作机遇，向上争取政策资金，设立各级文化遗产保护专项资金，统筹推进世界文化遗产保护和非物质文化遗产保护。成立永定区客家文化（闽西）生态保护实验区建设工作机构，选择特色鲜明且传承发展氛围浓厚的区域开展文化生态整体性保护试点，结合美丽乡村建设和各级传统村落、古村落保护工作，建设非遗特色村镇。

二是加强宣传引导，培养后继人才。一方面，定期举办非遗传承人、基层非遗保护工作队伍培训班，鼓励农民尤其是青少年参与非遗传承学习。强化校企合作，助力村级非遗手工作坊成立研发平台、乡村振兴示范基地等，解决传承场所配套设施不完善等问题。另一方面，营造浓厚氛围。推进永定非遗地图、标识和标牌制作，在景区酒店、民宿等设立非遗特色商品展示自动售卖亭。制作非遗传承人专访节目，提高永定非遗的可见度、美誉度和影响力。研究开发非遗体验课程，制作永定区《非遗公开课》，扩大非遗进校园覆盖面，不断增强永定非遗的生命力。

三是挖掘本土文化，打造非遗品牌，推动非遗产品化、生活化、品牌化。积极探索将不同非遗产品进行创新结合，推动非遗产品向综合性文化产品和消费品转变。比如，将非物质文化遗产和世界文化遗产相结合，设计土楼手办、盲盒等非遗文创产品。积极推进永定客家文化传承体验综合体项目、客家耕读文化园、永定客家山歌传习中心等项目建设，开发体验课程、引进特色非遗项目，让非遗走进现代生活。持续推进非遗纪录片《守艺》拍摄制作，推进永定非遗一台戏常态化表演，积极创作"木偶戏＋客家山歌""土楼营造＋糍粑制作"等各类"非遗＋"系列文艺作品，借助抖音等短视频和直播形式引流，擦亮永定文化品牌，扩大非遗保护溢出效应，带动群众增收致富。

四是通过举办特色活动，拓宽增收渠道，打造特色街区，深化文旅融合，助力乡村振兴。举办坎市"打新婚"、抚市"走古事"、高陂"迎春牛"等民俗活动，形成"季季有活动，月月一主题"的良好氛围，吸引外来游客，促进乡村文化振兴。以传统工艺类非遗为重点，挂牌设立非遗工坊，开展培训学习、直播销售，引导村民参与非遗产品制作和售卖。围绕虎岗面摆、三堡高粱酒酿造、古竹陶罐、斗笠制作、土楼营造、芋子包、客家山歌等体验性强的非遗项目，精心打造非遗精品研学路线，带动村民增收。积极探索推动非遗进景区的新模式，通过属地乡镇将非遗项目引进区内重点景区合理设点、定期展演、互动体验，形成非遗集中展示区，扩大游客流量，延伸产业链条，为永定革命老区乡村振兴、高质量发展贡献非遗力量。

# 山东省临沂市：
## 弘扬文明新风
## 多措并举助力乡村文化振兴

乡村文化振兴是乡村全面振兴的智慧源泉与内生原动力，如何继承好村庄传统乡土文化基因，做好任职村文化、道德、风气的洗涤与提升，培树起村民"爱国、敬业、诚信、友善"的道德规范和"向上向善、孝老爱亲、明礼守法、勤劳勇敢"的行为准则，从而实现社会主义核心价值观在农村的弘扬和践行，临沂市文旅局在村级乡村文化振兴方面做了有益的探索和尝试。

## 一、背景

临沂市文旅局第一书记所在的任职村兰陵县向城镇兴明前街村是一个人口 2 000 多人却没有任何文化活动场地的经济空壳村，"白天忙完农活晒太阳，晚上熄灯没地儿去"成了前街村大多数村民的生活方式。通过走访调研，发现问题主要表现在群众文化活动单一，缺乏活动场地；文化服务需要创新，文化阵地需要改进；文化专职兼职管理人才严重匮乏以及农村传统文化传承难、留住难等方面。

## 二、做法和成效

### （一）搭起戏台好唱戏

修建文化小广场和乡村大舞台，解决乡亲们晚上没地儿去的硬件问题。邀请临沂市广场舞协会的专业老师到村现场教学培训，让更多的村民加入跳舞的队伍中来，现在的前街村晚上一改往日的寂静，村民纷纷放下手中的手机，走出家门，在锣鼓家什和广场舞的节奏里男女老少齐上阵，在欢声笑语中透出的是满满的幸福感和获得感。

### （二）拉起队伍唱好戏

（1）建立志愿服务队伍。任职村先后成立了网格长队伍、党员志愿服务队、巾帼志愿服务队、绿化养护互助组。以精细化管理精准化服务为宗旨，抓住"志愿、便民"两个要点，摸索出"高频度、低强度"，每2周开展1次，每次不超过1个小时的志愿服务新模式，率先树立志愿者们"我志愿、我快乐"的志愿服务意识。养成的是习惯，形成的是规矩，带来的不能是负担，并在第一书记工作组任职结束后继续传承坚持下去。

（2）搭建文化平台，创新文化服务。充分利用新建成的图书阅览室、多媒体活动室和村史馆，与团县委、县爱心志愿者协会共同打造了前街村青少年"爱心家园"和"新时代文明实践富民大讲堂"，利用市文旅局基层数字文化服务推广项目示范点的优势，通过公共文化云平台下载了4 000余部视频近1TB的优秀资源，为"爱心家园"和"富民大讲堂"活动的开展提供了充足的资源保障。现在整个社区十几个村的孩子可以到这里免费借阅图书、通过视频连线复旦、山大等知名院校的优秀大学生志愿者进行在线交流答疑，还可以接受"爱心家园"公益讲师带来的剪纸、绘画公益课。

（3）建设村史馆，留住乡土文化的根。任职村建设了一个饱含乡土气息和历史记忆的村史馆并将其作为对村民特别是农村青少年开展教育活动的重要场所，每周都设置村史馆开放日，专门培训了2名村委干部以及5名志愿者负责村史馆的讲解，真正发挥出村史馆作为新时代文明实践活动重要阵地的作用，引导村民在今昔对比中忆苦思甜，在文化传承中凝心聚力，增强村民的自豪感和归属感。

### （三）多彩活动聚民心

为了进一步丰富村民的精神文化生活，第一书记工作组充分利用市文旅局的职能优势，相继开展了现代柳琴戏"沂蒙情"进村演出、"流动博物馆"走进幼儿园等各类公益活动30余次。在村里更是掀起了"美在农家"示范户争创的热潮。通过开展这一系列丰富多彩充满正能量的公益活动，老百姓的精气神被提起来了，心也聚拢在一起，村庄悄然发生着美丽的蜕变；扭秧歌跳广场舞的多了，打牌赌博的少了；孝老敬亲的多了，邻里争执少了；"美在农家"示范户多了，家里脏乱不收拾的少了……近两年任职村先后被评为市级文明村、省级美丽乡村，村民的生活幸福指数有了明显的提高。

## 三、经验启示

### （一）以乡村振兴总体战略为指引，是做好乡村文化振兴工作的基本前提

要充分认识乡村文化振兴的重要性。习近平总书记曾强调，实施乡村振兴战略是一篇大文章，要统筹谋划，科学推进。必须在思想上正确认识乡村文化振兴的性质和特点，并认真学习、研究、掌握乡村文化建设的规律和特殊性，唯有据实而行，科学施策，精准发力，才可能取得突破，才可能有所成效。

## （二）以党建为引领，是做好乡村文化振兴工作的关键所在

农村党组织是党在农村一切工作的基础，农村要实现文化振兴，关键就在于加强党建引领。市文旅局第一书记工作组针对村级党组织普遍存在着"五难问题"，结合任职村村情摸索出了"健全规章制度、壮大党员队伍、第一书记讲党课、开展教育实践活动、村庄网格化管理"田园党建"五个一工作法"，并把"精细化管理、精准化服务"的理念引入到弘扬文明新风、助力乡村文化振兴的各项具体工作中来，取得了非常好的效果。

## （三）学会"借东风"才能打赢村庄文化振兴攻坚战

村庄的人才资源毕竟有限，要积极借助政府和社会团体的力量，积极探索"村级服务中心＋社会志愿服务团队＋互联网"的文化服务"三合一"模式，不仅让现有场地得到更高效的利用，也盘活了村里的图书馆、村史馆，解决了文化管理人才匮乏的难题，更是能够通过互联网实现远程授课、在线交流、资源本地化存储等功能，在全市乡村范围内有着很好的可复制性和借鉴性。

## 江苏省徐州市马庄村：
## 擦亮文化底色　奏响振兴强音

黑洞洞的煤坑、低矮的农房、高低不平的道路……最近，徐州市贾汪区马庄村干部翻出资料室的 400 多卷老照片，打算结合庆祝改革开放 40 周年活动进行展览。看着照片中的村子由灰变绿、由穷变富，村党委书记孟国栋感慨万千，"正是思想大解放，推动了马庄大发展。我们会坚持擦亮文化底色，奏响乡村振兴的更强音。"

### （一）文化引领，乡村展现新风貌

走进马庄村委会大院，听见不远处的文化礼堂内传来阵阵演奏

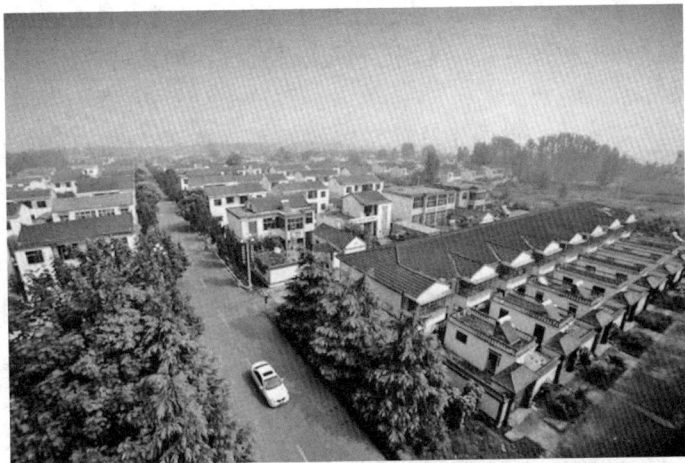

马庄村村内大小道路笔直宽阔干净

声。原来，马庄农民乐团正在进行排练，筹备一场年度"大戏"。"12 月 12 日我们村里举行全国乡风文明论坛，也给我们乐团 30 岁生日庆生。"马庄农民乐团团长孟辉很兴奋，大家精心编排了 10 多个节目，一心想展现农民新风采和农村新风貌。

"当年办乐团顶着不小压力，现在回头看，这条路走对了。"马庄村原党委书记孟庆喜记得，1988 年，村里拿出 3.7 万元买来小

马庄农民乐团的成员们正在排练

号、圆号等乐器，组织 20 多位土生土长的村民成立马庄农民乐团，用文化活动把村民"拢"起来。孟庆喜直言：精神贫乏比物质贫穷更可怕。

孟庆喜的话，点中了马庄发展的要害。当年，马庄借着改革开放的东风，发展起煤矿产业，让农民解决了温饱。不过，头脑空虚、思想混乱等问题随之而来，酗酒赌博、打架斗殴等现象时有发生。

直面问题，迎难而上。马庄不仅成立了乐团，还办起了周末舞会、灯会，建立了图书馆、文化广场等阵地。正是坚持"文化立村"的理念，让乡村有了"根"与"魂"。特别是进入 21 世纪，在产业调整的大背景下，马庄的煤矿支柱产业断了，但是村民们的"心"没有散，继续扛起这面文化大旗。

"村里的文化活动不断，总感觉有使不完的劲儿。"乐团元老、村民李红侠自豪地说，在文化引领下，大家的气质和素养有了很大提升，而且人心很齐，只要村里一声招呼，村民们都一呼百应。

正是靠着这股子劲头，马庄很快重新驶上发展快车道，先后获得"全国文明村""中国民俗文化村"等诸多国家级荣誉。在村中心广场大屏上，不间断播放着习近平总书记视察马庄时的新闻。不少游客驻足观看并赞叹：马庄，走出了一条与众不同的发展新路子！

## （二）文化育人，新思想凝聚新精神

"以文化人，润物无声。"在 30 年的文化坚守中，马庄人塑造出奋发向上的马庄精神：一马当先的勇气，跃马扬鞭的速度，马不停蹄的毅力，马到成功的效率。

迈进新时代，马庄放大文化优势，加大力度宣传新思想，凝聚新精神。

村民夏桂美年近六旬，依然笔耕不辍，创作了《新思想引领新时代》《总书记来到咱马庄》等一首首脍炙人口的快板作品。"十九大描绘了发展新蓝图，总书记又到俺们村里来，大家心里高兴，都觉得生活有奔头。"夏桂美把农民的心里话，用文艺形式展现，在

"百姓名嘴"的演绎下，每次都人气火爆，效果很好。

2018年，马庄打造了贾汪区首个村级"新时代文明实践站"，通过"百姓名嘴"讲述新时代故事，弘扬新时代精神，让理论宣传活动更接地气、凝聚人心，使干部群众在理想信念、价值理念、道德观念上紧紧团结在一起，真正实现群众在哪里，文明实践就延伸到哪里。

"村里现在排练的《新时代序曲》《香包情》等节目，不仅演得精彩，还弘扬了主旋律。""百姓名嘴"之一、吹拉弹唱都精通的孟国栋，说起表演头头是道。2018年，贾汪区委授予马庄农民乐团"新时代新思想宣传队"旗帜，大家走进社区、街道、学校、企业、军营，进行了400余场宣讲。

一马当先，百花齐放。由于马庄的示范引领，截至2018年11月，贾汪各地组建了7支"新时代新思想宣传队"分团，引导广大农民忙时从"农"，闲时从"艺"。由马庄农民乐团培训指导编创的具有地方特色的文艺节目，正以积极健康的文化占领农村思想文化阵地。

马庄人骄傲地说，他们有"三宝"：乐团、香包、婆媳好。在文艺宣传之外，村里还多年坚持评选十佳好媳妇、十佳好婆婆、十佳好家庭。2018年，村里又举办星级文明家庭挂牌亮户活动，并开展勤俭节约好家庭、尊师重教好家庭等特色评选，常态化开办乡村道德讲堂，培育文明新风，形成了讲道德、促和谐的良好风尚。

## （三）文化兴村，富脑袋也要富口袋

国庆假期，马庄新建的2 000平方米香包文化大院开张。这个集香包设计、制作、展示、体验、销售为一体的综合性产业基地，成了参观团和旅游团的"必去之地"，有力拉动了马庄特色文化产业的快速发展。

走进大院，草药的香气四溢，火红的香包格外惹眼。63岁的村民徐德珍，正在缝制一款"平安福"香包。"我们正常上下班，一天能缝15个香包左右，能挣七八十块钱。"徐德珍家里有3亩地，农闲时缝香包，每天接送孙子上下学也不耽误。

"现在一天最多卖出 6 万元，这在以前简直不可想象。"马庄香包工作室负责人厉慧卿告诉记者，2018 年上半年，全村香包产业实现收入 1 000 万元，拉动村里和周边地区 1 000 多人就业。

小香包变成大产业，马庄把文化变成了生产力。"我们还要进一步解放思想，不断突破、创新。"厉慧卿说，他们正在忙几件"大事"：通过团组织举办设计大赛，招引懂设计和电商的人才，推动线下和线上销售；和医科大学合作，研制新配方；结合刺绣等工艺，研发新产品。在这全新的规划中，一个主打文旅产业的新马庄，把"物质变精神，精神变物质"的辩证法演绎得更加生动。

抓好两个文明，马庄全面发力。2021 年 10 月，坐落在潘安湖畔总面积 500 余亩的婚礼小镇已建成使用，实现营业收入 500 万元；建设多肉植物园、农业采摘园等现代农业基地，实现农村一二三产业融合发展，促进休闲农业和乡村旅游发展；文创综合体正在施工建设中，预计年底开业。孟国栋说，在乡村振兴的新征程上，马庄一定会不断大发展，让群众得到更多红利。

## 安徽省黄山市：
# 传统村落保护利用与乡村振兴

传统村落是世界文化遗产的重要组成部分，也是传统中华农耕文化的传承载体和具象符号。2021 年中央 1 号文件明确提出"加强村庄风貌引导，保护传统村落、传统民居和历史文化名村名镇"。有数据显示，我国各级传统村落总数约 3 万个，其中全国 55 项世界文化和自然遗产大都与传统村落的密集区高度契合，1 300 多项国家级非遗和 7 000 多项省市县级非遗，绝大部分都在传统村落里。古徽州是徽文化的发祥地和徽商故里，徽州古村落以其空间布局、民居陈列、建筑风格、人文底蕴等鲜明的徽派特色，成为全国最具典型特色的地域传统建筑密集区之一。

近日，记者深入黄山市祖源村等古村落，实地走访农户、民宿经营者、基层乡村干部，深入了解传统村落保护利用现状和现实困难，探寻传统村落在加快美丽乡村建设、促进农村三产融合发展、全面推进乡村振兴历史进程中的现实作用和价值。

### （一）徽州传统村落保护利用的做法与成效

从 2012 年国家、省启动中国传统村落和省级传统村落申报工作以来，黄山市有 271 个村落列入中国传统村落名录，占全省总数的 67.7％，在全国地级市中位列第二；有 451 个村落列入省级传统村落保护名录，位列全省第一。2008 年，国家设立徽州文化生态保护实验区，2019 年升格为徽州文化生态保护区。2020 年 6 月，黄山市成功列入全国传统村落集中连片保护利用示范市。

为做好徽州传统村落保护利用工作，黄山市出台多个文件，完善政策法规体系，对所有名镇、名村、名街均完成了保护规划，坚持清单管理。实施"百村千幢"古村落古民居保护利用工程和徽州古建筑保护利用工程。推动保护与利用方式推陈出新，创新做好古民居的认购、认领、认租工作，建立古民居产权转让平台和机制，打通社会力量参与古民居保护利用的通道。截至 2021 年，黄山市民宿发展至 2 100 余家，占全省总量的 80％以上，在全国城市位居前列。黄山市每年游客接待量中，以古村落为主体的文化旅游占七成以上。

通过抢救性保护、整体性保护、生产性保护、数字化保护等多种方式，统筹推进物质文化遗产与非物质文化遗产保护。设立黄山徽文化基金，引导发展以徽州四雕、文房四宝等为代表的传统技艺类徽文化产业企业入驻园区、集群发展，推动形成以民间非遗博物馆为主包括专题博物馆和非遗展示中心的多形式保护格局，打造"幢幢有故事、村村有文化"的古村落文化风景线。

### （二）传统村落是推进乡村振兴战略的重要资源与抓手

传统村落传承的独具地域特色和民族风格的乡土文化是当下实施乡村振兴战略的主要抓手之一，是推进乡村振兴战略不可忽视的极为重要的资源与力量。保护和利用传统村落，对于留存乡村记忆、保护农村生态、拓展农业形态、建设美丽乡村具有重要意义。

从走访情况看，黄山市通过实施传统村落保护利用工程，不仅保住了徽文化"筋骨肉"，还守住了徽文化的"精气神"。通过对传统村落资源的挖掘、传承和转化，促进了乡村旅游转型升级，带动了山区群众增收，促进了乡村振兴战略实施。

### （三）盘活传统村落的景观、历史和文化资源，打造一批繁荣农村、富裕农民的新产业和新业态

传统村落形成于漫长的历史进程。这些村落多有秀美的自然风光、独特多元的乡土文化、厚重的历史文化底蕴，是发展乡村旅游得天独厚的资源。

以记者走访的休宁县溪口镇祖源村为例，它是第三批中国传统村落。村内粉墙黛瓦、徽风古韵、生态绝佳，拥有古民居、古桥、古树等历史文化景观，尤以千年红豆杉、百余亩梯田景观而闻名。2016年3月，祖源村引进上海宏森投资发展公司，投资4 000多万元，以传统村落品牌为依托开发"梦乡村"民宿项目，当年11月试营业，成为皖南最大的乡村民宿群。"梦乡村"民宿群建成后，每年接待游客1万多人次，营业额近200万元，并带动村民创办民宿16家。

祖源村民宿产业的发展，吸纳了村民就地就业和返乡创业，带动了当地农副产品销售和第三产业发展。2020年，祖源村村民人均纯收入为1.76万元，是2016年的3倍；常住村民也比2016年增加了110人。祖源村相继荣获全国乡村旅游重点村、中国传统村落、中国美丽休闲乡村、全国文化文明村等荣誉。以传统古村落为依托，黄山市已形成黟县西递宏村、黄山汤口、休宁祖源、屯溪老街、徽州区西溪南等一批民宿集群。

记者发现，通过推行"旅游＋""生态＋"等模式，黄山市深度盘活传统村落资源，推进农业、林业与旅游、教育、文化、康养等产业深度融合，大力发展休闲度假、旅游观光、养生养老、农耕

体验、农业创意、乡村手工艺等产业，打造一批繁荣农村、富裕农民的新业态。

"在保护中利用，在利用中保护"，徽州传统村落由此实现了静态保护向活态传承转变，成为乡村振兴的"聚宝盆"、农民增收的"摇钱树"。

### （四）借鉴传统村落的建筑理念和经典符号，赋能美丽乡村建设

美丽乡村建设，并不是要把农村变得与城市一样，而是要"把农村建设得更像农村"。经过长期的演进和沉淀，传统村落在布局和建筑样式上都形成了独特的结构与经典符号，它们不仅体现了鲜明的民俗风情和地理风貌，而且具有极高的审美价值，是新时期美丽乡村建设可以汲取养分的对象。

走访中，记者发现黄山市通过持续实施"保徽、建徽、改徽"工程，提炼精选"粉墙、黛瓦、马头墙"和"徽州十古"等一批凸显徽派建筑特色的经典性元素和标志性符号，与新安大好山水一同纳入城市总体规划、特色小镇建设规划和美丽乡村建设规划，并广泛应用于城市广场、园林、街道等公共空间，营造出"精巧、雅致、生态、徽韵"的城乡整体风貌。

近年来，安徽省越来越多的地方开始注重吸纳借鉴传统村落中的建筑元素，运用科学的方法，对区域内传统建筑的特色元素进行提炼，形成符合本地特色的设计风格，让美丽乡村更有乡村韵味和地域特色，真正做到了见山望水，留住乡愁记忆。

### （五）汲取乡风民俗，守护文化根脉，为乡村文明建设提供精神动能

传统村落历来是德育教化的场所，是写在大地上的传统文化典籍。皖南村落文化底蕴深厚，承载着乡规民约、宗教礼仪、风俗习惯、饮食文化、建筑文化等，这些是村落的灵魂、血液和根脉。

走访中，记者在多个传统村落看到，木雕、砖雕上多有孝道文

化故事；悬挂在显眼位置的楹联，诉说流传百年的家风家教。这些对当下农村精神文明建设仍具有重要现实意义。它不仅是对传统农耕文化的尊重与延续，更是一种新的文化自觉，有利于在美丽乡村建设中守护文化根脉，重振乡村精神。

总而言之，做好传统村落保护和利用，是新时期实施乡村振兴战略的重要着力点，既可以为重塑美丽乡村文化内核贡献丰富元素，也能够为巩固拓展脱贫攻坚成果同乡村振兴有效衔接提供重要产业支撑。

## （六）徽州传统村落保护利用存在的难题及对策建议

在利用传统村落发展乡村旅游过程中，也面临现实难题。

一是乡村振兴的主体是农民，但随着城镇化步伐加快，大量农村劳动力外出就业创业，"空心村""空壳村"比比皆是，存在传统建筑自然破损、村落文化谱系缺失等问题，徽州传统村落"形"在"神"散，文化传承乏力。二是徽州传统村落激活方式大多以乡村旅游为主体，存在激活方式同质化、旅游品位低端化、景点过度商业化等问题，且容易出现建设性破坏、徽州传统文化断层缺失等问题。三是受现行农村土地政策和产权制度的制约，农村集体建设用地使用政策与传统村落发展中的土地利用需求存在供需矛盾。民宿产业发展，推动了传统村落古民居保护利用和乡村旅游转型升级，但囿于产权及非标准住宿设施准入等因素，外来投资者存在顾虑。

针对上述难题，采访中相关部门负责人和专家学者提出如下建议：

（1）全面保护、系统设计。加大保护利用传统村落的政策、项目和资金支持力度。在能保即保、应保尽保前提下，严禁大拆大建和破坏性开发建设，合理挖掘利用传统村落的历史、文化、科学、艺术、社会和经济价值，形成保护与利用的良性循环。在保护利用中要强化系统思维、整体观念，坚持村落结构肌理与山水格局保护并重，使望得见青山、看得见绿水、记得住乡愁成为皖南传统村落最鲜明的标识。

（2）以"文化自信"为引领，传承徽州文脉。传统村落的核心价值在于存续和弘扬优秀文化基因。要以"文化自信"为引领，突出村落特色，以乡土教育为重要内容，挖掘村落历史环境遗存的故事感、情绪感，植入非遗的动态表演、活态体验，做好徽文化创新性发展。通过文旅结合等业态重构，重启村落内源发展动力，再建村落文化共同体，传承延续优秀文化。

（3）以新业态带动传统村落复兴。积极引导社会力量参与，大力发展乡村旅游、徽州民宿、康养度假、非遗文创等特色产业，实现静态保护向活态传承转变。要以项目为抓手，把生态农业作为传统村落的基础，发展并建立生态循环有机农业、特色农业品牌；把传统手工业作为传统村落的特色，鼓励支持传统手工业，提高附加值；突出发展民宿、旅游、康养、度假、休闲、"互联网＋"等新产业模式。

（4）深化改革，吸引更多发展要素。创新皖南国际文化旅游示范区土地利用政策，在农村集体建设用地上适当放宽政策，探索实施农村集体经营性建设用地入市制度，稳妥推进传统建筑产权流转试点。积极推动农村宅基地"三权分置"改革试点，探索开展"村企合作""村银合作""村组自营""项目开发"等闲置农房盘活利用模式，吸引各类要素向农村倾斜。建立徽州文化生态示范区财税补偿机制，给予该区域企业或环境财政补贴和税费优惠措施，推动技术、项目、资金、人才等要素向农村倾斜。

（5）尊重农民的主体地位。乡村振兴，关键在人。农民是传统村落的创造者和主人。做好传统村落的永续保护和利用，必须让农民深度参与。要以乡村旅游为载体，抓规划、抓项目、抓服务、抓推介，鼓励干部和乡村能人积极返乡，带头参与村落传统建筑保护利用，鼓励年轻人回村创业，以政策和环境吸引人才，以业态和项目留住人才。强化利益联结，引导村集体和村民以资金、土地、林地、房屋入股，参与经营和管理，推动资源变资产、资金变股金、农民变股东，增强乡村振兴内生动力。

# 河南省洛阳市：
# 以文化合作社为载体
# 探索乡村文化振兴新模式

近年来，洛阳市十分重视乡村文化振兴，以乡村文化合作社为依托，坚持让基层群众成为乡村文化的主导者，文化发展成果由村民共享，以文化反哺经济，助力乡村经济、文化全面开花，走出了一条乡村文化振兴的新模式。

## （一）开展多元艺术活动，打通乡村文化振兴"最后一公里"

乡村振兴，文化是魂，基层文化复兴是乡村振兴中提升基层文化软实力的重要一环。洛阳市委、市政府高度重视乡村振兴，将其列为全市重点工作之一来抓，通过乡村文化建设，切实提升村民幸福指数。

洛阳市孟津区乡村文化合作社表演节目

如今，村民身着华服，以蓝天白云为背景，以青山绿水为底色，或弹奏古乐器，或翩翩起舞，或临溪而歌，热闹非凡。洛阳市孟津区平乐镇平乐社区乡村文化合作社、洛阳市洛龙区李楼镇海神乐文化合作社、洛阳市新安县乡村文化合作社铁门镇千唐分社、洛阳市汝阳县窑沟文化合作社等众多文化合作社成为村民文化娱乐新场地。文化合作社为村民们搭建了休闲娱乐的场所，不仅丰富了村民日常生活的娱乐活动，还亲近了村民之间的邻里关系，让大家也可以为传承弘扬非遗出一份力，村子也因此打响了名号，增强了村民幸福感和自豪感。

### （二）以文化赋能经济，实现经济效益和精神文明双丰收

河南省孟津县平乐村被誉为"书画之乡"和"中国农民牡丹画第一村"。自 20 世纪 80 年代中后期以来，伴随着国家对文化产业的重视和洛阳牡丹文化氛围的提升，平乐牡丹画的名气也越来越大，每年四五月间举办的洛阳市牡丹画节更是平乐牡丹画展示和销售的大舞台。平乐兴建了牡丹画文化创意产业园，着力发展牡丹画产业，并积极开办了官方和私人多家牡丹画培训辅导班，让更多有着致富梦想的平乐村民和书画爱好者有了更大的学习和交流的平台。与此同时，平乐牡丹画创意园区也吸引了许多乡贤返乡创业。2016 年，园区已有 100 多家网店在线上销售牡丹画。截至 2022 年，已有 200 多人加入直播带货队伍，宣传牡丹画。

牡丹画文化创意产业园

从爱好发展成为致富新渠道，平乐社区乡村文化合作社仅仅是一个缩影。洛阳市高度重视公共文化高质量发展，创新新时代乡村文化建设模式，增强基层公共文化发展活力，提升基层公共文化服务效能，从而助力乡村振兴。在此基础上，越来越多的文化合作社乘着政策的东风，不仅丰富了当地村民的精神文化生活，也成为当地经济营收的新途径。

### （三）采取"1＋N"模式，以文化合作社为依托振兴乡村文化

乡村文化合作社是推进乡村振兴的重要力量，是新时代文明实践中心领导下的文化志愿服务队，是乡村公共文化服务体系建设的创新探索与实践。乡村文化合作社队伍建设采取"1＋N"模式，文化合作社整合本地民间文体队伍资源，至少建立1支基本文体活动队伍和"N"支特色队伍。在洛阳市汝阳县窑沟文化合作社，村民们以戏曲文化合作社为主要活动队伍，同时开展摄影、书法等活动，丰富村民生活。年底前每个乡镇建有2～3家较为成熟的乡村文化合作社，每个县区打造1～2个有影响力的特色文化合作社品牌。2025年底，洛阳市力争具备条件的行政村都建设乡村文化合作社。文化合作社是农村公共文化服务的重要支持和补充力量，下一步，洛阳市将推动"文化合作社＋"融合发展，推动乡村文化价值与经济价值相统一，培育有产业支撑的乡村文化合作社，增强可持续发展的动力，为乡村振兴增砖添瓦。

## 山东省平度市：
## "行走的书箱"带"活"乡村阅读

山东省青岛市平度市实施"行走的书箱"乡村阅读推广项目，以"送图书下乡"的形式为农村营造阅读氛围，探索出"政府主导、社会参与"的农村公共文化服务体系建设新途径，有效激发了乡村阅读热情，打通了乡村阅读"最后一公里"。

针对广大乡村阅读基础和阅读氛围与城市差距较大的实际，平度市试点推广"行走的书箱"乡村阅读项目，设计学校、村庄两条行走路线，组建"领读人"队伍，形成以领读人为网络的乡村阅读新模式。截至2023年8月，"行走的书箱"已走进平度220个村庄、30所乡村学校，累计图书借阅量超过50万册，被评为山东省四个一百"最佳志愿服务项目"，荣获全国图书馆文化扶贫案例三等奖。

"行走的书箱"将科技图书送到田间地头

### 三方联动，"行走的书箱"落地开花

为破解村庄书屋场地小、图书少、管理弱、常关门等问题，成立了由平度市政府、青岛快乐沙爱心帮扶中心和"微笑彩虹"阅读志愿者服务队三方合作的运营组织体系，推动"行走的书箱"落地生根、健康行走。

政府主导推动，经文化、教育等多部门联合调研、科学规划、充分评估，选取"区域面积最大、扶贫任务最重、群众阅读需求最多"的旧店镇，试点开展"行走的书箱"活动，经验成熟后全面推广。在18个镇（街、开发区）建立图书馆分馆，在分馆设立"行走的书箱"驿站，作为领读人培训中心和图书配备中心，为书箱有效行走备足"粮食"。连续5年将"行走的书箱"纳入民生实事，投入资金900余万元，用于书箱配备、图书更新等，保障书箱行稳走远。

社会组织实施，青岛快乐沙爱心帮扶中心聘请5名全国阅读专家成立专业团队，具体负责项目策划实施和全程指导。"微笑彩虹"阅读志愿者服务队进村入户开展全面调研，掌握阅读需求、绘制行走路线、编制培训手册等，为项目实施提供第一手资料。

"行走的书箱"满足学生多样化阅读需求

## 双线行走，实现乡村阅读全覆盖

平度市是山东省面积最大的县级市，农村人口占人口总数的56%。为及时将图书送到有需求的群众手中，将书箱分为成人和青少年两类，分别在村庄和学校进行"双线行走"，确保"行走的书箱"乡村全覆盖。

科学配置书箱。根据群众点单、专家推荐，每个书箱配备10册图书，并根据群众反馈及时更新书目。不同颜色的书箱放置文学类、少儿类、科技类等不同类型的图书，方便不同群体选书阅读。每个书箱配有导读手册、借阅登记册等，并统一编号和编目，防止流失。仅活动首年，旧店镇1 267个书箱完成178个村庄行走，平均借阅量 34 本。

分区管理路线。对村庄行走，在镇域内划分工作区，每个工作区安排 1 名志愿者为区长，负责组织该区域内的图书配送。对学校行走，以学区为单元，根据学生数量为每个班级提供 3～6 本图书，借阅周期 3 个月。村庄最高借阅量达 117 本，班级最高借阅量达到 890 次、平均每个学生达到 22 本。

开展特色行走。聚焦群众特殊性，开展特色化"行走"，比如，对种（养）户群体，书箱配送到田间地头、养殖场点；对老年人、留守儿童、困难群众、残障人士等群体，书箱配送到家到户，确保乡村阅读惠及每位群众，书香浸润每个角落。旧店镇徐里村大棚种植户通过"行走的书箱"，从《设施蔬菜栽培》图书中学习到新栽培技术，纯收入比往年增加了近 30%。

"行走的书箱"领读人培训班结业并颁发聘书

## 一队领读，引领乡村阅读新风尚

以"领读人"为纽带，发挥领读人榜样力量，引导并激发广大农民群众的阅读需求，形成了以领读人为网络的乡村阅读新模式。

组建队伍。充分发挥农村老党员、老干部、老教师等作用，为每个书箱都配备"领读人"，负责交流引导、图书管理、意见反馈等，精准化满足群众阅读需求。试点当年，吸引本土教师、农家书屋管理员、退休干部、热心公益人等 401 人自愿报名。

强化支撑。构建"平度市图书馆—镇图书馆分馆—农家书屋"三级联动服务体系，开展"领读人"分批培训 1 250 人次，培训"镇级百姓宣讲员"100 名。开展"阅读名家进乡村""乡村阅读论坛"等活动，邀请知名儿童作家、少儿图书编辑、逐梦深蓝讲师团等各界人士进乡村、进校园，引导社会力量助力乡村阅读。

培树典型。开展"领读一百天，改变人生路"活动，培树优秀"领读人"典型。旧店镇石楼院村村民徐兆鹏利用"行走的书箱"资源，成立专业合作社、承包土地 1 100 亩，将书箱引入合作社，提升全社科技知识水平，带动本镇其他村庄种植蜜桃 9 000 多亩，在当地形成了优势特色农业种植。

# 福建省平和县新建村：
# 以红色为魂　塑造乡村文旅品牌

新建村位于平和县中南部的国强乡，素有"闽南第一高峰"的大芹山西北山麓，是革命老区基点村，也是曾经的省级扶贫开发重点村。地处偏远山区、交通不便、经济结构单一、信息不畅、人才短缺等多种因素，一直制约着新建村的发展。近年来，新建村克服种种困难，走出一条乡村振兴的文旅发展之路。新建村从昔日落后的偏远山村蜕变为今日的国家级森林乡村、省级金牌旅游村。

## （一）同频共振，撬动乡村文化振兴新引擎

文化兴则乡村兴，文化强则乡村强。新建村以乡村文化基础设施建设为抓手，大力实施文化惠民工程，不断加大对农村文化基础设施建设的投入力度，先后建成乡村大戏台、新建村文化中心、暗夜公园、桃花岛 360 度全景看新建文化园、咖啡屋、村史馆、小游园、篮球场、农家书屋等，配套完善了老年活动室、党员活动室，不断破题，打造村民满意的文化家园，为村民提供一个文化与娱乐、文化与休闲活动的场所。全村通广播，将国家的惠农政策、身边的新风新事传播到每家每户，将文明和谐的道德风尚带到了四邻八乡，

丰富村民的文化生活。通过党建活动、乡村旅游、研学及各类民俗文化活动，让"流淌在大芹山的红色风情"扎根在游客心底。

## （二）精耕细作，厚植乡村文化振兴底蕴

乡村振兴，既要塑形也要铸魂，文化振兴是根本。新建村是大芹山革命老区基点村，是中国红军开展革命斗争的主要活动区域，魏金水、刘永生、卢叨、陈天才等革命前辈曾在这里开展革命斗争。1948 年 8 月平和县委在此成立并召开第一次会议，1946 年、1948 年因被国民党反动派两次放火烧毁，新中国成立后，党和政府拨款建设而得名"新建村"。新建村从古村落的修建上发力，能修旧利用则修旧完善加以利用，无法修缮的重新建造，2022 年，半领传统村落获得国家级"中国传统古村落"的美誉。通过习俗规范、村落舆论及象征符号等一系列软力量，充分发挥非正式制度、宗族组织对村落的规范作用，使得村民规训于村规民约之下，从而有效地提高乡村治理的水平。新建村的祠堂是革命斗争时期"党政军"开展活动的重要场所，党支部努力挖掘祠堂文化，聚集多方资源，让祠堂的文化得到延续并发扬传统祠堂承担的社会公共活动职能，开辟出一条传统文化与新时期党建、美丽乡村、基层治理相结合的路径，创新探索出"祠堂＋文化"的乡村文化发展模式，让"祠堂＋文化"与新时代文明实践工作有机融合进行创造性转化、创新性发展。如半领赖氏祠堂曾是中共平和县工委旧址，双芦溪赖氏宗祠是地下党重要的交通站旧址、江厝坑江氏宗祠是红军屋旧址等，以红色家史弘扬爱国主义精神，激励后人精忠报国。新建村利用原有的建筑构件改造为现代公共文化服务空间，如平和县委党校党性教育现场教学点、漳州市乡村振兴教育学院现场教学实践基地、文化礼堂等，把党建、社会治理、文明教化融入传统空间，还推动了外来人员与本地人、城市居民与农村居民的融合。

## （三）红绿交融，实现生态与效益"双驱动"

新建村充分发挥一个党支部就是一座堡垒的初心与使命，把文

化振兴、发展发力、增产创收作为重要使命，因地制宜突出红色文化、农耕文化和乡村生态旅游融合，发展十大产业，借力"高山、生态、绿色"的优势，发展千亩茶园、梯田水稻、林下中草药、果蔬等休闲研学观光。巧借红色文化造势，将红军旧县堂、红军古道、练兵场等具有文化底蕴的景点"串点成线"，形成修身养性、休闲健身、观光旅游于一体的"平和九寨沟"景区。践行绿水青山的生态文化，用绿色发展引领乡村振兴，改变乡村人居环境脏乱差的状况，爱护环境、保护生态的村风文化得到持续发展，为新时代乡村振兴筑牢坚实屏障。新建村党支部以文化赋能撬动乡村文化振兴，吸引了广泛的新乡贤、群众参与，吸纳了近百名志愿者，以社会化参与激活乡村文旅新动能，培育乡村振兴生力军。新建村以"党建引领、文旅合力"为主线，以"红色文化＋生态旅游"为支撑，吸引福建、广东、浙江等旅客滚滚而来，第三产业得到飞速提升，文旅带动效应逐步凸显。村集体、村民收入得到"双驱动"，村民人均纯收入从 2019 年的 1.92 万元提高到 2021 年的 3.1 万元，高于平和县平均水平，村财收入从 2018 年的有名负债空壳村，到 2021 年的 83 万元，实现从"破壳"到"达标"转变，从输血到造血蜕变，从穷山村迈向致富村。

明月村大力发展陶艺产品

# 四川省蒲江县明月村：
# 文创赋能休闲农业　推动产村融合发展

明月村位于四川省成都市蒲江县甘溪镇，陶艺文化底蕴深厚，唐宋以来就是民用陶瓷（邛窑）的重要生产区。近年来，该村以竹海茶山明月窑为依托，大力推进农旅融合，走出了一条以"文创赋能休闲农业、推动产村融合发展"的发展之路。2020年接待游客23万人次，乡村休闲旅游收入达到3 300万元，带动全村农民人均可支配收入达2.7万元。

## （一）坚持创新机制，推进要素集聚

探索"政府搭台、文创撬动、公益助推、旅游合作社联动"的发展机制。争取187亩国有建设用地指标，盘活集体建设用地和闲置宅基地，为明月村"引凤入巢"提供"启动器"。成立农旅融合项目工作推进组，采用招才引智政策，吸引100余位知名艺术家和非遗传承人入驻，引进规划、策划、运营等经营人才，为明月村发展提供"孵化器"。积极争取财政支持，整合项目资金，完善乡村配套基础设施和公共服务供给，为农业强、农村美、农民富提供"助推器"。

## （二）坚持农旅融合，推进产业发展

坚定"竹海茶山明月窑"发展思路。依托3 000余亩有机茶叶基地、8 000余亩雷竹园区和300多年的明月窑，成立了明月村乡村休闲旅游合作社，推出农事体验、自然教育、制陶和草木染体验等项目，打造了蜀山窑、呆住堂艺术酒店等文创项目50余个，开发明月笋、明月染、明月陶等系列文创产品10余种，吸引150余名村民返乡创业就业，2020年合作社实现营收130万元。同时，邀请全国各地新村民入驻，实现了浪漫田园和文艺村落融合发展，新村民与原住民互助共享。

### （三）坚持生态优先，建设美丽新村

践行"绿水青山就是金山银山"的发展理念。注重茶山、竹海、松林等生态本底的保护与发展，统筹推进"七改七化"（改水、改厨、改厕、改圈、改院、改线、改习惯，硬化、绿化、美化、亮化、净化、文化、保洁员专职化），开展绿道建设、风貌整治、院落美化和川西林盘修复，不断改善乡村宜居宜业宜游发展环境。已建成文化广场 2 300 余平方米、旅游环线 8.8 千米、绿道 7.7 千米。明月村已成为望得见山看得见水记得住乡愁的幸福美丽新乡村。

### （四）坚持文化传承，擦亮产业品牌

坚持特色化的发展方向。着力打造"明月村"特色文化品牌，连续举办春笋艺术节、中秋诗歌音乐会等特色文化活动，创设"明月书馆""陶艺博物馆"等公共文化空间，孵化"音乐种子计划""明月文舍"等文化创意项目，培育明月之花歌舞队、明月古琴社、明月诗社、守望者乐队等特色文艺队伍 6 支 200 余人，创作《明月甘溪》《明月集》等原创歌曲和原创诗集，开展产业、文化方面的培训每年达 1.5 万人次。

## 云南省澜沧拉祜族自治县：
## "三色"共绘乡村文化振兴新画卷

近年来，澜沧县打造多元服务阵地，形成覆盖全面的县、乡、村三级公共文化服务网络。现有县级文化馆 1 个、县级图书馆 1 个、县级博物馆 1 个、乡（镇）综合文化服务站 20 个、村（社区）综合文化服务中心 164 个，覆盖率达 99%。完成 18 个乡镇文化传习馆建设；完成图书馆总分馆制建设县级总馆 1 个，乡镇分馆 20 个，村（社区）服务点 165 个；完成文化馆总分馆制建设县级总馆 1 个，乡镇分馆 20 个，村（社区）服务点 165 个。有国家级非遗项目 2 项、省级 14 项、市级 39 项，国家级传承人 3 人、省级传承

人 19 人、市级传承人 85 人，省级传统文化生态保护区 3 个，省级非遗工坊 1 个、县级非遗工坊 2 个。

### （一）深挖民族文化资源，擦亮乡村振兴"底色"

澜沧县酒井乡老达保村民小组充分发挥拉祜人"会说话就会唱歌、会走路就会跳舞"以及老达保人擅长吉他弹唱的歌舞优势，先后成立了以拉祜族歌舞表演为主题特色的民族民间"雅厄"艺术团表演队、民族民间原生态组合"达保五兄弟"、民族民间原生态组合达保姐妹，并在 2013 年成立了普洱市第一家由农民自发、自创的演艺有限公司——澜沧老达保快乐拉祜演艺有限公司。通过整合拉祜族特色文化鲜明的芦笙舞、摆舞以及《快乐拉祜》《婚誓》《实在舍不得》等经典歌曲，创作了芦笙歌舞系列 83 套、摆舞系列 99 套、民间歌曲 100 余首，组织老达保快乐拉祜原生态实景演出，受到了广大游客和媒体好评。演艺公司成立至今，就地演出 930 余场次，接待游客 15.3 万余人次，演艺人员年人均分红达 1.98 万元，实现旅游综合收入 1 099.66 万元。

### （二）激活非遗文化资源，增强乡村振兴"亮色"

普洱景迈山古茶林 4A 级旅游景区，以独特的自然资源优势和显著的保护利用民间文化遗产成效，被列为首批"中国民间文化遗产旅游示范区"。景迈山较完整地保留了优秀民族传统文化，非物质文化遗产资源集中、内容丰富，截至 2023 年 7 月，景迈山有省级非遗项目 4 项（山康茶祖节、芒景布朗族生态文化保护区、景迈山传统手工制茶技艺、布朗族传统民居营造技艺），市级非遗项目 2 项（布朗族种茶传说、布朗族传统舞蹈），县级非遗项目 1 项（景迈山茶膏制作技艺）；省级传承人 1 人，市级传承人 4 人，县级传承人 7 人。

### （三）丰富文化产业资源，增添乡村振兴"成色"

2022 年，由澜沧县人民政府推荐的《传统文化赋能　让茶马古村"火"起来》获评云南省公共文化服务高质量发展乡村文化建设典型案例。大歇场村民小组以"文化赋能，振兴乡村"的方式将传统民居、传统文化、红色文化与乡村旅游、文创艺术相融合，走出了一条依托农民画、绝版木刻、传统文化、红色文化、休闲体验、特色餐饮、乡村博物馆为亮点的乡村旅游新路子。大歇场村现有民宿 12 家，农家乐 6 家，旅游高峰期，大歇场村每天接待游客达到 3 000 多人，逐步将"文化优势"转化成"产业胜势"。

# 浙江省淳安县下姜村：
# 绿色发展引领乡风文明
# 谱写"绿富美"蝶变新韵

浙江省淳安县下姜村处于浙江西南山区，路远地偏，曾是远近闻名的贫困村。多年来，当地在以绿色发展为牵引谋新求变的同时，积极构建乡风文明生态，将流传六百余年的村规民约不断赋予新时代内涵，把环保、文化传承等文明理念活化融入村民文化生活中，形成良好家风、淳朴民风、文明乡风，处处洋溢着新乡土文化的时代气息。2019 年，下姜村农村经济总收入 8 256 万元，实现农民人均可支配收入 42 240 元，远高于浙江省平均水平，还获评全国首批乡村旅游重点村，谱写出从"脏乱差"向"绿富美"蝶变的文明新韵。

## （一）村规民约与时俱进，构建乡风文明生态

家规家训、村规民约，是促进乡风文明建设、规范村民日常行为的重要抓手。早在六百余年前，下姜村就有《姜氏家规十六条》《姜氏太公家教》《杨氏家规二十条》《伊氏家规十条》等家训家规，对平时生活、乡风民俗都有明确规定，包含忠孝仁义等诸多方面。翻开《姜氏宗谱》第 2 本第 50 页，"敬祖宗、孝父母、友兄弟、教子孙、睦家族"等"48 字祖训"，成为几代下姜村人共同铭记与恪守的精神纽带。

近年来，下姜村将优良的传统美德与社会主义核心价值观相融合，将"48字祖训"等几代老家训家规剖析传承、取其精华、归纳总结出"老一辈记得住、年轻人能接受"的新版村规民约。以文明的内涵凝聚村民共识、提升自豪感，构建出乡风文明推广传承的良好生态。

"遵纪守法，发现违规违法行为应该及时制止""诚实守信，明码标价，不欺客不宰客"……下姜村将村规民约简化为10条简单易懂、容易诵读的约定，内容涵盖村风民俗、环境卫生、和谐邻里、社会治安等多方面。"文明有礼，见面主动问好""孝敬老人，赡养费不得低于全村平均水平"等多条内容，更是直接传承于"48字祖训"，又与时俱进地扩充了符合新时代的具体要求。

为了让村规民约更接地气，既能符合农村的整体文化水平而又能"入眼、入脑、入心"，当地还通过图文并茂的漫画体形式把10条村规民约画上了墙，不少返乡创业的年轻人都觉得"时尚、好看又好记"。此外，下姜村的党员和村民代表带头签订守约承诺，村里还配套制定出台了《下姜村党员守则》，明确党员干部要"带头执行《村规民约》，不违反规章制度"，引导党员干部和群众树立良好的乡风意识。

在深入推广乡风文明建设中，下姜村将宣讲活动融入村民日常生活、生产场景。譬如，该村建设了法治广场，将优秀文化精神和农村常见陋习案例在广场中予以展现；设立法治移动书屋，免费向村民随时随地提供普法知识。针对这几年越来越多的民宿、农家乐群体，当地还不定期组织经营业主围绕经营过程中常见的矛盾纠纷进行针对性强、实用性强的专题普法培训，通过提高老百姓的法治意识，全方位提升乡风文明。

## （二）脏乱差到"绿富美"，绿色环保成为乡风文明共识

由于交通不便，人均耕地少，下姜村在20世纪八九十年代还是个"穷山沟"，一句"土墙房、半年粮，有女不嫁下姜郎"的民谣，是这个村的真实写照。村民迫于生计，家家户户养猪，村里露

天厕所、猪圈遍布，污水横流，臭气熏天。烧炭也是当时村民的一大经济来源，村里的老人回忆说，那时候下姜村有40多个木炭窑，几年间山上的树就被砍得所剩无几，四周群山露出"癞痢头"一样的片片黄土。

新世纪以来，绿色发展的理念深入人心，对绿水青山的追求逐渐融入下姜村村民的生活。2003年村里沼气项目的建设和使用，成为当地生态环境改善的突破口。村民姜祖海家里有着全村第一个沼气池，猪圈与沼气池相连，厨房和卫生间配套改造，既解决了脏水去处，又提供了照明、做饭的能源，无须再砍柴烧火。村民们算了笔账，"一个沼气池每年省500多度电，相当于一年少砍林地3.5亩，少排污水140吨。"

从此，村两委对近万亩山林实施封山育林，村里建起了公共厕所，用上了自来水，建起了垃圾处理站和污水管，85%的农户装上了太阳能热水器，环境卫生得到根本好转。2011年，各家零散饲养的猪搬入了村外的"集体宿舍"进行规模化饲养。下姜村还发布新的村规民约，"公益林严禁砍伐，承包林须经村两委同意才能砍伐"，全村村民无一反对。

以绿色发展理念为引领，下姜村先后编制了《村庄整治规划》《农业产业规划》，完成了河道清淤、污水处理等项目。村里先后开办了30余家民宿，带着城里游客到五狼坞登山赏花，到竹林挖笋、采野菜，这些村民们习以为常的日常生活行为成了致富宝藏。2019年，下姜村入选首批全国乡村旅游重点村，依托生态环境资源，持续打造"深绿产业"。

将生态环保观念融入民风、乡风，绿色发展成为下姜村村民的共识。许多返乡创业的村里人提出投资项目时，村里没有提收益要求，只强调"不影响自然风貌""不污染水体"等生态底线，大多数基础设施也都做到了就地取材、因地制宜，用乡野风情展示着下姜村的生态自信。村民们说，很多公益组织来下姜村开展捡拾垃圾等环保公益活动时，常常是转了一圈"一无所获"，都赞叹下姜村比城里还干净。

## （三）传承文化底蕴，激发乡村活力

有着近千年村庄历史的下姜村，古名"雅墅峡涧"，文化底蕴厚重。当地在乡风文明建设中，注重把农耕文化优秀遗产和现代文明要素结合起来，赋予新的时代内涵，推动乡村文化底蕴的挖掘、传承。下姜村从 2012 年开始修村志，将下姜村建村以来的风云事迹、历史名人收录其中，挖掘梳理八月初三、伊家十三锣等特色民俗活动以及多年流传的传统手艺。特别是对本村的历史名人，将他们的事迹整理完善，提炼蕴含的人生道理和崇高品德在村庄文化长廊中展出，为子孙后代留下精神遗产。

近年来，山清水秀的下姜村，借力乡村旅游，积极兴办文创产业。一批下姜村的传统手艺人，在村集体的帮助下开设了篾匠铺、剪纸坊、打铁铺、石头画等传统技艺文化作坊。这些结合"老手艺"和"新文化"的文创产品，既"活化"了本村村民的乡土记忆，也让广大游客生动感受到下姜村的文化魅力。

为了让文化传承与乡村生活相融合，下姜村通过奖励机制激励美德传承。当地设立了"红黑榜"，按季度开展评比，内容包括美丽庭院、好人好事、家风建设、学子求学等乡风文明的各个方面。让评委们"头疼"的是，每年下姜村春节联欢晚会上选出的年度"好婆婆""好媳妇""十佳孝子"等称号，因为每户家庭都有好人好事，感人事迹层出不穷、难以取舍。坚持对良好品德给予奖励，激励了传统美德在下姜村深入人心、代代相传。

环境美了、乡风更文明了，村民们的文化需求也日益蓬勃。为保障村民日常文娱活动场所，下姜村狠抓公共文化基建。截至2020 年 8 月，共建有文娱广场两处、文化礼堂一座、农民下姜书房两座、露天舞台一座。其中，下姜书房建筑面积近 100 平方米，内藏 7 000 余册图书，并且每隔一个季度就和周边村庄书房进行书籍联动交换，让村民们的知识、眼界和前沿文化"同频共振"。

围绕村里留守妇女多的特点，下姜村 2012 年就成立了舞蹈队，对文艺感兴趣的村民队伍越来越庞大，村里排演的大型水上舞台剧，让全村有点舞蹈功底的村民几乎"全员上台"。村里还特聘一名文化员，负责舞台和文娱广场的日常运行，给村里的广场舞队提供"保姆式"后勤保障。

据介绍，下姜村每年保证大型传统文化活动不少于五场。大年三十，下姜村在村庄大舞台举办的春节联欢晚会是真正的农民晚会，从主持到节目统统由村民自发报名组织，实现"百姓相融，乐在一起"。每到九九重阳老人节，下姜村会将村里的老寿星聚在一起庆祝节日，许多村民会在家里烧制菜肴，向老寿星们献上孝心。此外，下姜文化旅游节、下姜村八月初三丰收节等节庆活动也都成为远近闻名的文化"金名片"。

# 江苏省阜宁县：
# 激活红色资源 "红农旅教"融合发展

盐城市阜宁县是盐阜革命老区，红色资源丰富，红色文化影响力强。近年来，阜宁县充分发挥红色资源在巩固脱贫成果、促进产业发展、助力乡村振兴、实现共同富裕等方面的重要作用，努力促进"红农旅教"融合发展，红色资源正不断转化为推进乡村振兴战略的精神源泉和发展动能。

## （一）整合红色资源，彰显地方特色

抗日战争时期，中共中央华中局和新四军军部驻扎阜宁长达17个月，使其成为华中地区抗日指挥中心。全县现有红色遗存79处，以烈士命名行政村15个，刘少奇、陈毅等老一辈无产阶级革命家在陈集镇停翅港村留下许多光辉足迹。

如何让深厚红色基因发挥最大价值？阜宁县委、县政府在保护、升级、提质基础上，将红色资源与红色旅游、红色教育及乡村观光体验深度融合，打造党性教育基地，大力发展红色研培、红色文创和红色乡村建设，走出一条以红色文旅促进乡村振兴的新路径。

从20世纪80年代开始，阜宁县不断加大红色资源保护力度，大力支持革命旧址和红色纪念设施的保护和利用，专门成立红色遗存保护利用中心，对全县现有红色遗存按照"一题四点"进行统筹规划和整合提升，突出"铁军在阜宁"这一主题，对陈集停翅港新四军军部旧址、羊寨单家港华中局第一次扩大会议旧址、芦蒲新四军盐阜区抗日阵亡将士纪念塔、益林新四军三师师部纪念馆等有重大影响且有一定基础的红色景点进行展陈提升；围绕"党的建设、党的领导"这一核心主题，将华中党校、抗大五分校、苏北文工团等重大事件进行集中展陈；将盐阜区第一次反"扫荡"斗争、单家港阻击战、陈集歼灭战等重大军事斗争场景再现；搜集编写《卫国干城》《新四军军部在阜宁》等资料文献，出版《红色阜宁》《新四军在阜宁》等新时代文明实践读本，全县有 17 处革命遗址入选江苏省第一批革命文物名录。

## （二）融入产业发展，助力富民强村

阜宁县在产业融合发展方面进行有益探索，通过构建产业、休闲、研学、民宿、观光体验为一体的发展体系，壮大村级集体经济，带动村民致富，开启"红色＋"新跨界融合模式。村级合作社实行"土地流转、经营实体、项目分红"，集体经济不断壮大，收入从过去几万元增加到 50 多万元，村民人均可支配收入突破 2.3 万元。

为推进"红农旅教"融合发展，避免同质化和产业单一化，阜宁县创新推广"红色教育在馆内、军事训练在营地、劳动实践在田间、吃饭住宿在农家"的红色研学模式，各个景点赋予不同红色内容。

打造精品红旅线路，以全市 2 号旅游公路为主脉，将红色遗存与七彩农业公园、北郊生态园、金沙湖、马家荡、喻口古镇、6.23 特大龙卷风纪念馆等自然人文景区串点成线，重点打造阜宁红旅"一日游、两日游"精品路线。

建设红色学教融合平台，突出红色教育主线，以党史学习教育为抓手，在四个主要景点开辟寓教于游红色教育课堂，围绕不同主题展示讲解，进行红色历史教育，传承红色基因。与省、市委党校和各类干部学院对接，建设教育教学基地，扩大阜宁红色资源影响力。

做特色红旅体验基地，将特色家庭农场等各类新型农业经营主体嵌入红色旅教线路，同红色资源的开发利用有机结合。通过革命情景再现和农事实践体验，寓教于游、寓乐于游，吸引青少年在农事体验中接受红色文化熏陶。推进红色农产品和文创产品开发，推出"阜宁红色六景"月饼、新四军题材"红色面塑"，让农产品搭上红色 IP，既促进了红色文化的传播，又带动了农民增收。

加快红旅新业态发展，通过帮扶引导，充分调动企业、合作社、家庭农场和农户积极性，推动红色旅游产业向农家乐、农副产品和红色文创销售、民俗风情体验等旅游消费新业态延伸，全县培育"红农旅教"融合新业态项目 162 个，年均接待 22 万多人次。

## （三）做厚红色底蕴，带动绿色生态

积极探索"以红促绿，红绿并进"村庄健康发展模式。突出新四军第三师师部旧址、苏北文工团旧址、马荡剿匪战斗等红色资源节点，围绕绿化景观、湿地保护、生物多样性和鸟类栖息地等推进湿地修复；实施串场河沿线村庄环境整治提升工程，挖掘"古码头"、烈士村等遗址，承载文化记忆、彰显"红色＋生态"特色滨水空间。

经过多年人居环境整治提升，一个个具有红色革命历史基因的生态村庄既体现凝重红色文化底蕴，又展示出乡村振兴现代气息，进一步激发村民环保和生态意识。以红色涵养村庄发展，推进乡村自然风光改造、自然资源利用，将生态文明建设贯穿于红色资源开发始终，在发挥红色基因社会效益的同时兼顾经济和生态效益；既孕育出马家荡大青蟹，又生长出桃花源红苹果。用《乡愁·阜宁》《竹海晓光》《钻天古榆》中的老井老桥老物件、老村老树老建筑，依稀可见的明清古建筑，青砖黛瓦中沉淀革命岁月，讲述阜宁老故事。

## （四）拓展红色传承，丰富乡村文化

新四军文化村、湖海艺文社、苏北文工团、新安旅行团等丰厚的红色文化滋润着阜宁大地。阜宁县在推进乡村振兴战略过程中，高度重视传承和发展红色文化资源。创新红色文化传播手段和平台，推出集时代性、体验式、沉浸式、互动式于一体的文化产品，增强传统红色文化的艺术表现形式和价值植入方式。

2022 年暑期，清华大学乡村振兴工作站在阜宁实践期间，以阜宁人民抗击"6.23"特大龙卷风自然灾害的过程为实景，创作出极具阜宁精神的红色剧本杀《风暴之上·破晓》，通过剧本杀这个当代青少年群体喜闻乐见的形式来搭建"沉浸式"学习教育平台，实现当代青年与红色先辈、典型模范人物跨时空对话。

"学党史、跟党走，让朋友圈红起来"系列活动，精心打造《早安阜宁》《夜读阜宁》两个栏目，成为党史学习教育红色宣传阵地。纪录片《阜宁战役》在中央电视台四套《国家记忆》栏目播放；新春文化惠民演出活动被央视《晚间新闻》栏目专题报道。新四军题材"面塑"非遗传习展活动被央视《新闻联播》和《新闻直播间》连续报道，红色文化的挖掘和拓展，进一步丰富了乡村文化内涵，有力促进了乡村文化健康发展。

## （五）弘扬红色精神，坚守初心使命

多年来，阜宁县一直把全县红色印记作为最宝贵的精神财富，用红色文化强化堡垒阵地，依托本地红色资源，抓实抓细党史学习教育，进一步坚定党员干部积极投身乡村振兴的思想自觉、政治自觉和行动自觉。通过红色文化潜移默化、润物无声的影响，壮大乡村治理红色力量。

阜宁县将红色文化融入基层党建，开办村（社区）干部红色大学堂。引导基层党员干部切身感受先烈们不畏艰险、艰苦奋斗、敢为人先、忠诚担当的精神力量，增强"四个意识"、坚定"四个自信"、做到"两个维护"。

走进阜宁县 79 处红色遗存和 15 个以烈士命名的村、路、桥、学校，人们追忆红色历史，传承初心使命，深入挖掘红色文化与村规民约、家风家训在价值理念、价值导向、价值目标的内在耦合关系，增强对红色文化的认知、认可、认同，并自觉将红色文化融入乡村振兴的实践中。

## 福建省宁德市：
## 涵养文明乡风　赋能乡村振兴

乡村之美，美在文明。

行走在闽东乡村山海间，纵横阡陌处，绿野田畴中，文明新风扑面而来，一幅业兴、景美、人和的乡村画卷正在展开。

### （一）田间地头：理论宣讲润人心

近日，在福建省宁德市蕉城区八都镇猴盾村千亩茶园内，身着畲族服饰的蕉城区"畲歌畲语"理论宣讲小分队以极具畲族风情特色的歌曲，向当地群众传递党的政策、新闻消息、价值观念和致富信息等，歌声婉转动听，吸引不少群众驻足围观。

"畲歌畲语"理论宣讲小分队成员说，为了把党的声音唱进千家万户，她们通过改编畲族歌谣，为畲族群众搭建起学习党的路线、方针、政策的新途径，让理论宣讲更有新意，更受欢迎。

这只是宁德市推进新时代文明实践中心建设，创新党的政策理论宣讲的一个缩影。现如今，像"畲歌畲语"这样活跃在田间地头的宣讲小分队遍及闽东大地——

在周宁县，评书艺人王增禄利用"方言评书"向群众传递党的方针政策。每当他的铜铙钹响起，居民们就搬来小板凳，"学习讲坛"便开讲了。

在霞浦县，"霞小宣"理论宣讲队伍则结合该县山海地域特点，进果园茶园、进畲村老区、上渔排渔船、进景区厂区，掀起一轮轮党的理论学习热潮……

乡村振兴，思政筑基。近年来，宁德市以新时代文明实践中心（所、站）为载体，深入开展学习贯彻习近平新时代中国特色社会主义思想主题教育，深入学习贯彻党的二十大精神，宣传党的路线方针和强农惠农富农政策，全力做好农村精神文明建设工作，引领乡村振兴。

宁德市已建成9个县级实践中心和1个经济技术开发区实践中心，127个乡镇（街道）实践所和2 349个村（社区）实践站，组建新时代文明实践志愿服务队伍6 696支，构筑起覆盖全市的新时代文明实践阵地网络。与此同时，各县（市、区）在建设新时代文明实践站过程中，将阵地建设与政策宣传有机结合，用小故事折射大时代、用家常话解读大道理，累计开展宣传宣讲上千场次，受众达几十万人。

针对基层各类优质资源不足，宁德市还创新建立宁德市新时代文明实践"周周学月月讲"共享课堂，围绕群众关心关注的热点问题，由各地新时代文明实践中心聘请专家组织每周本地"自学"，每月各县轮流"开讲"，通过网络视频形式为群众"答疑释惑"，不断满足基层群众精神文化生活新需求。

现如今，越来越多的新时代文明实践站正成为村民丰富精神文化生活的"大舞台"，政策福利上情下达的"主阵地"。

## （二）移风易俗：乡风民风美起来

风成于上，俗化于下。乡村振兴，乡风文明是保障；文明乡风，移风易俗是关键。

"福鼎福鼎，人情重如鼎""一场人情半月薪，一桌酒宴三分弃"……这些广为流传的民间俗语，生动地描述了福鼎市婚丧嫁娶给当地群众带来的沉重负担。

2023年"520"当天，在福鼎市潮音公园，13对来自全国各地的新人在众人的见证下，参加了简单而不失庄重的集体婚礼。区别于其他婚礼上的隆重仪式，此次集体婚礼更加注重对文明婚嫁新风的倡导。

移风易俗既要治标，更要治本，必须建章立制、立规明矩。宁德市通过出台《关于进一步推进移风易俗建设文明乡风工作实施方案》，推动倡导婚事新办、规范婚丧宴席、加强舆论引导等十项重点工作任务。同时，制定《关于规范宁德市直单位党员和公职人员操办婚丧喜庆事宜的规定（试行）》，对党员干部移风易俗、文明节俭办理婚丧事宜提出规范性要求，实行事先报备制度。

随着宁德市移风易俗工作的不断深入推进，集体婚礼、厚养薄葬成为乡村新气象，转观念、破旧俗，新民俗、新风气蔚然成风。经过文明滋养，新风正气正在广袤的闽东乡村落地生根。

在宁德，除了看得见的移风易俗成效显著，看不见的乡风文明也正润入心田。

近年来，宁德市积极指导各村（社区）制定修订村规民约（居民公约），通过群众自己提、干部帮助选、干群一起议的方式，制定村规民约，提升村民素质，带动乡风文明，引领社会风尚，让村民从乡村治理的"旁观者"变为"当事人"。

宁德市还积极在农村广泛开展"四德"教育，开展"最美家庭"等身边先进典型评选活动，以台胞乡亲联谊、国学讲堂、曲艺晚会、志愿服务等多种形式，破除陋习、倡树新风。

如今的闽东大地，弘扬好家风、传承好家训、传播好家教，推动社会主义核心价值观家喻户晓、深入人心，形成了以德治家、文明立家、忠厚传家的良好社会新风尚。

## （三）以文化人：提振乡村"精气神"

文化振兴是乡村振兴的铸魂工程。文化滋养，乡村振兴方能赋能续航。

在霞浦县松港街道长沙村，村民正手捧书籍在长沙书苑全神贯注地阅读。长沙书苑内设图书室、科普室、党群驿站和党员加油站，成为村民学习交流的好去处。

长沙村通过邀请高校美术老师轮驻长沙村开展油画公益教学，举办农民油画作品展示会、艺术沙龙和笔会交流活动，逐渐打响农民油画品牌，吸引了社会各界爱心人士认购油画。一幅幅民俗风情浓郁的农民画成了当地农民画家增收致富的又一渠道，成为"放下锄头、拿起笔头、画出彩头、挣得票头"的生动实践。

文明乡风，是乡村振兴的活力源泉。2019 年以来，宁德市立足各地农村的自然资源和文化资源，先后出台了《关于加快乡村文化振兴的实施方案》《关于落实乡村文化振兴"十百千万"目标的实施方案（试行）》，培育形成了一批特色鲜明、环境优美、乡风文明、文旅融合、群众文化队伍活跃且对周边区域乡村文化振兴具有示范带动效应的示范村。

宁德市共培育了 120 个乡村文化示范村、1 237 支乡村文化队伍、10 399 名乡村文化骨干，举办了千余场群众性文化活动，人民群众幸福感、获得感明显提升。

# 第四章 生态振兴

优美的自然环境本身就是乡村振兴的优质资源，要找到实现生态价值转换的有效途径，让群众得到实实在在的好处。乡村要振兴，关键是把基层党组织建好、建强。基层党组织要成为群众致富的领路人，确保党的惠民政策落地见效，真正成为战斗堡垒。

——习近平2023年10月10—13日在江西考察时的讲话

统筹推动乡村生态振兴、农村人居环境整治，有力防治农业面源污染，建设美丽乡村。

——习近平2023年7月17—18日在全国生态环境保护大会上的讲话

我们全面建成小康社会以后，还要继续奔向全体人民共同富裕，建设社会主义现代化国家。乡村振兴要在产业生态化和生态产业化上下功夫，继续做强做大有机农产品生产、乡村旅游、休闲农业等产业，搞好非物质文化遗产传承，推动巩固拓展脱贫攻坚成果同乡村全面振兴有效衔接。

——习近平2022年4月10—13日在海南考察时的讲话

## 🔍 知识点

### 1. 生态振兴

生态振兴是乡村振兴的重要支撑。乡村振兴，生态宜居是关键。良好生态环境是农村最大优势和宝贵财富。要坚持人与自然和谐共生，走乡村绿色发展之路。要牢固树立和践行"绿水青山就是金山银山"的理念，落实节约优先、保护优先、自然恢复为主的方针，统筹山水林田湖草系统治理，严守生态保护红线，以绿色发展引领乡村振兴。生态宜居是实施乡村振兴战略的重大任务。

综合看来，生态振兴有以下治理要求：完善乡村污染治理体系及各产业生态监管体系，提升乡村污染治理水平，改善乡村人居环境，为绿色、可持续发展打下生态基础。

### 2. 生态振兴的意义

生态振兴不仅是农村生态保护的现实需要，也是实现乡村全面振兴的现实需要。乡村生态振兴落脚于自然生态系统、人与自然关系的和谐统一。生态振兴与产业振兴有着密切关联，在产业发展的过程中应保证不对生态造成损害，并引导建设环境友好型产业。同时，合理开发运用生态环境，能为旅游业、生态农业和康养产业带来新的发展机遇。

### 3. 生态振兴应该怎么做？

要践行生态理念。一要传承生态文化。弘扬传统农业中精耕细作、用养结合、循环利用的生态理念，将乡村生态保护纳入村规民约加以固化，发挥非正式制度对生态环境破坏行为的约束。二要加强生态宣教。做好农村基层环保法律法规和生态知识宣传教育工作，让广大农民群众认识农村生态，了解保护生态的紧迫性和重要性，增强生态保护意识，特别是引导新型农业经营主体树立生态保护理念，发挥示范引领作用。

要重视生态规划。健全村庄规划，提高法定效力，落实乡村规划师制度。在乡村规划中体现生态导向，系统梳理乡村生态资源，分析资源的生态敏感性，划定乡村的生态保护红线，构建村域整体生态格局。乡村规划要避免城市思维，保留乡村风貌，村落选址、建设过程中强调自然生态原则，注重乡土元素植入。坚持原真性保护、整体性保护和发展中保护的原则，保护好农耕文化遗产。坚持少拆多改、慎砍树、禁挖山、不填湖，尊重乡村肌理，形成山水林田湖和谐统一。

要完善生态制度。一要完善生态法规。研究推进耕地质量保护、农村人居环境整治、生态环境监测等立法工作，各地结合实际，研究制定关于土壤污染防治、废弃农膜回收利用、农村生活垃圾分类处理、农村污水处理设施管理等地方性法规。二要健全市场机制。以流域上下游生态补偿、碳交易、清洁生产机制、污染者付费等形式，探索乡村生态系统服务付费制度。培育农村生态环境治理的市场主体，放开市场准入，以整县或区域为单位，推广PPP模式，开展农村污水垃圾收集处置，强化以效付费。探索水基金、土基金等模式，通过土地托管，引入信托基金，实现生态保护、污染控制和农民增收的多重目标。

要强化生态建设。一要加强生态投入。整合相关资金与项目，建立以国家财政为主体的农业生态补偿基金，向重要农业生态功能区、脆弱区和农业面源与农田重金属污染区倾斜，支持地方政府依法依规发行地方债券筹集资金，用于农村人居环境整治和基础设施建设，提高居民生活的便利化水平。二要开展生态创建。加强生态保护和修复，对那些污染严重、生态脆弱、资源环境压力大的耕地、草原、水面等，该改种的改种，该治理的治理，该退耕的退耕。加强国家现代农业示范区、国家农业可持续发展试验示范区、粮食生产功能区和重要农产品生产保护区对绿色发展的引领作用。

要发展生态科技。一是要提升传统生态农业技术。系统总结和深入挖掘那些资源节约型、生态保育型和环境友好型的传统技术，与现代农艺相结合，融入机械化、自动化、信息化、智能化手段，提高人们使用技术的轻简性。运用生态工程和生态技术，大力发展现代生态农业，形成不同主体、不同范围的种养结合、循环农业体系。二是要加强短缺技术研发。在农业面源污染治理、农村污水垃圾处理等领域加强先进适用技术研发，搭建技术信息平台，促进产学研合作。三是加快制定技术标准和规范。构建适合不同区域的生态农业技术标准体系，健全土壤污染防治相关标准和技术规范，加快修订畜禽养殖业污染物排放标准等。

要育强生态产业。一要加强生态农产品开发。以农业供给侧结构性改革为主线，促进农业发展由主要满足量的需求向更加注重满足质的需求转变，产品结构调整突出一个"优"字，放眼整个产业供给链推进标准化生产、模式化管理与品牌化营销，在特色农产品、优质安全农产品、功能性食品上发力。二要促进产业融合。加强生态价值转化，依托乡村田园风光、良好生态、优美环境发展美丽经济。当前，休闲农业和乡村旅游呈现新旧转换、提档升级的趋势，也是工商资本下乡的主攻领域，要健全利益联结机制，让资本带动老乡，不能"代替老乡"，更不能"剥夺老乡"，通过土地、农房、农村基础设施入股等形式，引导农民深度参与。

# 湖南省常宁市塔山瑶族乡：
## "茶香四溢"飘向振兴路

湖南省常宁市塔山瑶族乡是当地唯一一个少数民族乡，下辖11个村 2 793 户 11 876 人，瑶族人口占 53.57%。属"少、弱、边、散、穷"地区，处高寒山区，平均海拔 823 米，2014 年贫困发生率为 27.25%，直到常宁市塔山瑶族乡实施乡村振兴战略，塔山人民才开始甩掉穷帽子。

### （一）聚焦特色

"不能靠山吃山消耗宝贵的生态资源，也不能守山望山无所作为，要把绿水青山变成金山银山！"在常宁市领导号召下，当地政府将目光聚焦到塔山特色。塔山瑶族乡山峰绵延起伏，云雾涌动犹如仙气弥漫，时而波涛汹涌、时而虚无缥缈，丘陵上如波如浪的茶园便在云雾翻涌中"犹抱琵琶半遮面"，映入眼帘的是成片的新芽翠枝，扑鼻而来的是茶树和泥土散发的清香气息。除此之外，常宁还有自西汉传承至今的种茶制茶工艺，工艺中蕴含着深厚的瑶族文化，使得制作出来的茶飘香万里、别具一格。塔山茶制作工艺被确定为常宁市第十批非物质文化遗产代表性项目，作为传统技艺发扬光大。塔山瑶族乡依托特色传统茶产业基础，开辟出茶园旅游新业态，走出一条以茶兴旅、以旅促茶的茶旅融合新路子。

俯瞰常宁塔山

## （二）政策扶持

明确了发展方向，2014 年塔山瑶族乡出台《关于保护生态环境建设美丽瑶乡的决议》，对生态资源实施最严格的保护。为扭转山区群众偷砍乱挖等破坏生态的行为，争取生态补偿、林业补助、环境综合整治和"两型"资金，健全公益补偿标准动态调整机制，以造林奖补取代砍树收益，实现了从"砍山"到"造林"、从"开发利用"到"全面保护"的转变。当地坚持以生态引领发展，加强绿化改造，实现全乡森林覆盖率 90％以上，以常宁市塔山瑶族乡为核心的天堂山国家森林公园也获评"中国森林氧吧"、湖南省森林康养示范基地，塔山从过去"荒山秃岭"变为"生态天堂"。除了完成生态改善，塔山瑶族乡还完善了基础建设，争取项目资金及投资 3 000 余万元，完成公路拓宽提质改造、建设村级综合服务平台、修建全民健身工程、按照湘南特色改造村容村貌；强化支部建设，"软硬兼施"，将 40 名能力强、为民办实事的带头人选进村"两委"，灵活调整班子结构；出台"土办法"，引进懂电脑的年轻力量，建成 12 个乡村"一门式"综合服务平台，高标准配齐办公设备、标识牌，丰富快递、取款、图书等便民设施。

生态环境及人居环境的改善托起了富民产业的发展。塔山瑶族乡坚持以有机茶产业助推生态扶贫，以"优化布局、相对集中"为原则建设茶园基地，实行规模化、标准化生产；推行"茶叶企业＋合作社＋茶农"等模式，建立利益联结体，带动全乡从事茶叶产业，共享生态红利；坚持把茶叶作为名片，合力打造"塔山山岚茶"公共品牌，带动茶品牌建设。

## （三）业态延伸

突破茶业单一模式，延伸业态，以"生态＋旅游＋民俗"模式为引领，出台并落实瑶乡旅游专项规划，完善升级"天堂山、西江漂流、茶盐古道、公主庙、猴子滩瀑布、瑶俗风情、茶园观光"等旅游资源，扶持贫困群众创办的相关产业，促进农户就业；在生态旅游中传承和发扬瑶俗传统，修葺瑶家风俗的民宿建筑，在学校开设一堂"瑶族课"，弘扬瑶族日常用语、民族歌舞、绘画等传统技艺，丰富了生态旅游的内涵。在旅游开发中严守生态红线，建立奖罚机制，落实对旅游发展与生态保护的"共进退"。经过业态延伸，据统计，全乡已有商店、民宿、土菜馆等 48 家，年接待游客达 20 余万人次，旅游收入 1 500 多万元。

在当地政府、企业以及贫困群众的共同努力下，2017 年全乡 9

个贫困村有 8 个甩掉穷帽子，贫困发生率下降至 1.65％。常宁市塔山瑶族乡相继获评"全国环境优美乡镇""全国一村一品示范村镇""衡阳市优秀乡镇"，全省生态经济"双十"示范案例，"全国先进集体""全国农业产业强镇建设示范乡""全国一二三产业融合强镇""湖南省茶叶千亿产业十佳示范乡镇"。实现了 100％的村有集体收入，其中村集体年收入在 20 万元以上的村占 1/3，2020 年贫困家庭人均纯收入达 12 749 元，较 2014 年建档立卡时增长 460％。

# 四川省仪陇县华江村：
# "桑蚕十农旅"促产业融合

四川省仪陇县土门镇华江村，地处川东北丘陵地带，养蚕文化历史悠久，是四川省桑蚕产业大县，也是蜀锦的主要产地。但多年囿于传统小农经济模式，种植规模小而分散，农产品质量差且标准不一，发展面临诸多困境。2019 年以来，商务部先后向华江村派驻 3 名驻村工作队员支持当地巩固拓展脱贫攻坚成果、全面推进乡村振兴。

## （一）高质量、规模化、产业化蚕桑种养

村工作队针对规模小、配套弱等制约华江村蚕桑产业发展的主要因素，一是扩大种植规模，依托定点帮扶项目，争取帮扶资金 495 万元，在现有产业园周边积极流转闲散土地用以统一种植优质桑树、修建智能型小蚕共育室和标准蚕棚，桑蚕产业园区初见规模。二是完善配套设施。设立电商站点，打通城乡双向流通的"最后一公里"，标准化建设蚕桑产业园，采用以工代赈等形式修建田间道路、水利设施等涉农项目。蚕桑产业园的建成，改变了华江村传统小农经济模式，使其向规模化、连片化、标准化农业转变。

## （二）发挥龙头企业带动作用

驻村工作队引进龙头企业解决蚕桑种养农户普遍缺乏先进技术

与经营理念的问题。一是引入现代化管理方式，按约按时支付土地流转费用，统一采购高品质桑苗，聘请专业技术人员、引进新设备、新技术，全方位跟踪桑园养护、病虫害防治，带动更多村民投入产业发展。二是建立联结帮扶机制，企业定期开展贫困劳动力技能培训，优先满足贫困劳动力就业，确保贫困户有获得收入的能力；驻村工作队推动企业与农户签订蚕茧保护价收购协议，约定市场行情上涨时按市场价收购，市场行情不景气时按 5 年平均茧价的 80％保底收购，切实降低农户风险。

### （三）推动产业立体化、生态化

一是创新"套种"提质增效。过去华江村蚕农仅仅着眼于种桑养蚕一项产出，如今驻村干部开拓思维促进蚕桑产业多维立体健康发展，带领蚕农在桑树生长期套种春大豆，在土地冬闲时套种榨菜，切实拓展了农户增收渠道。二是生态循环变废为宝。华江村及周边产业园区每年产生 4 万吨桑枝，农户往往烧柴或切片出售，收益难抵人力成本。近年来，商务部帮助华江村引进联合国开发计划署可持续发展项目发展食用菌产业，聘请专家优化技术，购置桑枝粉碎机、菌包装袋机等关键设备，利用电商线上线下销售，形成栽桑、养蚕、桑枝食用菌培育、废弃菌包还田的"桑—蚕—菌—肥"循环生态产业。

### （四）延伸产业链条优化产业结构

随着千亩桑园盛名打响，华江村返乡村民和游客也越来越多。为进一步发挥蚕桑产业的带动效应，延伸桑蚕产业链、优化产业结构，商务部划拨 205 万元支持驻村工作队利用当地绿水青山的生态垂钓优势，打造垂钓休闲农庄，开发桑叶茶、桑枝菌、全桑宴等特色主题餐饮，实现"以桑兴旅，以旅促桑"。

3 年来，通过巩固提升特色产业、走标准化规模化发展的路子，华江村及周边村落建起 1 018 亩有机桑园，村民户均增收万元以上，带动周边 1 100 亩低效蚕桑产业提档升级，成功创建了四川省四星级现代农业产业园。

松阳县三都乡（兰润泽　摄）

## 浙江省松阳县：
## 保护"活化石"　激发新活力

古村落是千百年来中国乡村农耕文明的"活化石"，原生态的中国乡村，更是具有国际魅力的中国文化载体。浙江省丽水市松阳县留存着百余座较为完整的传统村落，其中75座是国家级传统村落，总数居华东第一、全国第五，被誉为"最后的江南秘境"。2016年，松阳县率先在全国开展传统村落保护和"拯救老屋行动"，修缮后的老屋引进文化创意产业，激活了传统乡村一池春水，在带动乡村振兴上发挥了更大作用。

### （一）调动农户积极性

修缮老屋跟其他文物不一样，需要以农户意愿为前提，让农户得到实实在在的好处。中国文物保护基金会原理事长励小捷带来了拯救老屋行动项目，首先要充分调动农户积极性，而农户对修缮老屋顾虑最多的就是资金从哪里来。为此，拯救行动提出由基金会资

松阳县四都乡（朱新权　摄）

助修缮总额的 50％左右，对低保户、五保户可将资助比例提高至70％，共计 4 000 万元，其余由户主自筹。在实际执行中，松阳县政府还通过相关项目进一步解决资金问题。在自筹部分中，除了直接出资，户主还能通过投工投劳、废弃原料置换、亲友拆借等途径变相抵扣修缮款，户主最终只要拿出总额四分之一左右的资金就能完成修缮。

## （二）专家协助指导

在实施"拯救老屋行动"项目之初，松阳作为全国唯一的试点县，没有任何现成经验可供借鉴。浙江省文物局给有着古建筑保护设计行业"地方国家队"美誉的浙江省古建筑设计研究院下达了"拯救老屋行动"任务书，专家们立即承担起"拯救老屋行动"探路者、智囊团的角色，配合松阳县"老屋办"，通过集中培训和现场指导相结合的方式，传授给当地工匠修缮老屋的专业知识和技术，在村里打造出一支穿梭在古建筑间的工匠队伍，使"能修不换"成为当地工匠的共识，最大程度保持文物原状。自明清以来，松阳县一直是出建筑工匠的地方，近年，当地的派系和技艺面临失传，因"拯救老屋行动"的契机，老匠人纷纷回乡参与拯救老屋，在修缮老屋的同时，还打造出"松阳匠人"传统工匠队，建立了"工匠资源库"，为传统工匠发挥专长、就业致富找到了一条量身定制的新路。松阳拯救老屋行动入选 2017 年全国人才工作创新案例。

### （三）以商引商

随着老屋相继修缮完成，一座座闲置老屋得到了盘活，村民们将老屋打造成民宿，老屋有了价值，当地又借助民宿平台，深入开展"以商引商"，进驻签约了多位来自北京、上海、金华的客商，准备将老屋改造成艺术画廊、乡村民宿、乡村茶吧、农家书屋等，使"老屋＋民宿""老屋＋工坊""老屋＋工作室"等多种业态在老屋生根发芽，在松阳乡村遍地开花。当地政府修缮老屋建设文化礼堂、农家书屋、共富工坊、乡村艺术馆等公共文化设施，实现农村文化礼堂重点村全覆盖，建成全县域"15 分钟品质文化生活圈"，强化文化引领乡村振兴。

松阳县保护利用 100 余个古村，成为全国传统村落保护发展示范县、保护利用试验区和"拯救老屋行动"整县推进试点县。还以"活化利用"为重点，连续两届成功举办城乡联系国际论坛，累计签约艺术家 94 名，落地艺术家工作室 69 个，激活文化发展能级，增强了社会各界特别是山区群众对乡村的价值认同。

## 山东省沂水县尹家峪村：
## 打造田园综合体"新样板"

尹家峪位于山东临沂市沂水县泉庄镇尹家峪村，素有"林果之乡""蜜桃之乡""长寿之乡"的美誉。尹家峪田园综合体是首批山东省级田园综合体建设试点项目，规划面积 38 平方千米，投资 20 亿元，年可接待游客 200 万人次。项目主要依托本地山水林田的优势，积极践行乡村振兴战略，将尹家峪田园综合体打造成长三角地区的农产品供应基地、休闲旅游"后花园"和产业转移"大后方"。

2020 年尹家峪田园综合体通过扶贫基金交付 2 568 万元，19 万户 32 万人实现脱贫致富。

尹家峪·田园综合体

尹家峪空间规划为"一心一廊三带九区"，一心即入口服务中心，三带为入口服务带、花田风光产业带、崮上连廊旅游带，九区为桃花潭水入口服务区、桃花溪谷核心区、科技农业种植区、林果农业种植区、崮上桃园种植区、创意农业种植区、七彩崮园观光区、东汉崮景区、天上王城景区。核心场馆五朵桃花造型综合体已落地，分别为快乐芒果、航空航天、鱼菜共生、台湾风情、橘子美学等高品质体验馆，并打造云水间精品民宿和云悦服务中心。尹家峪田园综合体依托沂蒙山水践行未来田园的样板，是齐鲁大地最具影响力的农旅融合、景田一体、产村联动的田园综合体。

## （一）做市场，提炼品牌升级新方法

尹家峪田园综合体重视市场开发，坚持用市场化思维运营整个项目，做好线上平台推广、线下实地推广、微信群推广、电视广播推广、产品包装推广，先后推出微信公众号、头条号、抖音、快手等自媒体平台，制作《梦回崮乡》微电影、《感恩尹家峪》《亲亲你的酒窝》歌曲及 MV、《走进尹家峪》和《临沂·尹家峪田园综合体》宣传片。

### （二）"七化一体"，探索乡村振兴发展新道路

尹家峪田园综合体重视农民增收，农村发展，坚持社企一体、村社共兴，用有机标准生产高端农产品、用可追溯手段保障农产品质量、用管理企业理念发展现代农业、用互联网思维营销市场，走出一条土地股权化、生产有机化、质量可追溯化、经营电商化、管理企业化、扶贫精准化和农旅一体化"七化一体"的乡村振兴新路径。

### （三）"企业＋合作社＋金融机构"，实践多层分配收益模式

整合 20 个村庄，2.3 万人，桃园约 4 万亩，涉及贫困人口 1 000 余人，实施社会化平台管理，开展社会化服务，实现资本化运作。改良提升现有桃子品种，做到一年四季有桃，将整合的桃园以企业、合作社、金融机构三方合作的模式进行统一管理、培训，对鲜桃通过鲜果市场、深加工企业、网络电商等渠道保底销售，保障农民各项收入每年递增，在此基础上做大做强桃产业，助力桃产业链稳步发展。

尹家峪田园综合体项目已成功入选国家 AAAA 级旅游景区、山东省休闲农业和乡村旅游示范点，获得了中国航天科普教育基地、山东省中小学生研学基地、临沂大学教学实习基地等称号，在第三届中国农业（博鳌）论坛荣获最佳乡村振兴示范奖，成功在上海中心举办"未来引力"尹家峪田园综合体品牌发布会，获得社会广泛关注和高度赞誉。

目前，当地村民乔迁新居 600 余户，尹家峪田园综合体为当地村民提供就业岗位 200 余个，10 余名青年回乡创业，流转土地近千亩，年人均增收过万元。通过开展就业村民实操培训，使他们在工作和生活上得到很大改善，精神面貌也焕然一新，主人翁意识显著提升，现代生活观念深入人心，真正实现了物质脱贫与精神脱贫

双丰收。尹家峪田园综合体在发展产业的同时，也极大地带动了当地餐饮、旅游业发展。通过扶贫基金累计缴付扶贫款 6 146 万元，惠及临沂 13 个县区约 32 万人。

## 辽宁省阜新市黄家沟村：
## 生态旅游打造乡村振兴"黄家沟样本"

"春赏花、夏戏水、秋采摘、冬滑雪"，阜新市细河区四河镇黄家沟村自 2001 年起，依托自身资源优势完成产业转型"三级跳"，从"农业兴村"到"工业强村"再到"旅游富村"，乡村治理成效显著，村容风貌改善明显。

细河区四合镇黄家沟村位于阜新市区西北部，人均耕地面积不足 2 亩。起初，黄家沟自然资源并未得到有效开发，村民多以农产品种植及外出务工为主，村内缺乏产业支撑，各项基础设施较为落后，急需寻找出路走向乡村振兴。

2001 年起，黄家沟村开始利用自然资源优势大力发展乡村旅游，但由于缺乏统一规划，布局建设不合理、功能划分不明确、用地规划凌乱等导致的土地浪费情况频发，亟须统一规划管理。

黄家沟村在维护生态安全的基础上，将山水资源纳入整体环境规划，设计了一系列滨水公园、景观绿带、休闲广场等区域规划，不仅改善了人居环境，为村民提供了茶余饭后休闲之处，更为乡村旅游用地打下基础。同时，黄家沟村合理配置，完善公共服务设施，保证基础设施规划方案落实落地，为持续发展提供有力支撑。

2012 年，黄家沟紧跟国家绿色发展和地方产业结构调整步调，大批工厂迁出，黄家沟人迅速转变思路，利用优质自然资源和工业遗产资源，向旅游业全面转型，仅用两年时间，就建成了辽西北地区规模最大的滑雪场和水上乐园，并结合细河区"三区三基地"建设，持续扩大影响力，释放旅游吸引力。

2016 年，黄家沟旅游度假区被评为国家 4A 级旅游景区，列入国家级重点 PPP 示范项目；2017 年荣获"全国文明村镇"；2018

年荣获"全国生态文化村";2019 年荣获首批"全国乡村旅游重点村";2020 年荣获"全国乡村治理示范村""中国美丽休闲乡村""辽宁省省级旅游度假区";2022 年荣获国家"美好环境与幸福生活共同缔造活动示范村""辽宁省文明交通示范村"等称号。2023年入选"瑞雪红梅欢喜过年"全国乡村旅游精品线路。

　　黄家沟以生态休闲旅游为主导,以一二三产业融合发展破解乡村治理困难,打造了乡村振兴的"黄家沟样本"。黄家沟村将生态底蕴与优势进行合理配置,将乡村旅游经济延伸至农副产品加工环节,运用公司运营模式激活乡村资产价值,用市场配置资源激发村民发展热情。

# 陕西省宁陕县:
# 发挥生态优势
# 探索"两山"转化新路径

　　宁陕县隶属陕西省安康市,位于陕西省南部、安康市北部,东连商洛,西接汉中,南依安康,毗邻西安,总面积 3 678.53 平方千米。宁陕之名取"安宁陕西"之意,"栈道千里,通于蜀汉",古子午栈道由北向南纵贯其境。宁陕县气候温暖湿润,环境舒适宜居,森林覆盖率达 96%,居全国第一,是国家一类保护动物大熊猫、金丝猴、羚羊、朱鹮汇聚之地。境内群山环绕,林下特产众多,宁陕天麻、宁陕猪苓、宁陕香菇通过国家农产品地理标志产品认证。

　　近年来,宁陕县充分发挥生态优势,积极探索"两山"转化新路径,以生态经济引领县域高质量发展,统筹实施生态保护、生态产业、生态改革三大行动,逐步走出了一条富有地方特色的乡村振兴之路。

## (一)保护绿水青山,享受生态红利

　　陕西省宁陕县牢固树立"生态优先、绿色发展"理念,开展秦岭违建、矿山关闭退出、小水电拆除退出等专项整治,持续推进

"八改四清四化"农村环境提升工程，建设省市级美丽乡村示范村10个，创建市级以上生态村31个。通过推行"林长制"，宁陕县共管护天然林240万亩，封山育林22万亩。全县共建成集中污水处理厂9个、垃圾场11个，村级污水处理站23个。大熊猫、金丝猴、羚牛等珍稀保护动物数量攀升，国宝朱鹮从野化放飞时的26只增加到300多只。

为了确保群众在保护生态中实现持续增收，宁陕县在全省率先建立"国土、林业、水利、环保"四位一体的县、镇、村三级生态环保"网格化"工作体系，并成立护林员、护河员、生态"网格员"专业环境保护队伍，实现全覆盖、全时段生态环境监管，1 400名群众参与生态保护，年人均增收7 000元。陕西省宁陕县还不断完善生态补偿政策，每年兑现公益林生态效益补偿金3 079.885万元、退耕还林补助款200万元、耕地保护补助款430万元。宁陕县通过惠民政策的落实，吸纳更多群众参与生态保护。

### （二）发展特色经济，打造产业链条

宁陕县依托独特的资源优势，围绕"菌、药、果、畜"发展山林经济，实施产业振兴"十百千"工程，即壮大10个龙头企业、建设提升100个农业园区、培育1 000户产业示范户，生态农林产业覆盖面达75%以上，建成一批食用菌、板栗核桃等生产基地和专业示范村，农民人均增收2 650元。宁陕县还积极推动农业由"卖原料"向"卖加工品""卖品牌、卖服务"转变，建设生物医药、食用菌、林果、鲜食等6条产业链，贯通产加销，创造新供给，山上建基地、园区建工厂、城市建网络，实现产品增值、产业增效。开发核桃、板栗、蜂蜜、五味子4条深加工生产线，甜糯玉米、食用菌、葛根3条初加工生产线，新开发富硒旅游产品6个。获得中国保健酒认证1项、绿色食品标志认证3项、有机食品认证2项，农林产品加工企业7家，形成了"龙头企业＋基地＋合作社＋农户"的产业发展新格局，推进农业产业绿色化生产、现代化发展，助力农业增产增效、农民增收。

宁陕县还依托生态资源培育发展景观农业、农事体验、观光采摘、休闲垂钓等新业态，建设休闲农业园区、农业主题公园、乡村民宿等，发展冰雪运动、山地户外运动、健身养生等体育旅游，完善旅游产品体系，重点打造"秦岭人家·子午驿站"乡村旅游品牌，极大提升了"秦岭之心、绿都宁陕"美誉度和影响力。目前，宁陕县已形成了以生态观光、研学旅游、康养宜居、休闲度假为一体的旅游发展"宁陕模式"。先后成功创建了筒车湾国家 4A 景区、上坝河、悠然山省级旅游度假区、秦岭峡谷乐园国家 3A 景区，建成了一批教育、研学、艺术创作、休闲等基地和特色旅游产品，打造了一批精品民宿示范基地，形成了多种旅游产品，带动生态旅游和康养产业融合发展。

## （三）发挥地区优势，推动乡村振兴

宁陕县先后完成国家集体林业综合改革试验区试点和农村集体产权制度改革，创新探索公益林股份经营、公益林预收益贷款、林权贷款"直通车"、林权"三权分置"、林业碳汇、"两山银行"等首创性改革，以改革激活山林、土地、资产、劳动力等资源要素，鼓励群众以土地、资金、劳务入股经营，支持市民下乡、能人回乡、企业兴乡。

宁陕县充分挖掘地域文化生态内涵，开展子午道、古村落、红色文化保护传承工程，培育了一批文化骨干企业。举办秦岭兰花文化艺术节、采摘节等活动，开展争当秦岭生态卫士主题实践活动，提高了全民生态文明意识。深化"诚孝俭勤和"新民风建设，开展法律进乡村、社区、校园、家庭宣传教育活动，破解陈规陋习，弘扬新风正气，树立了崇德向善导向。

围绕生态康养、绿色食品加工、生物医药等重点产业，宁陕县强化招商，吸引碧桂园、云南城投、西安海荣等实力企业来宁投资，近五年签约项目 57 个、到位资金 157.5 亿元，企业入驻带动技术、管理、金融等人才聚集。发挥政府投资撬动作用，加强农村基础设施、生态环保、公共服务项目建设，大力招募"宁陕新村民"，带动技术、管理、金融等人才聚集，不少在外的宁陕人纷纷返乡就业创业，让乡村的发展越来越有奔头。

生态兴则文明兴，宁陕人民践行"绿水青山就是金山银山"理念，绘就生态美丽画卷，在乡村振兴的康庄大道上，越走越自信、越走越出彩。

# 江苏省溧阳市：
# "三生共融"打造绿色发展"溧阳样本"

位于苏浙皖三省交界处的江苏省溧阳市，拥有得天独厚的山水资源。该市深入践行两山理念，坚持生产、生活、生态"三生共融"，自 2018 年开始，按照中央生态环境保护督察办的部署，在特色田园乡村建设、环境基础设施建设上发力，生态环境质量提高及生态建设方面成效明显，受到省政府表彰。2019 年 2 月，江苏省委、省政府将溧阳列入全省 6 个社会主义现代化建设试点地区，"溧阳"模式逐渐被大众所熟知。

江苏省溧阳市田园景色

优化生态保护格局。溧阳境内拥有天目湖、长荡湖等重要水体，以及南山、曹山、瓦屋山等山体资源，"三山一水六分田"的自然格局，赋予了溧阳得天独厚的生态优势。天目湖、南山竹海周边森林覆盖率达 80% 以上，溧阳也因此被誉为中国天然氧吧、世界长寿之乡。近年来，为响应习近平总书记提出的"绿水青山就是金山银山"的殷切嘱托，溧阳相继投入 100 多亿元治山理水，先后关停石矿瓦窑 190 多个，修复废弃矿山 50 多个，系统开展区域治污一体化工程，投资 8 亿元开展"美意田园"行动，建设 9 个省级特色田园乡村，深化区域共治，打好污染防治攻坚战。

提高生态经济价值。天目湖和南山竹海作为溧阳旅游业蓬勃发展的"主动脉"，奠定了溧阳旅游的基本格局，不仅吸引无数游客沉醉于如诗如画的山水间，更是让溧阳名扬天下。江苏天目湖旅游股份有限公司自 1992 年成立以来，逐步投资、开发并整合一系列景区资源和旅游服务业务，以"竹文化"和"寿文化"为主题的山水园和南山竹海共同构成了国家 5A 级旅游景区，天目湖旅游度假区更是公司核心打造的旅游产品。目前，江苏天目湖旅游股份有限公司已成为第一家依靠湖泊景区上市的企业，被称为"湖泊第一股"，在长三角乃至华东地区旅游市场占据重要市场地位。

2017 年，365 千米的"溧阳 1 号公路"横空出世。它把全市特色山水资源、30 多个乡村旅游区（点）、5 个特色田园乡村及 46 个溧阳茶舍包括精品民宿串联起来，打通了全域旅游的主干道。与此同时，沿线的农副产品也通过游客走向全国各地。富硒软米、两湾白芹、特色瓜果等优质农副产品成为游客竞相采购的"爆款"产品。溧阳 1 号公路的开通，开辟了"农路变景点、农区变景区"的农旅融合新路径，树立了乡村旅游的"溧阳模式"。

2019 年，溧阳总共吸引超过 2 000 万人次的国内外游客徜徉在乡村与山水之间。实现农旅收入 40 亿元，带动 5.4 万农户增收。城乡统筹"田园生金"被人民日报社《中国经济周刊》总结为"乡村振兴的溧阳样本"。

提升生态创新能力。溧阳还结合当地生态实际和生态创新实践，率先开展生态产品市场化探索，创新生态产品价值实现机制，形成促进"两山"转化的升级模式。溧阳在天目湖流域开展生态产品交易市场建设的探索，试行集自然资源管理、开发、运营于一体的"生态银行"，推行资源集约利用综合评价体系，将生态产品价值转化为市场价值，从而实现"绿水青山"向"金山银山"有机转换。

### 福建省连城县：
# 昔日生态痼疾　今日打卡胜地

龙岩市连城县田心铁矿位于闽江流域支流源头区域的连城县文亨镇，总面积 1.26 平方千米。从 1958 年开始小规模开采到 2014 年停止采矿，经过几十年的无序露天开采，矿区黄土裸露，土壤贫瘠，地表植被被严重破坏，加上自然侵蚀冲刷，裸露地表面积近 35 万平方米，水土流失面积约 17 万平方米。2018 年以来，连城县坚持"生态优先、绿色发展"理念，立足区域特点，创新工作机制，统筹推进闽江流域山水林田湖草生态保护修复试点工作，打造连城田心铁矿废弃矿区生态修复治理精品示范工程，经过四年的持续改造，让昔日生态痼疾成为今日打卡胜地，悄然间实现美丽蝶变，成为荒山变青山、青山变金山的又一个生动范例，为新时代革命老区生态振兴做出积极探索。

### （一）坚持高站位，大胆创新呼应民生

连城县田心铁矿废弃矿区与冠豸山风景区遥相呼应，又在连城机场边上，青山挂白就特别刺眼，老百姓意见很大。民有所呼，我有所应。2018 年以来，连城县委县政府领导高度重视，大胆创新，从田心铁矿废弃矿区治理入手，积极策划生成"闽江流域山水林田湖草生态保护试点工程"项目。

一是制度创新。以项目实施为中心，制定"1＋A＋X"项目推进制度。"1"是指政府主导，"A"是指以企业为主体，"X"指相关政府部门、社会组织与公众参与。实行项目建设责任制，项目建设任务落实到具体责任单位、责任人和具体时间，实行一个项目、

一个责任单位、一套班子、一个领导、一抓到底的制度。健全项目管理，强化考核监督，定期对工作进行考评，形成分工负责、协调配合、共同推进的机制。

二是融资渠道创新。先后采取 PPP、EPC、BOT 等多种模式合作对接项目，有效破解市县两级配套资金不足的问题。其中，田心铁矿废弃矿区综合治理项目总投资 1.18 亿元，整治面积 1 890 亩，由福建龙净环保股份有限公司采用 EPC 总承包模式中标承建，采取国有土地收储、林业用地转换等政策手段，充分利用矿山废弃地规划和实施 145 亩新增水田复垦工程，通过新增耕地"占补平衡"指标交易收入作为地方配套资金来源，为全市生态保护修复项目的长期运营维护探索出一条有效途径。

三是建研一体化创新。项目聘请北京大学环境科学与工程学院刘阳生教授团队与企业技术中心团队共同合作，开展废弃矿山地质、土壤改良、矿山生态系统提升等生态修复关键技术研究。构建"科学研究，系统解决，校企合作，建研一体"的推广模式，强强联合，为废弃矿山生态修复一体化技术及建研一体化机制提供范例。

## （二）坚持高标准，合力推进多元共治

项目紧紧围绕山、水、林、田、湖、草各元素，充分挖掘本地生态资源优势和生态文化特色，在实施生态保护修复工程的同时，因地制宜设计生态旅游、生态农业等特色产业发展方案，实现生态保护修复与旅游产业发展紧密结合。

一是因地制宜修复生态。按照当地酸性土壤特征，优先保护当地植被资源，重点凸显当地植被特色，将草本与木本结合，乔、灌、草、花结合，豆科和非豆科结合，深根植物与浅根植物结合，冷季型草与暖季型草结合，落叶植物和常绿植物结合，普通树种和色叶树种搭配，外来种与乡土种恰当结合，做到视觉效果和嗅觉享受兼顾。将原矿区的 3 个露天采矿坑改造为 3 个蓄水池，水池总面积达 3.6 万平方米，总蓄水量达 7.6 万多立方米，不仅改变废矿山原来裸露的地质环境，还形成山涧流水的自然景象，为农田建设提

供充足的水源。修复区南部修建矿山公园，中部修建香远亭，成为整个矿山生态修复景观中的点睛之笔。

二是综合施策巧妙防护。在高陡边坡区域，采用多级削方放坡方式减载，对平缓破碎地形区域以削填结合方式进行平顺整理。在边坡顶部及各平台内侧修筑截、排水沟，并在各区修筑排洪渠，从而构成完整的截、引、排水系统。坡脚区域，根据坡面实际情况实施毛石混凝土仰斜式护脚挡墙加固，并针对不同地质情况分区域采取三维植被网护坡、人字形骨架植草护坡、锚索框格梁护坡及TBS植被护坡等方式进行坡面加固。

三是产业民生紧密结合。利用矿区东部低丘陵地带，结合项目离村庄较近，交通便利，土质符合农田标准等条件，复垦具备高度景观特色的梯田230亩。新增的耕地与原有的农田相连，形成连片耕地区域，通过种植水稻、果林、花卉等，预计每年农副产品可创收17.4万元。同时，将新增耕地"占补平衡"指标的交易收入作为地方配套资金来源，为其后类似项目的立项提供可行的筹资指南。在项目全面建成后，田心项目将被纳入连城县旅游资源，通过开辟田心—冠豸山风景区旅游路线，吸引更多游客到此观光旅游。

经过几年的努力，该项目已实施边坡绿化18.54万平方米，平整破碎地形并播撒草籽复绿6万平方米，将原矿区露天采矿坑改造为蓄水池，同时，项目还修建排洪沟1 400米、灌溉渠2 500米，修复灌溉渠1 200米，埋设供水管1 900米，实施水田复垦145亩，实现生态效益、经济效益和社会效益的有机统一。

经济效益方面，通过矿山地质环境恢复治理工程、矿山土地复垦工程和辅助工程等一系列措施，消除地质灾害和洪涝灾害隐患，减少因发生地质灾害和洪涝灾害产生的经济损失。通过采取土地复垦一系列措施，包括新建生态调蓄池、复垦建设用地、复垦水田、复垦旱地，恢复和扩大土地资源，有效地提高矿山土地的利用价值。通过打造"客家梯田、山语听溪、生命之谷、山林探幽"四大特色景观，促进连城生态旅游多样性互补。

生态环境效益方面。通过边坡加固和边坡绿化，消除地质灾害隐患，修复和改善矿山生态环境，同时将露天采场底部平台改造成生态调蓄池，加强雨季雨水调蓄功能，并兼备农田灌溉功能。通过修建截洪沟和排洪灌溉渠，改善矿区的排水条件，提升矿区的防洪能力，有效防止矿区水土流失。

项目工程的实施，改善了矿山开采带来的生态环境，保障周边人民身体健康和财产安全。生态修复及综合整治后，"变废为宝"，为二期文旅预留接口，为后期文旅招商奠定基础，为金属矿山综合整治积累经验，有力地推进闽江流域生态保护修复工程的开展，让广大人民群众切实感受到实施山水林田湖草生态保护修复工程带来的生态系统改善效果。

# 云南省龙陵县半坡村：
# "党建红"引领"生态绿"
# 激发生态振兴新活力

为全面推进乡村振兴，龙陵县碧寨乡半坡村将生态建设、人与自然和谐发展的理念摆在重要位置，科学谋划发展蓝图，在推进乡村振兴进程中不断筑牢绿色发展理念，以优质生态环境为依托、以集约化生态资源为基础、以特色生态产业布局为路径，切实将生态资源转化为发展优势。党员争当先锋助力绿色发展，基层堡垒引领群众走上致富路，"党建红"引领"生态绿"，以生态振兴带动乡村全面振兴。

## （一）突出党建引领，提升生态振兴"内生力"

半坡村将党的建设与绿色发展一体化推进，充分发挥生态环境保护的引领和激励作用，实现生态环境保护和经济发展双赢互促。一是党建引领谋发展。发挥基层党组织战斗堡垒作用，凝聚生态振兴强大合力，针对半坡村气候、土壤、森林覆盖率等条件，综合考虑经济效益、生态效益，研究制定切实可行的产业发展规划，探索林下产业发展模式，规划半坡村梁子田边 30 亩林地为仿野生石斛种植基地。乡村两级多次深入半坡茶山，听汇报、询意见，厘清问题症结，现场办公，盘活半坡村 70 亩茶山，解决了历年来的权属争议问题。二是技术指导添助力。积极与县级沟通联系，给予前期树林清理指导及后期技术保障服务，石斛种植大户现场传授种植经验，破除了技术瓶颈；帮助协调石斛苗，第一批石斛苗已进行移栽，解决了资金短板，激发了干部群众发展林下仿野生石斛种植的热情。三是党员带头做示范。"我是党员，我先上！"在仿野生石斛种植前期清林工作中，党员冲锋在前，积极建言献策，身体力行锄荒草，不辞辛苦清树林，成为攻坚克难的先锋队。在党员的感召下，广大干部群众积极投身产业发展，迅速掀起生态建设新高潮。

## （二）推进机制创新，办好生态宜居"民心事"

探索推行"村集体经济组织、农户"一体发展，"利益共沾、风险共担"的利益联结机制，将产业、生态、景观等资源转变成实现生态振兴的重要支撑点。一是集体经济"强"起来。结合半坡村实际，因地制宜，创新利益联结机制，半坡、坡头、天宁三个村（社区）以资金入股仿野生石斛种植项目，由半坡村负责后期管护，以 4∶3∶3 的比例进行收益分红，壮大了村级集体经济。二是帮扶机制"实"起来。通过把仿野生石斛种植基地承包给有管护能力的低收入群体，每户管理 2～3 亩，按收益的 30% 进行分红，既调动了群众管护林地的积极性，又保障了群众收入。三是生态茶园"靓"起来。乡农业综合服务中心实地指导，引导茶农正确修剪茶树、科学施肥、做好病虫害防控等工作。通过"技术团队＋科技人员＋示范基地"的模式，打造出具有碧寨特色的绿色生态茶园，真正实现产业优、百姓富、生态美。

半坡村围绕"生态＋效益"目标，擦亮绿色发展"底色"，生态效益日益凸显。一是可观的经济效益。发展林下产业是促进林业增收的有效途径，林下仿野生石斛种植投资小、见效快、收益好，每亩平均产量 100 千克，产值 1.2 万元，可实现收益 30 万元以上，经济效益可观。二是显著的生态效益。在给仿野生石斛浇水、除虫的过程中，林木得到有效管护，促进林木生长、改善自然环境、发展生态产业、提升生态价值，把绿水青山转化为了金山银山。三是良好的社会效益。依托丰富的林地资源，发展林下经济可以实现近期增收，同时，农户管护和造林的积极性显著提高，真正实现了近期得利和远期得林的双赢目标，为乡村振兴增添了新的动力。

下一步，半坡村将坚持保护与开发并重，通过联村共建共享，坚持生态产业化、产业生态化，将资源禀赋转化为推动高质量发展的关键要素，助力乡村振兴。

## 湖北省宣恩县麻阳寨村：
# 破解生态振兴密码　绘就"富春山居图"

近年来，宣恩县高罗镇麻阳寨村立足资源优势，以"宣南粮仓、菌菜轮作、荷塘月色、生态振兴"为定位，打造"春有茶、夏有荷、秋有稻、冬有菌"四季生态农旅产业新模式。目前，全村已发展茶叶、莲藕、优质水稻、羊肚菌等各类种植产业 3 000 余亩，年产值 500 余万元。一幅产业兴旺的"富春山居图"正在麻阳寨徐徐展开。

### （一）春茶冬菌，菌菜轮作，现代农业强筋壮骨

一是壮大茶产业链。近年来，在中国铁塔股份有限公司的帮扶下，麻阳寨村将适宜种茶的坡地全部变成茶园，现已种植茶园逾千亩，由村集体经济经营公司对茶园进行长效管护。同时，建设茶厂一座，分红茶和绿茶生产车间，并引进九丰茶叶有限公司，解决了鲜叶加工及销售问题，茶产业已发展成为麻阳寨村的拳头产业。2021 年，企业产出成品茶近 15 吨，向农户支付鲜叶款 70 余万元，惠及麻阳寨村及周边村 2 000 余户。二是做强菌产业链。立足地形、土壤、交通、生态、劳动力优势，加大招商引资力度，不断推进麻阳寨设施农业项目，建成 3.1 万平方米菌菜基地，实行菌菜轮作，加快推进羊肚菌菌种培育中心州级重点项目，引进农业产业市

场主体鄂西良田现代农业有限公司经营，现代设施农业发展不断迈上新台阶。2023年投资了800余万元新建羊肚菌育种中心，三层主体基本竣工，内部正在装修。冬季生产可种植1万余亩的菌种，助力武陵山地区群众增收。龙陵县碧寨乡半坡村探索出了四季产业循环发展模式，帮助200余户易地搬迁脱贫群众在家门口就业，每年9月至次年3月在羊肚菌育种中心务工，4月至9月茶叶成熟期可以采茶销售。下一步，将探索脱贫户租棚致富模式，即每2～3户可以共同承包一个大棚，银行提供贴息贷款，市场主体提供种苗，并无偿提供技术指导，签订保底回购协议，促使脱贫户零风险增收致富。

### （二）夏荷秋稻，农旅融合，乡村旅游气势如虹

一是夯实粮食基础。龙陵县碧寨乡半坡村全力守住粮食安全的底线，发展优质水稻实现水稻和油菜轮作，全村现有优质稻田1 974亩，年产量达160万斤，以产业基础打造美丽乡村，在守住"宣南粮仓"称号的同时增加经济效益。每年还种植油菜花海，吸引游客观光。二是开拓旅游市场。致力于打造"荷塘月色"小微旅游景点，荷塘美丽乡村旅游年接待游客量达2万余人次，经营收入100余万元，绿水青山就是金山银山，乡村"美丽荷花经济"的种子逐渐在麻阳寨村萌芽生长，麻阳寨荷塘休闲农庄成为网红打卡地，络绎不绝的游客给乡村带来了人气，餐饮、住宿、娱乐项目成了新的消费业态。

麻阳寨村以"盘活集体资产、发展特色产业、入股分红和固定投资收益"四轮驱动模式，千方百计发展壮大集体经济，为乡村振兴注入了新动能。一是盘活村级扶贫资产。壮大村集体经济，夯实村级发展基础，通过村民入股分红、废弃鱼塘开发、安置点架空层租赁等多种方式，做大村集体经济蛋糕。二是创新多元增收路径。通过发展村集体经济、入股企业、发展茶叶产业等多种方式不断提升村集体经济收入。2023年，麻阳寨村集体经济年收租金达32万余元，村级发展基础得到进一步充实，高素质农民、青年创业代表

兴办富民工厂，其中仅球鞋生产线就稳定提供 50 多个工作岗位。湖北恩美工艺品有限公司也在龙陵县碧寨乡半坡村易地搬迁安置点兴办分厂，吸纳附近留守老人妇女 60 余人就地就业。三是村强民富环境秀美。2021 年底，麻阳寨村村民人均纯收入达到 13 986 元，走在全镇前列。低保脱贫户滕剑通过自身努力，发展羊肚菌、朝天椒等种植业，其妻子开了美发店，如今买了价值 15 万元的崭新皮卡车，修了三层小洋楼。残疾脱贫户滕光辉发展莲藕、茶叶，女婿外出务工，原来一层楼安置房变成三层小洋楼。截至 2023 年 5 月，麻阳寨安置点 30 余户搬迁脱贫户通过务工增收致富，如今都在安置房加盖第二层、第三层楼，新建起了红白喜事堂、就业车间、亲水走廊，村民的日子越过越红火。

## 陕西省凤县永生村：
# 强治理　重保护　青山绿水能致富

近年来，陕西省凤县永生村坚持"岭南风情、乡村味道、规划先行、产业带动"理念，着力推动"生态保护＋绿色产业＋乡村旅游"协同发展，村庄环境不断美化，生态效益持续显现，形成了"青山绿水能致富"的典型案例。

凤县红花铺镇

## 一、基本情况

　　永生村原名长桥村，1967 年为纪念因救村民牺牲的解放军战士孙永生更名沿用至今。永生村位于陕西省凤县红花铺镇，地处秦岭南麓、嘉陵江上游，毗邻荷塘月色湿地公园，是凤县"秦岭花谷"的重要节点，宝成铁路、219 省道穿村而过，下辖 4 个村民小组 204 户 744 人。全村群山环抱，细水长流，植被茂盛，负氧离子丰富，地形呈"八瓣莲花"之状，地下水呈弱碱性，含有多种有益矿物质，长年饮用可有效降低人体"三高"，是真正的养生福地。近年来，永生村坚持保留乡村本味、发掘生态优势、整村推进治理，逐步建成兼具采摘、垂钓、养生、农家乐、休闲等功能的岭南最美乡村，先后荣获全国乡村旅游重点村、中国美丽休闲乡村、国家森林乡村、陕西省乡村旅游示范村、陕西省美丽宜居示范村、宝鸡市十大美丽乡村、全国民主与法治示范村、国家人口与计划生育先进村、省级平安家庭创建活动示范村、省级卫生村、省级计划生育新农村建设示范村等 30 多项殊荣。

## 二、主要做法

　　永生村积极践行"绿水青山就是金山银山"理念，坚持把生态环境当做民生福祉，绿水青山当做美丽象征，碧水蓝天当做发展效益，统筹推进生产美、生活美、生态美，扎实做到生态宜居乡村建设的"四个结合"。一是把生态宜居乡村建设与人居环境整治相结合。自开展美丽乡村建设以来，永生村拓宽、硬化道路 1 600 余米，平整院落 3 000 余平方米，安装路灯 120 余盏，修建篱笆墙9 600 米，拆除危旧房屋 50 余处，清理"三堆"130 余处，砌石墙护坡 260 余米，绘制文化墙 1 800 余平方米，修建花坛 24 个，栽植绿化苗木 3 万余株，建成桥梁 3 座、凉亭 5 座、休闲广场和停车场各 3 处，率先在全县建成庭院式污水处理设施，从源头上解决了分散污水无处收集的问题，村庄"脏、乱、差、散"面貌得到了显著改变。二是把生态宜居乡村建设与乡村旅游发展相结合。突出田园风光和长寿养生内涵，建成了"岭南长寿街""长桥水街""荷塘月色"等景点，修建上山步道一处。不断提升"吃、住、行、游、购、娱"六大要素，突出美丽乡村建设"一村一品一韵"，以"赏花、避暑、戏水、爬山、采摘、品尝"为主要内容，大力发展乡村休闲游，永生村已成为西安、宝鸡、汉中等周边区域众多游客向往的避暑养生福地和生态旅游魅力之乡。三是把生态宜居乡村建设与农业产业布局相结合。按照"1＋N"模式将乡村旅游确定为全村主导产业，其余所有种植养殖产业均围绕乡村旅游这一核心进行布局，建设果蔬采摘、珍稀食用菌体验、土鸡养殖、中蜂加工、餐饮住宿、花海打卡、主题民宿休闲、儿童游乐、生态垂钓、徒步穿越等多个功能分区，并通过资源变资产、资金变股金、农民变股东"三变"改革和发展村集体经济，将全村干部群众牢牢嵌入乡村旅游产业各个环节，营造生态环境工作齐抓共管的良好氛围。四是把生态宜居乡村建设与文明家园创建相结合。以社会主义核心价值观教育为主线，大力弘扬良好家风家训，引导群众移风易俗，组建了乡贤队伍和志愿者队伍，修建了乡风文明一条街，建成村史馆、农村老年幸福院、留守儿童幸福家园，充分发挥道德讲堂和农村传习所作用，利用丰富多彩的活动对村民进行思想教育，全村社会管理服务水平不断提升，涌现出了"最美宝鸡人"，"感动凤县人物"李小虎，"宝鸡市首届孝子"肖凤芹等道德模范。

## 三、经验成效

### （一）筑基补短守底线，五个全面首当先

永生村干部群众靠秦岭爱青山，始终坚持生态优先，按照"定人员、定范围、定任务、定责任"原则，将整村划为若干网格，村组干部包片、保洁人员包段、党员代表包户，齐抓共促率先做到五个全面：一是形成"户收集、组集中、村转运、县镇处置"的生活

垃圾处理模式，全面做到生活垃圾规范化处置。二是建成 4 个生活污水处理设施，铺设污水管网 6 000 余米，全面实现了村民聚集区生活污水的无害化处置。三是完成户厕无害化改造 84 户、建成高标准公厕 6 座，全面实现厕所 100％覆盖。四是对常住户 170 户实施电能对传统能源的代替改造，全面实现森林停伐管护和清洁能源替代整村推进。五是着力广场游园、停车场、道路桥梁、路灯电力等设施的建设配套，全面做到村庄基础配套设施的提质升级，明显扭转了村庄"脏、乱、差、散"的面貌。

### （二）系统治理出特色，宜居环境上台阶

坚持生态人文协同推进，永生村因地制宜实施"山水林田湖草"系统治理，打造全域旅游宜居环境。围绕"福"主题大力实施土地修复治理、河堤建设和河道疏浚平整，沿河修建亲水步道、景观鱼鳞坝、阳光沙滩、福广场、纳福桥和福主题石刻，成功将刘家河创建为全县"最美家乡河"；围绕"寿"主题实施老村改造，实现了泥泞路到健身道，垃圾渠到龟龄溪，撂荒地到鲜花海，烂土房到新民居的华丽转变，建成了"荷塘月色"嘉陵江湿地保护公园和长寿街特色乡村旅游街区；围绕"廉"主题和"孝"主题还分别打造"长桥水街——廉政文化一条街"和孝文化广场，在全村所有村民小组实现了"户整洁、巷净美、组有景"。

### （三）融合发展促增收，绿水青山生金银

永生村着力将优越的人居环境、村庄环境和生态环境转化为发展绿色产业和乡村旅游的资源禀赋，大力发挥集体经济在企业、市场和农户间的纽带桥梁作用，积极引入各类企业 5 家，支持成立专业合作社 3 家，流转收储土地 500 余亩、房屋 7 座，建成农业设施大棚 50 座、生态水面 20 余亩、农家乐 14 家、农家宾馆 6 家、主题民宿 10 间，以及果蔬采摘园、油菜花观光园、忘忧草体验园、土鸡养殖园等多个特色农业园区，形成了多元、绿色、乡土的产业旅游环境，年接待游客 10 万人以上，带动群众 160 余人本村就业，

年均旅游收益 500 万元以上，年人均增收 6 000 元以上，村庄生态环境实现了见绿又见金。"家园美、产业美、环境美、乡风美"已经成为当前永生村的真实写照，越来越多的游客把"养生福地永生村"作为消费健康饮食、畅游七彩凤县、体验乡村魅力的首选地。永生村将继续贯彻乡村振兴战略要求，深挖潜力、规范管理、开拓市场，努力建成生态环保、产业兴旺、文明富裕的新家园。

# 电子科技大学：
# "智慧护林员"助推乡村生态振兴

## 一、基本情况

岑巩县隶属贵州省黔东南苗族侗族自治州，其林地资源丰富，森林覆盖率达 62%。康定市位于四川省甘孜藏族自治州东部，是长江上游的重要生态屏障，也是国家重点生态功能区。森林火灾成为困扰两地生态安全和林业经济发展的"拦路虎"。

自乡村振兴战略实施以来，生态宜居是重要任务之一，良好生态环境是农村的最大优势和宝贵财富。为了践行习近平总书记"绿水青山就是金山银山"的发展理念，巩固拓展康定市、岑巩县脱贫攻坚成果，有效衔接乡村振兴，电子科技大学组织相关方向老师和研究生三十余人，充分发挥"电子信息＋地球科学"的学科专业优势，多次深入康定市、岑巩县野外实验实践，为康定市、岑巩县分别研发完成集"灾前高精度风险预警—灾时近实时监测—灾后燃烧烈度评估"为一体的"智慧护林员"。"智慧护林员"不仅在防灾中发挥了重要作用，而且成为乡村生态振兴的新武器。

围绕康定市、岑巩县森林草原生态保护与火灾预警监测需求，电子科技大学科研团队历时三年，取得了从野外科学调查到关键技术研发的重大突破，构建了一套基于卫星遥感大数据和可燃物关键信息反演技术的高精度森林草原火灾预警监测系统，为山水林田湖草系统治理，推行乡村绿色发展，建设人与自然和谐共生的美丽乡村积累了宝贵工作经验。

## 二、主要措施

### （一）找准生态帮扶突破点，用科技巩固帮扶成果

林下经济在康定、岑巩百姓经济收入中占比较大，而岑巩县、康定市均属森林草原火灾易发区，一旦发生火情，不仅生态环境遭到严重破坏，百姓艰苦奋斗多年获得的成果也将受到重大威胁。因此，急需大范围高精度的灾前预警方案，将森林草原火灾扼杀在萌芽状态。在摸清工作现状和帮扶需求后，电子科技大学将"智慧护林""精准护林"的理念首先在康定实践，成熟后拓展应用到岑巩，形成"多点探索，全面推动"的工作方式。

### （二）组建生态帮扶先锋队，以人才支撑项目建设

2019 年以来，电子科技大学积极发挥学科优势，围绕森林草原生态保护与火灾预警监测需求，组建校内定量遥感团队牵头的 30 余人科研攻坚团队，前往林间山头采集一线山林信息 20 余次，对接走访康定市、岑巩县应急管理局、林草局、气象局、自然资源局等部门 10 余次，累计收集 900 余万亩山林数据，召开校地项目对接座谈会 5 次，并组织一批专家学者进行详细分析论证。

基于调研结果，电子科技大学定量遥感团队为康定市、岑巩县分别研发了"智慧护林员"，为两地森林防火插上了"信息化翅膀"，开启了"智慧护林"新模式。

### （三）培养生态帮扶专员，新思路创新工作方式

电子科技大学与康定市、岑巩县应急管理局、林草局等单位深度合作，多次受邀赴当地对基层干部、护林员等开展专题培训和讲座，参训人员达 500 余人次。通过多元化、多层次的培训，有力增强了康定市、岑巩县中青年干部和基层护林员在森林草原防火领域的信息化素养和信息化工作能力。"智慧护林员"建设过

程中，一群懂技术、熟悉基层的工作人员被培养起来，一系列结合"智慧护林员"的新工作思路被成功总结，产生了一系列"技术驱动"与"学习驱动"的新现象，最终形成了森林资源"全天候""天空地人"一体化、信息化监管格局，实现了"山头有人巡、后台有人盯、问题有人查、成效有人问"的"智慧护林"新模式，明确了生态护林员的岗位职责，推进了生态护林员队伍建设。

### （四）用好生态育人新阵地，培育科技创新后备人才

电子科技大学注重学生在乡村振兴实践参与中的氛围建设，组织专项活动让学生到乡村振兴一线，看一看乡村发展、做一做帮扶项目，听一听挂职干部帮扶故事，推进"全方位"育人。在"智慧护林员"平台建设项目中，参与的研究生和本科生发表高水平论文 50 余篇，连续组队获得了"互联网＋"创新创业大赛"全国银奖"、国家林草局首届生态大数据创新大赛奖，并以此帮扶事迹为原型开展思政宣讲活动十余次。通过科技帮扶工作，让生态文明思想进入课堂，让研究人员的科研成果走出实验室，服务民生和地方经济建设，有效促进高校人才培养更好地融入国家需求中。

## 三、取得的成效

### （一）科技助力精准帮扶，打造"智慧护林"示范区

"智慧护林员"平台交付使用后，在康定市、岑巩县防火季中发挥精准预警监测作用，大幅降低森林草原火灾发生次数，极大地提高了一线护林员和当地应急管理人员的工作效率。同时，该平台助力康定市作为全国首批灾害风险普查试点单位，顺利完成试点工作。帮扶案例《森防科技：守护绿水青山，开启生态宜居乡村新篇章》入选第六届教育部直属高校精准帮扶典型项目，并通过中国教育电视台报道。

## （二）助力四川省森林草原防灭火专项治理工作

电子科技大学研发的森林草原火灾预警监测系统现已成为四川林草局、应急厅和森林草原防灭火指挥部的重要工作平台，并在2021—2022年四川省森林草原防灭火专项治理工作中发挥重要作用，与2020年同期相比，2021年四川省森林草原火灾发生次数下降了77.9%，成效显著。

## （三）牵头申报并获批"四川省森林草原火灾监测预警工程技术研究中心"

2022年1月，电子科技大学牵头申报的四川省首个专业化的森林草原火灾监测预警平台"四川省森林草原火灾监测预警工程技术研究中心"获批，将进一步为四川省和全国林草、应急行业高质量发展和森林草原火灾预警防控提供核心技术支持、产品服务和人才培养，服务国家乡村振兴战略。

# 浙江省长兴县新川村：
# "两山"理念引领乡村"蝶变"

新川村隶属于浙江省长兴县煤山镇，地处苏浙两省交界处，资源匮乏，交通闭塞，原材料和市场"两头在外"，百姓以卖毛竹、外出务工和农耕为主要谋生手段。改革开放之后，勤劳的新川人借政策东风，把握市场机遇，办起了20多家村办企业，更是诞育了中国新能源动力电池领军企业——天能集团。

近年来，新川人淘汰落后产业，大力发展绿色新型能源产业，成为践行"绿水青山就是金山银山"的样板；党的十八大以来特别是乡村振兴战略提出后，新川人突出村企共建和一二三产融合发展，形成了以新能源高端制造业为龙头，配套服务产业协调发展，休闲农业、旅游经济、精品民宿、农村电商等第三产业有效衔接的特色产业体系。

新川百姓的经济收入也随之年年攀升，人均收入由 1978 年的 145 元、1998 年的 3 260 元、2004 年的 2 万元、2018 年的 12 万元，上升到 2020 年的 15 万元。

全村 985 户居民，就有别墅 850 多幢，私家轿车 1 280 余辆，轿车户均拥有 1.3 辆。

之所以能从过去的落后山区，蝶变为今天的绿色工业园区、富饶生态库区、美丽旅游景区，主要原因就是新川村通过践行"绿水青山就是金山银山"理念，果断关停污染矿山，坚决淘汰落后产业，大力发展绿色新能源产业，在以天能集团为龙头的企业带动下，村企共建搭台，产业发展唱戏，走出了一条以"工业强村，以工哺农，村企共建，共同富裕"的乡村振兴新路子，让绿叶子变成了金票子，实现了党建强、生态优、百姓富、环境美，再次充分印证了"两山"理念的科学性，是"两山"理念转化的又一个绿色样本。

# 一、主要措施

## （一）踏上"两山"之路：因地制宜发展乡镇企业

1978 年改革开放以后，拥有独特工业基因和创业精神的新川人把握历史机遇，由"以农为纲"转到"以工补农"，因地制宜，大办企业，一家家社队企业白手起家，无中生有，村里先后创办了金属拉丝厂、金属冶炼厂、炼油厂、竹笋加工厂、服装厂、玻纤厂等 20 多家村办企业。

1988 年，当时年仅 24 岁的张天任借款 5 000 元，承包了濒临倒闭的村办小厂煤山第一蓄电池厂（也就是现在中国新能源动力电池领军企业——天能集团的前身），开始了充满荆棘的创业之路，到 20 世纪 90 年代末，张天任带领团队转型研发动力电池，并成功研发出"电动助力车专用蓄电池"，企业进入了高速发展阶段。

村办企业的发展一方面让村民日益富有，另一方面生态环境却遭到了严重破坏。新川"村村点火，户户冒烟"，水脏了，山秃了，违章临建林立，垃圾遍地，污水横流，甚至河道里的污水"划根火柴"就能点着。在生态环境倒逼下，守护绿水青山、恢复绿水青山，成为新川村的历史使命和时代选择，2004 年新川村以壮士断腕的决心走上了"绿色发展"之路。

## （二）坚守"两山"之路：产业转型推动绿色发展

选定了生态保护的路，又如何走好发展的路、致富的路？新川村开始上下求索。2004 年以来，在习近平生态文明思想指引下，新川村积极优化调整产业结构，一边"踩'污染'刹车"，坚决关停污染矿山，淘汰落后产业，以宁可不要发展也要保护好环境的决心和勇气，对"低、小、散"企业进行整治，劝退、淘汰了 10 多家低小散且有污染的企业；一边大力发展生态工业，对部分保留的耐火材料厂、蓄电池小厂进行重新整合，转型发展，或通过与天能集团配套协作，建链补链，形成了以新能源高端制造为龙头，配套服务产业协调发展的战略产业集群，不断增强绿色发展新优势，同时立足新川资源特色，发展竹制品加工、精制茶叶等特色产业。

天能集团依靠科技转型升级，用高新技术、先进设备和先进工艺改造提升传统蓄电池产业，从数量、规模的扩张向高端、高质、高效转型。2007 年 6 月 11 日，天能集团旗下公司天能动力在香港主板上市，成为中国动力电池第一股。2020 年 1 月 18 日，天能股份在科创板上市。目前集团已发展成为拥有 100 余家国内全资子公司，3 家境外公司，2 万余名员工的大型国际化集团公司。

天能集团通过构建"一链一圈"来促进企业绿色增长。"一链"是指绿色"智"造产业链，是从绿色产品、绿色车间、绿色工厂、绿色园区、绿色标准入手，借助互联网、大数据、云计算等手段，着力打造绿色"智"造产业链，引领产业向绿色、高端、智能方向发展。"一圈"是指构建行业内领先的循环经济生态圈，通过在全国各地的营销网点，将废旧电池分散回收、集中处置、无害化再生利用，形成了闭环式的循环利用生态圈。

## 二、取得的成效

新川村在"两山"理念引领下护好绿水青山，让绿山青山变成金山银山，步伐坚定而有力。新川村发生了翻天覆地的变化，村庄更漂亮，村民更富有，村风更淳朴。

一是"百姓富"。新川村劳动年龄段近 70% 的人直接或间接在天能实现就业创业，与天能配套的企业多达十几家，真正实现了龙头企业"一龙带百小"的引领效果。村子里亿万富翁有 10 多个，千万富翁有上百个，人均年收入在 2020 年达 15 万元。村里还有 200 多户农户在全国各地从事新能源电池销售等绿色服务产业，既实现了个人创业梦想和全面小康梦想，还促进了当地经济社会事业发展，带动了全国上百万城乡居民实现高质量就业。

二是"生态美"。新川村以推进精品村建设为抓手，统筹落实道路硬化、路灯亮化、村庄绿化、污水净化、垃圾分类等各项民生实事，打响了一场场"改善人居环境、建设美丽家园"的环境整治大会战，实施了景观公园、乡村振兴案例馆、文化大礼堂、幸福之家、供电通信便民设施等多项精品工程，全力打造美丽乡村升级版，实现百姓富、生态美的统一。村民也从原来的旁观者甚至反对者，转变为大力支持者并积极参与其中，主动地投入村庄环境保护、生态保护，成为美丽乡村建设的主人公。

三是"产业绿"。在中国新能源龙头企业天能集团的强力带动下，新川形成了以新能源高端制造为龙头，配套服务产业协调发展，文旅产业深度融合，休闲农业、旅游经济、精品民宿等美丽经济有效衔接的特色绿色产业体系，驱动生态优势转化为发展优势、绿水青山转化为金山银山。

四是"百姓和"。新川村坚持自治、法治、德治"三治"融合，打造乡村共建、共治、共享新格局；深化村民自治实践，充分发挥村民代表会议民主决策、民主管理、民主监督作用；深入推进乡村法治建设，健全完善普法工作组织网络和制度，扎实开展民主法治示范村建设活动，建设平安乡村；充分发挥德治在社会治理中的基础性作用，尤其是以诚信村建设为载体，实施"一户一档全覆盖，红榜黑榜全登记，线上线下全公开"，推进乡村诚信体系建设，增强乡村自治和法治的道德底蕴，打造了自治为本、法治为民、德治为根的"三治合一"乡村善治体系。

五是"乡风淳"。红白喜事在村文化礼堂从简办理成为村民自觉；孝老爱亲、厚养薄葬、邻里互助、热心公益成了新风尚；村里赌博等不良现象销声匿迹；村里矛盾纠纷由 2017 年的 38 起下降至 2020 年的 6 起，并且实现了零上访，多年来没有一个人被刑事处罚；作为考评指数的垃圾分类覆盖率在 95％以上。

# 第五章　组织振兴

　　乡村振兴不能只盯着经济发展，还必须强化农村基层党组织建设，重视农民思想道德教育，重视法治建设，健全乡村治理体系，深化村民自治实践，有效发挥村规民约、家教家风作用，培育文明乡风、良好家风、淳朴民风。

　　——习近平2022年3月6日在看望参加全国政协十三届五次会议的农业界、社会福利和社会保障界委员时的讲话

　　推动乡村全面振兴，关键靠人。要建设一支政治过硬、本领过硬、作风过硬的乡村振兴干部队伍，吸引包括致富带头人、返乡创业大学生、退役军人等在内的各类人才在乡村振兴中建功立业。要强化农村基层党组织建设，充分发挥基层党组织战斗堡垒作用。

　　——习近平2022年4月10—13日在海南考察时的讲话

　　要完善党组织领导的自治、法治、德治相结合的乡村治理体系，让农村既充满活力又稳定有序。要坚持大抓基层的鲜明导向，推动治理和服务重心下移、资源下沉，推动乡镇赋权扩能，整合力量、提升能力，确保接得住、用得好。要深化党组织领导的村民自治实践，创新乡村治理抓手载体，完善推广积分制、清单制、数字化、接诉即办等务实管用的治理方式。

　　——习近平2022年12月23日在中央农村工作会议上的讲话

## ⊙ 知识点

### 1. 组织振兴

组织振兴是实现乡村全面振兴的重要保证。组织兴则乡村兴，组织强则乡村强。组织振兴就是要充分发挥党建引领作用，培养造就一批坚强的农村基层党组织和优秀的农村基层党组织书记，不断增强农村基层党组织政治功能和组织功能，切实把农村基层党组织建设成为宣传党的主张、贯彻党的决定、领导基层治理、团结动员群众、推动改革发展的坚强战斗堡垒，更好发挥党员先锋模范作用，凝聚广大基层党员和群众的思想、行动、力量、智慧，形成全面推动乡村振兴的磅礴力量。

### 2. 组织振兴的意义是什么？

党的基层组织是党在社会基层组织中的战斗堡垒，是党的全部工作和战斗力的基础。新形势下基层党组织工作开展得怎么样，直接影响到党的凝聚力、影响力、战斗力的充分发挥。农村基层党组织是党直接联系群众的纽带，是党的理论和路线方针政策的直接执行者，是推进乡村振兴战略走好"最后一公里"的关键。可以说，农村基层党组织强不强，基层党组织书记行不行，直接关系乡村振兴战略实施的效果好不好。只有打造千千万万个坚强的农村基层党组织，培养千千万万名优秀的农村基层党组织书记，发挥好党组织战斗堡垒作用和党员先锋模范作用，才能把基层党组织的组织优势、组织功能、组织力量充分发挥出来，把广大基层党员和群众的思想、行动、力量、智慧凝聚起来，使他们凝心聚力投身到乡村振兴中去。因此，推动乡村全面振兴离不开组织振兴，组织力量是推动乡村发展最强有力的保障。

### 3. 如何构建新时代乡村治理体系？

党的十九大报告提出乡村振兴战略，强调要建立健全自治、法治、德治相结合的乡村治理体系，这为构建新时代乡村治理体系指明了方向。2019 年 6 月 23 日，中共中央办公厅、国务院办公厅印发《关于加强和改进乡村治理的指导意见》（以下简称《指导意见》），就加强党对乡村治理的集中统一领导，健全自治、法治、德治相结合的乡村治理体系作了具体部署，这为建立健全新时代乡村治理体系明确了目标，指明了路径。

《指导意见》是实现乡村治理现代化的行动指南。按照实施乡村振兴战略的总体要求，《指导意见》对构建乡村治理体系提出了具体目标，要求到 2020 年现代乡村治理的制度框架和政策体系基本形成，到 2035 年党组织领导的自治、法治、德治相结合的乡村治理体系更加完善。

我们党一直高度重视"三农"问题，党管农村工作是党的优良传统，也是实现乡村治理现代化的基本前提。将党的政治优势转化为治理能力，是加强和改进乡村治理的关键所在。根据《指导意见》要求，村党组织全面领导村民委员会及村务监督委员会、村集体经济组织、农民合作组织和其他经济社会组织；健全村级重要事项、重大问题由村党组织研究讨论机制；实施村党组织带头人整体优化提升行动，持续整顿软弱涣散村党组织等，从而完善村党组织领导乡村治理的体制机制，发挥党员在乡村治理中的先锋模范作用。

乡村治理现代化，需要构建自治、法治、德治相结合的乡村治理新体系。对此，《指导意见》进一步明确了村民自治在乡村治理中的基础性作用，并提出了增强村民自治的方式方法。比如，规范村级组织工作事务，切实减轻村级组织负担；增强村民自治组织能力，健全党组织领导的村民自治机制；全面实施村级事务阳光工程，推进村级事务及时公开。在乡村法治化建设方面，《指导意见》对人民调解、平安乡村、法律服务建设都提出了系统要求，同时也对发挥道德涵养在乡村治理新体系中的重要作用作出了规定，有助于通过社会主义核心价值观建设润泽乡村，提高乡村社会的文明程度。

乡村治理现代化的重要表现是制度化、规范化，这有赖于建立健全乡村治理体系的监督保障机制。《指导意见》的一大亮点，便是对村务监督工作的重视，并对乡村治理的监督工作提出了具体要求。针对现实中存在的一些不良现象，《指导意见》对乡村治理的选人用人机制提出了具体要求，坚决把受过刑事处罚、存在"村霸"和涉黑涉恶、涉邪教等问题的人清理出村干部队伍，并指出要加大基层小微权力腐败惩治力度等。

乡村治理是国家治理的有机组成部分，乡村治理现代化关系到国家治理现代化的目标实现。加强和改进乡村治理不仅要调动人民群众的巨大潜能，强化乡村自我管理、自我服务和自我监督的能力，还要在组织、人才、资源和服务等方面加大支持力度，从而协同推进乡村治理现代化进程。

# 重庆市巫溪县红池坝镇：
## 探索试行"五措同治"
## 助推乡村治理"四治融合"

乡村治理是国家治理的基石，"乡村治则百姓安，乡村稳则国家稳"。乡村治理是我国国家治理体系和治理能力现代化的重要组成部分。党的十九届四中全会指出，健全党组织领导的自治、法治、德治相结合的城乡基层治理体系。党的十九届五中全会指出，"十四五"期间要努力实现"社会治理特别是基层治理水平明显提高"的目标。近年来，重庆市巫溪县红池坝镇出台《关于加强基层党组织建设和社会治理创新的实施意见》，依靠群众、发动群众参与乡村治理，探索试行"五措同治"，促进以"自治为主体、德治为基础、法治为保障、善治为目标"的"四治融合"，取得明显成效。2020年获评"市级乡村治理示范乡镇"。

### （一）成立乡村振兴互助会，解决"群众自治缺平台"问题

随着我国经济社会的持续快速发展，农业得到长足发展，农村生产生活条件发生巨大变化，农民收入逐年增加，但各种各样因建设、发展而产生的矛盾纠纷也层出不穷。一方面，随着群众生活的不断富裕，依法维护自身合法权益的意识不断提高，部分群众希望

巫溪县红池坝镇景观

参与乡村治理，表达诉求、展现才能的愿望愈发迫切。另一方面，原本作为"村民自我管理、自我教育、自我服务"的基层群众性自治组织——村民委员会，其大量的时间、精力用在了处理繁杂的行政性事务上，"科层化"倾向严重，尤其是偏远乡村群众"缺平台、难发动、难组织"的问题比较突出。为此，红池坝镇指导各村（社区）通过公开推选群众基础好、威信高的党员、离退休干部、教师、专业合作社负责人、乡村总管等"新乡贤"，组建"乡村振兴互助会"，并明确其在村党支部领导下，赋予村级事务知情权、建议权和监督权，协助村支两委宣讲新时期党在农村的方针政策，开展基层矛盾化解及环境卫生评比，带领群众开展健康向上的文体活动、倡导移风易俗等，着力解决群众自治缺平台的问题。至 2023 年，全镇已建立起乡村振兴互助会 13 个，组织成员 182 名。

## （二）建立村级事务联席会议机制，解决"村务公开不透明"问题

针对少数村支两委村级事务决策不公开、结果不公示，少数村干部"不想公开、不愿公示、害怕公示"，群众对村级事务决策不知情、对村干部不信任的实际情况，红池坝镇坚持以"党内民主"

带动"乡村民主"，建立由村党支部主导，村委会提请并执行，驻村工作队及乡村振兴互助会等多方协同参与的村级事务联席会议机制，并与村务监督委员会职能职责相复合。制定《红池坝镇村（社区）联席会议议事规则（试行）》，对议事原则、范围、规则、程序等予以明确。严格落实村级重大事务决策、惠民政策落实、群众矛盾化解等，实行"开门议事、公开决策""公示结果、公开监督"，广泛听取各方意见，形成发展共识，接受群众民主评议和监督。三年多时间，全镇 13 个村（社区）共召开村级事务联席会议 195 场次，落实村务公开信息 3 500 余条，真正做到"给群众明白、还干部清白"。

## （三）设立乡贤明德堂，解决"群众纠纷难化解"问题

近年来，农村各类矛盾纠纷日趋复杂突出，既有家庭和邻里矛盾一类"鸡毛蒜皮"的小事，也有涉及宅基地、土地承包、项目征地、林地收益等涉及经济纠纷的大事，还有医疗纠纷、环境保护纠纷、道路交通事故纠纷等新型矛盾，这些都对传统的基层工作方式方法形成了挑战。红池坝镇以村综治平台为依托，以法官工作站、驻村警务室为支持，与村人民调解委员会功能相复合，聘任群众中"崇德尚法、正派公道、热心公益、群众公认"的乡贤人士为调解员，聘请退休"老法官""老公安"及法律工作者为法律顾问，组建"乡贤明德堂"。按照"公开事实、公开评理""讲法理、讲道理、讲情理"的原则，用法律和道德两种方式，在群众熟悉的场所说事评理，实现民主法制、民俗道德和群众智慧的有机融合，将矛盾纠纷化解在公堂之外，避免抬头不见低头见的乡里乡亲，因小事对簿公堂，最终输掉亲情、疏远乡情。茶山村乡村振兴互助会会长陈远华成功化解数起涉及该村干线公路建设征地阻工矛盾、产业发展土地流转纠纷，大大减轻镇村干部工作阻力和压力。渔沙、银洞、小河等村（社区）成功化解涉及工程建设、土地流转、山林权属、邻里和睦等矛盾纠纷 74 件次。三年多时间里，全镇累计化解矛盾纠纷 297 件。

## （四）深入推行"四讲三访"，解决"干群关系不融洽"问题

据不完全统计，基层 85%～90% 的信访诉求均是与群众切身利益相关的小事，而这些问题产生的根源大多与干部作风不实、漠视群众诉求相关。为此，红池坝镇深入推行"四讲三访"。"四讲"，即：以驻镇产业指导组、驻村工作队、包村干部等作为师资力量，广泛开展"田坎讲技术、院坝讲政策、发展讲变化、民风讲道德"新时期农民讲习活动，用群众听得懂的大白话、喜闻乐见的形式，宣讲党的法规政策、农技知识和卫生常识等，凝聚发展共识、聚合振兴力量。"三访"，即：不断深化"干部走访、医生巡访、教师家访"群众遍访机制，传达落实上级决策部署，讲清讲透政策标准，做到"走村不漏户、户户见干部"。让干部与群众经常见面，干部作风明显改进、干群关系不断融洽。

## （五）广泛开展群创性活动，解决"群众生活较单一"问题

红池坝镇深入践行社会主义核心价值观，组建 13 支乡村文艺队，开展"坝坝舞""太极拳""农民趣味运动会"等群众性文化体育活动，丰富群众精神文化生活。2023 年，共开展群众性文体活动 25 场，参与群众 5 000 余人次。完善村规民约，组织"最美家庭""优秀家风家训"评选，开展孝贤等道德模范表彰，用榜样的力量引领民风转变。如铁岭村开展的优秀家风家训评选，共发掘推举"勤俭持家""勤劳致富""诚实守信""讲究卫生"等优秀家风家训 57 条，并挂牌公示，互学互鉴。三年多来，全镇共评选各类榜样典型 315 人。实施"文明积分"兑换和"无事酒"整治专项行动，累计劝阻、制止操办"无事酒"92 场次，引导群众移风易俗。分村建设"幸福家园"13 个，已入住无人供养五保户和重点失能特困人员 82 名，探索实施农村互助养老模式。常态化开展"一季一活动、一年一慰问、一年一表彰、一年一体检"孝爱敬老"四个

一"活动，弘扬传统美德，让老年人老有所养、老有所乐。共计开展免费体检、节日慰问、集体聚餐、冬衣送暖等孝爱敬老活动 40 余场次，各村"中秋老叟宴"传遍乡里，引发网友点赞。建立关爱留守儿童"八个一"机制，三年多来，累计帮助 420 余名学生迈入大学校门，圆了祖祖辈辈的"大学梦"。借助团委、妇联、义工等帮扶资源，联系爱心企业和社会人士到村开展留守儿童关爱活动 18 次，惠及儿童 1 000 余人次。

## 上海市浦东新区新建村：
## "三送一服"为农服务
## 乡村振兴丰产增收

上海浦东新区万祥镇新建村位于万祥镇东，耕地资源丰富。近年来，该村积极探索党建引领新农村发展新路子，依托"家门口"服务体系，以"做强产业、壮大主体、强化服务"为目标，开创"三送一服"为农服务项目，围绕农作物"产前、产中、产后"三个阶段，为村民送去优质种子、送去专业培训、送去跟进检验，提供销售渠道对接服务，帮助村民提高种植质量和产量，实现农民增收、农业增效，为乡村振兴赋能助力。

送优质种子，夯实丰产基础。新建村党总支积极发挥组织优势，链接各类种子企业，在家门口服务中心为村民提供优质种子订购派发服务，不仅解决了购种信息不对称的问题，也降低了村民自行购买到劣质种子的风险。种子质量直接关系到农作物的收成、农民的收入，因此新建村严把种子质量关，确保提供的种子品种纯正、生长期稳定、抗病虫害能力强。同时，严把种子价格关，在种子的溯源及品控得到保障和优选的前提下，为村民争取到最优惠的价格，很受欢迎。

送专业培训，推进科技助农。新建村党总支充分发挥桥梁纽带作用，立足"科技＋农技"助农增产思想，通过线上与线下相结合的方式，为村民送去专业培训和指导。邀请农业专家为村民提供培苗壮秧、配方施肥、病虫防治等专业指导，组织村民集体参与"惠农通"平台培训，开展 11 场线上学习课程，提升村民科学种植技能和病虫害预防能力。提供面对面指导、电话咨询等服务，力求第一时间解决村民在种植过程中遇到的难点、疑点，助力农业生产高质量发展，确保丰产丰收。

送跟进检验，强化服务保障。在作物栽培过程中，新建村党总支通过送去细致入微的跟进服务，帮助村民实现科学种植、风险干预、应急处置，为村民实现产能经济双增收提供保障。村里定期对村民的种植情况进行跟进检验，发现问题及时指导，并联系专家提供解决方案。在台风季等特殊天气情况来临前，与相关职能部门加强联勤联动，根据实际情况开展针对性防台风、防汛专项培训，提醒村民防范自然灾害，做好预防和应急措施，保障农作物生产安全。定期提供肥料、农药等物资，帮助村民减轻经济负担，并为村民购买农作物保险，提高抗风险能力。

提供对接服务，助力农民增收。新建村党总支通过参观学习、交流座谈等活动，按照"围绕重点、建立机制、搭建平台、打通瓶颈、拓宽渠道"的思路，积极组织动员龙头企业、家庭农场、农民专业合作社"抱团"发展。践行科技兴农助农发展模式，打破传统销售模式，开拓新媒体自媒体等网络通道，协调物流运输等环节，让优质果蔬瓜果走出家门，走向更广阔的市场。为降低村民销售成本，提高收益，新建村党总支充分发挥党员先锋模范带头作用，群策群力，为村民提供农产品包装、标签、宣传等服务，增加农产品附加值，树立起新建村优质农产品品牌。

## 内蒙古自治区阿拉善高新技术产业开发区：
## 紧握党建"金钥匙" 开启乡村"振兴门"

内蒙古阿拉善高新技术产业开发区（以下简称高新区）始终紧握党建这把"金钥匙"，以共治共享、产业升级、农旅融合"三轮驱动"，助推基层党组织和乡村振兴无缝融合，打开百姓"幸福门"。

内蒙古阿拉善高新技术产业开发区管理委员会

共享阵地解锁"治理密码"。为保障乡村振兴蹄疾步稳，高新区持续深化党群服务中心共享阵地建设效能，聚力将农牧区基层党组织打造成群众"看得见、摸得着"的坚强堡垒。作为组织生活的"主阵地"，嘎查村党组织联合包联单位党组织、村企结对企业组织开展"书记讲党课、干部讲业务、老师讲政策、百姓讲变化"特色宣讲活动，进一步激发农牧区党员活力，放大党组织工作辐射效应；为培育壮大乡村人才队伍，蓄足"源头活水"，打造"理论学习轻骑兵"宣讲小分队，开展"党史微课堂""晨读夜学""岗前十分钟"等党员教育活动，通过知识授课、技能培训、实践课堂等多种形式为农牧区党员干部"补钙提能"，2023年已累计培训21场次。将共享阵地作为民主决策的"议事厅"，嘎查村更是通过党员"抛题"、村民"议题"、共同"定题"、党组织"解题"的方式，把大到项目发展，小到日常花销，公开向农牧民征求意见，有力保证了农牧民对集体经济发展的监督权和参与权。

资产盘活搅动"一池春水"。高新区创新实施"党支部引领＋公司式运营＋股份制合作"模式，所属2个嘎查村先后借政策"东风"完成集体产权制度改革，挂牌成立股份经济合作社，折股量化资金共计 1 770 万元，量化 735 股，实现"资源变资产、资金变股金、牧民变股民"的转变。同时，积极推动资源整合，2 个嘎查村携手合作、优势互补，共同出资打造了巴音敖包工业园区首个多功能综合性便民服务广场，2022 年租金收益累计达到 46 万元。高新区加快推动集体经济转型升级，不断优化经济发展结构，变"输血"为"造血"，由合作社承包园区 682.73 公顷绿化养护工程，依托移民后扶项目建成温室大棚 30 座、标准化养殖场 6 座，以产业兴旺带动牧民创业就业，2022 年各嘎查集体经济收入达 80 万元。此外，通过创新实践"党建引领＋党群议事"的新模式，不仅破解瓶颈问题，更让嘎查村集体经济"造血"功能不断增强，有效激活了嘎查村集体经济发展的"一池春水"。

农旅融合点亮"诗和远方"。文化是乡村振兴的"魂"。为留住文化根脉，加快农牧民融合，高新区党工委始终坚持把"党旗飘扬"与文旅发展相融合，依托肯特敖包祭祀等非遗文化，通过党群联手、组织联盟的方式，创新推出"党建＋非遗文化传承"的产业深度融合新模式，保留并发展了"非遗传承""家乡亲那达慕活动""农牧民趣味运动会"等一大批党建文化品牌。此外还依托黄河和乌兰布和沙漠两大资源，全力打造驼盐古道精品旅游线路，以特色鲜明、优势突出的旅游产业布局，将沿线景点建设成为集观光、娱乐、休闲、餐饮、探险于一体的"旅游＋历史""旅游＋文化""旅游＋生态"乡村旅游示范点，持续提升游客旅行体验，引来更大"流量"，致力将高新区打造成阿拉善盟东大门最具吸引力的"诗和远方"。

# 陕西省甘泉县：
# 强化党建引领　助推乡村振兴行稳致远

办好农村事情，实现乡村振兴，基层组织必须坚强，产业基础必须过硬。2023 年，陕西省甘泉县扎实开展抓党建促乡村振兴"创新赋能"行动，全力聚集各类硬要素、硬资源，落实各项硬措施、硬任务，高质量推动乡村振兴行稳致远。

坚决守牢粮食安全底线，有效提升粮食产能。甘泉县要求全县各级党委、部门单位严格落实耕地保护和粮食安全党政同责，守牢底线，严格按照全县"三区三线"划定结果，坚持占补平衡，严格落实永久性基本农田、粮食生产功能区种粮属性，开展闲置撂荒设施排查和盘活利用，巩固耕地"非粮化""非农化"整治成果，杜绝"割青毁粮"。全面完成2万亩高标准农田建设任务，全面落实14.2万亩粮食播种面积，积极优化农作物品种，全面落实良田、良技、良机、良法"四良"要求，实施粮食产能提升行动，将粮食产量稳定在4.64万吨。推进粮食"产购储加销"一体化经营，适度发展小杂粮订单农业，拓宽群众增收渠道。

甘泉县大力发展现代农业

加快农业提质增效步伐，促进农产品产值增长。深入推进设施农业现代化提升行动，充分发挥党员模范、致富带头人、产粮大户等示范引领作用，不断优化种养结构，积极推广温室大棚自动放风机、轨道车、无纺布外墙覆盖等现代设施设备和根结线虫防治、节水滴灌、黏虫板等绿色高效技术；大力实施富硒农业产业试验示范项目，提升特色农产品产量和质量，打造特色富硒农产品品牌；用好用活各级苹果产业高质量发展政策，持续优化提升"百千万"示范核心区管理水平，积极推进畜禽标准化养殖。

提升农业科技装备水平，保证农产品有效供给。贯彻落实农机购置与应用补贴"三合一"办理，推行农机报废更新补贴，培育一批农机社会化服务主体，依托甘泉洛水农业投资开发有限责任公司，支持开展跨区域作业、订单作业、托管等多种形式农机社会化经营服务。加强气象灾害预警，做好农作物病虫害综合防控，扎实开展疫病净化行动。做好日常抽检及省市抽样检测，进一步深化"治违禁、控药残、促提升"三年行动。

加快产业延链补链，推动一二三产业融合发展。在旅游景区沿线，布局发展特色采摘、休闲康养、观光体验等新业态，充实下寺湾闫家沟村千亩融合农业示范园融合发展内涵，加快纸房村、闫家沟村等农旅结合示范点建设，促进农业产业与旅游业深度融合。充分发挥甘泉县洛水农业投资有限责任公司带头作用，依托清泉智慧物流园区、工业园区农副产品加工区，在湖羊育肥销售、蔬菜净菜包装"上高铁"方面开创新佳绩。充分发挥"车间党旗红"效应，扩大产能，继续支持鼓励八千里、劳山鸡业、洛河川等农副产品加工企业加快产品研发、产能释放，组建成立专业线上营销团队，开展线上营销等工作。

稳妥推进农业农村改革，助力农村经济多元发展。扎实开展农村集体经济"消薄培强"行动，深入推进县级领导包抓低收入村和集体经济薄弱村计划，力争农村集体经济收入突破 3 000 万元。支持农村集体经济组织、农民专业合作社、家庭农场发挥各自优势，促进"户转场、场入社、社联合"，进一步壮大村集体经济。

## 海南省五指山市毛纳村：
## 牢记殷殷嘱托　抓基层党建促乡村振兴

海南省五指山市水满乡毛纳村为黎族村，位于五指山脚下、水满乡西北部。下辖 6 个村小组，总户数 167 户，常住人口 645 人，其中党员 55 名。"两委"班子 4 人，乡村振兴工作队员 3 名。确权林地 6 160 亩，耕地 650 亩。以发展茶叶为主导产业，主要农作物是茶叶、益智。近年来，毛纳村党支部始终牢记习近平总书记的殷殷嘱托，坚持党建引领，在产业生态化和生态产业化上下功夫，村庄发生了巨大变化，获评 2022 年中国美丽休闲乡村、第四批全国乡村旅游重点村、第九批全国民主法治示范村（社区）等荣誉，2022 年人均可支配收入达 1.6 万元。

毛纳村全貌

　　坚持理论结合实践，扎实上好"五堂课"。一是上好"理论课"，组织"两委"干部参加各类专题能力提升培训班，提升政治理论素养；二是上好"业务课"，组织参加党建业务、乡村振兴应知应会等政策培训，增强履职能力；三是上好"练兵课"，组织村党支部书记通过访谈、擂台赛等方式开展乡村振兴大比武，激发干事创业动力；四是上好"现场课"，带领村干部到湖南十八洞村、昌江王下乡等地学习先进经验与做法；五是上好"廉政课"，组织村干部参观警示教育巡回展，以案示警，抓好作风建设。

　　坚持茶旅融合，促进农民增收。结合村庄实际，通过"村委会＋企业＋合作社＋农户"模式，实现茶叶种植、苗期管护、采摘、收茶以及加工上的"一条龙"帮扶。持续引导党员干部在产业发展中做表率当先锋，村支部党员、退役军人王柏和带领群众种植大叶茶致富，获得全国"最美退役军人"，当选海南省人大代表，成为先进榜样。村支部党员、返乡大学生王启望获得五指山返乡入乡创新创业优秀人才评选奖励，树立党员带头致富标杆。以毛纳村小组为重点，精心设计"跟随总书记足迹，发现五指山之美"旅游线路，全力打响"不到五指山，不算到海南"品牌，努力把毛纳村打造成为习近平新时代中国特色社会主义思想的实践地，向世界展示我国生态文明建设和乡村振兴成果。

聚焦乡村建设，提升村容村貌。强化村庄建设规划先行，压实农房建设管控责任，画好乡村美丽画卷"第一笔"；加快推进村貌提升改造，坚持立足基础，着眼"小而精"，不搞大开发、大建设；持续完善村内重大基础设施，乡村面貌焕然一新。全村共产党员挂牌亮身份，主动参与疫情防控、基层治理、环境卫生整治等志愿服务活动，保护生态环境，实现村容整洁、家园美化，还美丽乡村"绿水青山"的乡愁。

坚持绿色发展，助推生态振兴。毛纳村从"国之大者"的站位和"热带雨林国家公园是国宝"的高度来认识生态环境保护工作，切实把山、水、林管护好，严格落实"六个严禁两个推进"工作，努力实现宝山硕果累累。

## 贵州省黎平县平寨乡：
# 党建引领"四大行动"走深走实

自和美城乡"四大行动"开展以来，贵州省黎平县平寨乡强化党建引领，通过坚持"一盘棋"、增强"荣誉感"、当好"主人翁"、努力"创一流"四位一体，聚民心汇群力，充分发挥党员干部力量助力乡村振兴，扎实推进和美城乡"四大行动"走深走实。

坚持"一盘棋"精致乡村管理。一是乡党委、乡政府牵头组建以党政主要领导为组长的精致乡村管理队伍，根据精致化、长效化管理要求，紧紧围绕"夯实基础、强力推进、整体提升"三大目标，明确实施要求，落实具体措施，扎实开展乡村精致管理示范创建工作，着力提升乡村精致管理水平。二是建立党组织牵头、党员示范、全员参与的服务模式，充分发挥党组织战斗堡垒作用和党员先锋模范作用，开展党建指导、城镇精致管理、政策宣讲、法律维权、科普宣传及文明健康宣传等服务活动。三是通过入户面对面等形式加大宣传，引导全体群众共同参与，共同绘就共建共治共享示范创建同心圆。持续推进示范"门前三包"工作，压实责任主体、经营户、村民、家庭"四方责任"，共同参与治理。

2023 年，开展环境卫生整治行动 400 余人次，清理占道经营 18 余次、乱堆乱放 20 余处、建筑垃圾 12 处、野广告 85 处、房前屋后环境卫生 80 处，及时制止乱倒垃圾行为 24 起。

增强"荣誉感"加强环境整治。聚焦农村环境整治，探索新思路，采取评选推优、以奖促改的方式，围绕"庭院设计布局美、物品整齐有序美、环境卫生清洁美、栽花种树绿化美、家风家训风尚美、增收增效富饶美"的总体要求开展乡村"美丽庭院"示范户评选活动，积极营造"比学赶超"的浓厚氛围。以改善农村环境、建设美丽乡村为目标，大力开展农村环境整治行动，通过集中整治、党员引领、群众参与和日常管护相结合，努力打造干净、整洁、文明、舒适的宜居乡村。以全域无垃圾治理为抓手，下足"绣花"功夫，全面开展"清脏"行动，不断提升农村颜值、气质、内涵，全力打造设施完善、环境秀美的宜居宜业和美乡村。

当好"主人翁"促进乡风文明。扎实开展村党组织书记抓党建促乡村振兴"三项赋能行动"，把深入推进文明新风作为村级"一把手"工程来谋划推进。探索建立"乡贤＋""红管家＋""积分＋"等群众自治管理模式。成立 9 支"巾帼宣传志愿队"，引领妇女做移风易俗的践行者、宣传者、劝导者，引导做好"四控四减""四抵制四倡导"，不断增强广大群众对倡导文明新风的自觉性和认同感。将文明行动、遵守村规民约情况等纳入考核范围，按照"分数考核细则＋村民投票"的方式进行评比，以荣誉积分兑换日常生活用品，实现用"小积分"兑换"大文明"。2023 年，9 个行政村均已修订《村规民约》，成立村寨"合约食堂"，完成"一约四会"，开展志愿服务活动 30 余次。

强化法治教育努力争创一流。充分用好"一中心一张网十联户"基层社会治理机制，平寨乡把各村两委委员和党员纳入村级管理服务网格，实行指挥长包村、干部包网格、村级党员包户，与"联户长"一起，身穿"红背心"，背挂小喇叭，深入院落楼栋，广泛听取意见，收集社情民意，大力宣传禁毒、反诈骗、森林防火、消防安全等知识，实现"点单式"普法。重点围绕涉毒涉诈、婚恋家庭情感纠纷、邻里琐事纠纷、拖资欠薪、征地拆迁等开展摸排，对收集到的问题线索，及时研判风险等级，明确专人进行责任包保，定期化解，推动全乡法治普及教育走深走实。

# 广西壮族自治区北海市：
# 党建引领"聚力"发展村级集体经济

广西壮族自治区北海市坚持党建引领，以打造集体经济"百万强村"为抓手，整合区域优势、资金、人才等资源，推动北海村级集体经济总量扩大、质量提升、效益增加。2022 年全市村级集体经济总收入 6 106.7 万元，增长 9.91%，所有行政村集体经济年收入均稳定在 6 万元以上，年收入 10 万元以上的村占比 63%，年收入 20 万元以上的村占比 23%。

## （一）聚合资源抓统筹，因地制宜精准发力

一是党建引领聚合多元主体力量。建立党建"1＋N"模式，即"党支部＋合作社＋龙头企业＋基地＋农户""党建＋村集体经济＋公司＋农户"等经营模式和利益联结模式，聚合多元主体资源和力量如财政专项资金、土地、项目建设和项目管理团队等，有效提升村集体项目策划和经营能力。同时，以地方资源优势和特色产业为着力点，推动 175 个村参与建设经营彩椒种植、林木深加工、澳洲香料种植提炼等 12 个特色产业园。

二是建立专班统筹整合各种资源。实施发展壮大村级集体经济"百万强村"行动，市县两级建立"专事专班"，加大财政、金融、土地和改革赋能等政策支持力度，引导村集体拓宽物业经济、服务经济、项目经济和融合经济等发展路径，实现乡村农业产业"接二连三"。

三是立足区域优势做足特色产业文章。合浦县用好海鸭蛋地理标志产地政策，与行业龙头合天宝龙合作，建设标准化海鸭养殖示范基地，带动集体经济产业年产值超百万元；海城区瞄准农文旅融合乡村振兴新赛道，引进光远旅游集团合作建设赤西村农耕文化研学基地，带动群众参与乡村旅游产业，村集体经济收入超 50 万元；涠洲岛发挥最美海岛优势，利用集体经济资源，以出租、入股合作等方式，与连锁企业联营旅游民宿产业，为村集体年增收 22 万元；银海区立足农业科技优势，成立秸秆新技术综合处理中心，环保回收利用周边区县近 7 万吨秸秆，提供 20 多个就业岗位，为村集体年增收约 18 万元；铁山港区深入探索电商兴农模式，推出大塘村集体经济项目领跑农村电商助力乡村振兴新赛道，村集体经济收入达 10 万元，2023 年与 6 家企业签订协议，计划战略投资 300 万元，顺势打造农村电商"新样板"。

## （二）聚拢资金壮产业，增强村集体"造血"功能

一是投入财政资金夯实发展基础。市、县两级成立集体经济资金统筹专班定期会商调度，两年来整合农业、乡村振兴、海洋、文旅等部门涉农资金近 3 亿元扶持发展村集体经济；财政部门 2023 年筹措各级各类财政资金共 23 266 万元扶持村级集体经济产业发展；乡村振兴部门 2023 年筹措财政衔接资金 7 940 万元实施新型农村集体经济发展项目 19 个，因地制宜推进养殖产业、仓储物流、农产品电商产销中心等项目发展，增强村级集体经济自我造血功能。

二是撬动社会资金发挥引导作用。发挥财政资金和招商引资惠企政策引导作用，2022—2023 年，撬动社会资本近 9 亿元，引进

凤翔集团、和润鸽业等龙头企业，建成以高效经济作物、特色水果、特色水产养殖、南珠、特色滨海乡村旅游等十大优势特色产业为核心的集体产业集群。以银海区福成镇为例，辖区落地 5 个大棚果蔬项目，配套地头冷库、200 万羽肉鸡产业等项目，每年增加村集体经济收入 160 万元。

三是"村村抱团"盘活用好集体资金。鼓励村村抱团，引导和支持村干部及群众投资入股集体经济，资金投向从"小散弱"向"集约型"发展；激活"躺账"资金，用好集体经济收益，近两年提取公积金 3 000 多万元用于扩大再生产；建设一批产业项目和配套设施项目，增强可持续发展能力，实现集体增收、群众致富。

### （三）聚集人才谋发展，占领乡村振兴"智"高点

一是引育专家人才"把脉问诊"。建立集体经济专家人才库，组织专家开展"组团式"帮扶、"订单式"培训、"问诊式"指导，两年来对接服务项目 178 个，培训 1 000 多人次，解决了一批制约集体经济发展的难题。出台《北海市引育乡村产业振兴人才实施办法（试行）》，重点引育农业产业带头人等五类人才，在乡村产业发展、农业技术推广、乡村建设、农村电商和联农带农促增收等系列重点领域发挥示范引领作用。2023 年选派 87 名科技特派员到乡村开展技术生产经营服务，为乡村生产经营基地、合作社、经营主体等提供技术支持。

二是挖掘乡村头雁"领航探路"。支持乡村"头雁"和"新能人"创办集体经济项目，"做给群众看、带着群众干、帮着群众赚"，2023 年推荐遴选 26 名国家级"头雁"培育对象；分级分类组织开展村集体经济组织负责人履职能力培训，提高村级集体经济组织负责人、经营管理人员等发展集体经济的能力本领。

三是广纳新兴职业能人"各展其才"。选聘职业经理人、职业合伙人领办千亩金钻凤梨基地、汇海餐厅等集体经济项目，带动 5 000 多名群众就业创业，实现增收超千万元。发挥北海网红经济

人才集聚优势，开设"书记直播间"，建设集体经济地头分拣冷库，通过电商"产地直通车"销售农产品，助力一批行政村集体经济收入突破 20 万元。

<h2 style="text-align:center">云南省丘北县仙人洞村：<br>基层党组织联农带农<br>引领发展乡村旅游</h2>

云南省文山州丘北县仙人洞村位于文山壮族苗族自治州丘北县普者黑景区核心圈，曾是一个贫困落后的彝族撒尼人聚居村寨。发展旅游的过程中曾面临钢筋水泥"野蛮生长"、湖水污染加重等瓶颈。近年来，仙人洞村充分发挥党建引领作用，坚持生态优先、绿色发展，积极发掘优秀民族文化，成为"中国最美乡村"。

仙人洞村开展民居改造工程前后对比

### （一）支部引领转观念，共建当地特色民居

规划先行，让民居改造"破题"。早期，村民们推倒了世代居

住的土坯房，建起各式各样的高楼洋房，与景区原始生态环境形成巨大反差，遗失了乡愁、留不住游客。为摆脱低端发展困境，2013年以来，村党支部多次开会、反复动员，下定决心还原当地民族特色民居，并一体化建设精品客栈。争取丘北县级财政出资，聘请专业设计公司统一规划，制定了充分体现彝族撒尼特色的"一户一设计"建设方案，为民居改造工程顺利推进打下了坚实基础。

党员带头，让广大群众"定心"。起初，绝大多数村民对重建楼房心存疑虑甚至强烈抵制。为此，村党支部出资组织党员、村干部和村民代表到北京、大理、丽江等地"取经"。随后，组织党员干部带着图纸挨家挨户讲解改造意义、补助标准等政策，逐一听取群众意见，修改完善后形成改造前后对比图。支部书记率领全村党员和村组干部先行实施推倒重建，动员亲戚朋友先动先建，欢迎观望群众随时参观，以最直观的方式打消了群众顾虑。经过5年集中攻坚，全村186户、95%的民居完成改造，斜瓦屋面、红墙土瓦、雕梁画栋、民族风韵浓厚的彝族撒尼民居村落绽放光芒。

支部引领，让低端发展"升级"。改造民居的同时，村党支部统筹财政、金融及群众自筹资金1.247亿元，开展村内道路、文化广场等设施建设，全村容积率和绿化率得到显著改善，呈现出"小桥流水人家"的诗情画意。改造完成后，村党支部积极与携程等旅游网站合作，有效提升了特色民居客栈知名度。截至2023年，全村投入运营客栈186户，客房3 300余间，年收入400万元。村民人均年收入从不到300元提高到2021年的5万余元，实现了从贫困落后的"口袋村"到当地"首富村"的华丽蜕变。

## （二）文化搭台旅游唱戏，找回乡愁留住游客

守住优秀文化的"根"。旅游红红火火的同时，村党支部带领全体村民积极挖掘、保护和抢救优秀传统文化。在收编整理毕摩文化和神话传说的基础上，编演了《古老的仙人》《洗麻歌》《火塘情》等50多个独具民族特色的原生态歌舞。村中小路、街边商铺或是民宿客栈的门前屋后也成为各类民族乐器、民族服饰、民族美

食、民族工艺品的展示场地。原汁原味的传统文化吸引万千游客流连忘返。

融合传统文化的"魂"。除了发掘彝族撒尼文化，村党支部还积极组织群众开发和融合丘北县各民族优秀传统文化元素，筹办苗族"花山节"、壮族"祭奄节"等节庆活动，开展篝火晚会、挖藕等特色旅游项目，展示多元民族文化和谐相处的美妙画面，铸牢中华民族共同体意识。近年来，全村累计演出节目 2 500 余场次，吸引观众 20.5 万人次，"游普者黑、住仙人洞、品彝族撒尼文化"已成为金字招牌。

提升精神文化的"质"。为了让村民在"钱袋"鼓起来的同时"脑袋"也活起来，村党支部大力支持建设综合文化服务中心、"乡愁书院"、党群活动中心等宣传阵地，邀请专家和县乡领导干部开展党史、国史、家乡史教育，引导群众践行社会主义核心价值观、破除陈规陋习、涵育文明乡风。仙人洞村 2009 年、2017 年两次被评为"全国文明村镇"。

### （三）党群同心齐发力，共创生态文明和谐村

在污水排放上做"减法"。村内民宿和餐饮业的蓬勃发展使得生产生活垃圾与污水大幅增加，造成毗邻湖面严重污染。村党支部及时调整思路，坚持以"两山"理念为指导，前后争取资金 6 000 余万元，统筹推进全村配备垃圾桶、安装隔油池、建设污水处理厂，督导村民规范处理生活污水，有效保护村内环境卫生。

在生态保护上做"加法"。结合农村人居环境整治、"绿美文山先锋行"等活动，村党支部组织成立了党员志愿服务队，青年志愿者服务队，定期开展清扫道路、植树绿化、轮流巡逻等志愿服务。利用党员会、群众大会、宣传册、小喇叭广播等渠道，宣传环境保护政策法规，引导全体村民牢固树立"两山"理念，共同守护碧水蓝天。在党员群众的共同努力下，仙人洞村从昔日的脏乱差变成现在的一步一景、一路风景，并被评为"2019 年中国最美乡村"。

在为民服务上做"乘法"。在村党支部的带动下，全村党员组成卫生督查、旅游咨询志愿服务队，村老年协会组成交通协管志愿服务队，为游客和村民提供交通、向导等服务。每年将村集体经济收入的 40％用于环境卫生保洁、基础设施维护等，对留守儿童、特困家庭定期进行帮扶，给本村考上大学的学生累计发放奖学金 12 万余元。牵头制定"一户一帮扶方案"，将患有听觉、言语障碍的村民安排到村庄保洁等公益性岗位保障就业，帮助肢体残疾、没有经营能力的村民招商引资合作经营民宿，在脱贫致富奔小康的路上坚决不让一个人掉队，实现全体村民收入翻番、幸福翻倍。

### 河北省张家口市：
# 百家"两新"党组织助力乡村振兴

按照中央和河北省委全面抓党建促乡村振兴工作要求，河北省张家口市委"两新"工委选派 100 个党建强、发展强的"两新"党组织积极参与驻村帮扶工作，为乡村振兴注入"新"动力，彰显了新时代"两新"组织的责任和担当。

聚能产业帮扶，壮大集体经济。非公企业乡村振兴工作队依托行业优势、单位资源、个人人脉等，通过产业谋划、项目扶持、资金入股等方式，建立村级集体经济稳定增收长效机制，确保实现"村级集体经济收入年底前突破 10 万元"的目标。张家口北方铸业有限公司驻经开区姚家房镇姚家房村工作队谋划利用村里 30 亩空闲用地，投资 1 000 万元建设集养老、休闲为一体的养老院，建成后预计每年可增加村集体经济收入 40 余万元；河北鸿翔集团派驻怀来县小南辛堡镇大古城村工作队结合帮扶村以海棠种植为主导产业的实际，拍摄宣传短片，宣传特色海棠附属产品，提高产品知名度，拓宽销售渠道，提高产品收益；张家口安智科为新能源有限公司驻经开区沈家屯镇下营屯村工作队充分发挥企业自身优势，利用村委会、村民房屋屋顶安装太阳能光伏发电板，通过出售剩余电量来增加收入，助推产业发展；河北泥河湾农业发展股份有限公司驻阳原县马圈堡乡保伸观村工作队采取"优惠购种、溢价收购"的形式，由企业出资购买农户生产的种子，以每斤高于市场价 0.17 元的价格收购，农户每亩可增收 200 元，0.02 元用于村集体组织费用，增加村集体经济收入。

聚焦就业帮扶，激发内生动力。张家口市坚持从激发农民群众内在动力入手，注重提升农民群众就业能力，加强实用技能培训，积极为村民提供更多就业岗位，带动当地经济发展的同时也极大地缓解了就业压力。千艺职业培训学校驻桥西区东窑子镇孤石村工作队依托自身优势，对帮扶村 34 名村民进行家政服务技能培训，建立就业服务站点，组织"下乡送岗位"活动，促进有就业意愿的农村劳动力在家门口实现就业；张家口根力多生态农业有限公司驻万全区北沙城乡羊窖沟村工作队利用春耕时机，每周到帮扶村组织村民进行农业种植技术等方面的培训，为农民群众增收提供技术保障；众援职业培训学校驻怀来县新保安镇解放街村工作队对妇女进行中式面点专业培训，首批培训 23 人，14 人通过职业资格鉴定取得五级中式面点师资格证书。

聚力公益帮扶，履行社会责任。围绕解决帮扶村村民急难愁盼问题，积极参与公益帮扶。张家口慈善义工联合会党委先后在桥西区、宣化区、怀安县、康保县为家庭困难学生发放"梦想口袋"爱心包 300 个，价值 8 万元；开展慰问活动 32 场，71 名困难学生实现"代理爸妈"一对一资助，资助金额 5 万元，营造良好社会氛围；亿华通动力科技有限公司驻桥东区大仓盖镇河家堰村工作队投资 10 万元在村主干道安装路灯 70 盏，为村民出行安全提供便利；张家口长城液压油缸有限公司驻万全区宣平堡乡上营屯村工作队积极开展助残爱心帮扶活动，为村里 83 名残疾人送去了米、面、油等生活用品；张家口市国威大药房连锁有限公司驻蔚县桃花镇谢家庙村工作队积极宣传疫情防控知识，为村民捐赠医用口罩及消毒用品，为居家健康观察人员购置生活必需品，筑牢群防群治防线。

# 辽宁省:
# 抓党建引领拓新路 促乡村振兴出实招

新时代乡村振兴之路,党建引领是根本。近年来,辽宁省出台抓党建促乡村振兴的若干措施,突出党建引领、强化组织保障。当前,全省各地都在积极探索乡村振兴的有效路径和实现渠道,着力把党的政治优势、组织优势和密切联系群众的优势转化为全面推进乡村振兴的发展优势,在实践中不断取得新成效。

## 沈阳:领办创办合作社 拓宽村级集体经济增收路径

60 万元红利,12 万元留给村集体,其余派发给 120 户入股村民。村民变股东,股金得分红。日前,沈阳市沈北新区大洋河村首次股东分红大会在村党建广场举行,入股村民依次登台,领取分红现金。

2021 年 4 月,大洋河村引进了沈阳阳明净化设备有限公司。村两委班子带领村民筹资 400 万元,修建 3 000 平方米厂房和 1 500 平方米库房,村民以投资入股的方式与企业合作,厂房产权归集体所有,项目现已投产。村集体和村民成为企业股东,激活了农村发展的内生动力,致富之路越走越宽广。

近年来,沈阳市委组织部坚持把发展壮大村级集体经济作为深入实施乡村振兴战略的重要抓手,下大力气抓重点、补弱项,加快村集体增收步伐,村级组织自我保障和服务群众能力显著增强。

沈阳市出台了《沈阳市发展壮大村级集体经济三年行动计划(2021—2023 年)》,提出 5 个方面 21 项具体举措,量化分解区县(市)各年度工作目标,确保 2023 年底 70% 的村集体经济纯收入超过 10 万元。各区县(市)成立由党委政府主要领导任组长的领导小组,分别制定县级"1+1+N"制度体系,即实施细则、考核方案(含奖励措施)及各部门工作举措,形成工作合力。市委组织部、市农业农村局、市财政局组成专班,每月以会议调度、专题培训、现场观摩等方式，跟踪工作进展、传导工作压力、压实工作责任，确保各项任务落地落实。

同时，沈阳依托农村产权流转交易网络平台，大力开展农村集体资产管理专项整治行动，组织县乡全面摸清、管好"家底"，实现集体资源资产流转交易"应进必进"，稳步消除"欠账""顽疾"。至2022年，清理经济合同1.6万份，其中违约、无效合同2 045份，经重新发包，村集体增收1 365万元。化解集体债务2 046.23万元，收缴欠款450.75万元，收缴私自占用集体资源资产181.19万元。

为拓宽村级集体经济增收路径，沈阳市一方面在全市开展村党组织领办创办合作社工作，择优确定235个试点村，努力把村党组织和广大群众凝结成利益共同体。至2022年，已有205个村党组织领办股份合作社，30个村创办专业合作社，引导带动7 538户党员群众入社，村均集体经济增收16万元。另一方面，启动"党建促振兴 村企共发展"专项行动，首批组织82个集体经济收入5万元以下的"薄弱村"与96家国有、民营企业签约结对，合力攻坚、共谋发展。

此外，沈阳市以换届为契机，吸引3 997名致富能手进入村两委班子，两委成员平均年龄下降7.6岁，大专以上学历占比提升18.6%，整体活力显著提升。在此基础上，制定一系列举措，全面提升村干部待遇保障水平，有效激发村干部干事创业热情。

## 铁岭：建立跨村产业联合党委 优势互补共发展

开原市庆云堡镇党委副书记王明还兼任庆云堡镇果蔬产业联合党委书记，在他的带领下，产业联合党委发挥了整体效应，探索出一条党建引领带动产业集群高效发展的新路径。庆云堡镇果蔬产业联合党委与长春奢爱农业科技发展有限公司建立了合作关系，打造融合共建、开放共享、联动共赢的"致富链"，有效解决了草莓苗采购难题。与此同时，聘请开原籍吉林省农科院首席专家、草莓研究所负责人郑亚杰教授为庆云草莓产业发展顾问，为种植户提供免费技术指导，助推家乡产业发展。

近年来，铁岭市以"产业发展到哪里，党组织的引领作用就覆盖到哪里"为目标，依托各地现有产业基础、发展空间和市场条件，因地制宜建立27个"跨村产业联合党委"，覆盖154个村，92家非公企业、合作社，形成了以强带弱、强强联合、优势互补、抱团发展新格局。

在具体运作中，按照"地域相邻、产业相近、功能互补、发展互助"原则，推行"党组织＋合作社经济组织＋农户"发展模式，以产业带动能力强、经济发展效果好的村为中心村，建成果蔬种植、畜禽养殖、乡村旅游等27个产业特色鲜明的"跨村产业联合党委"，吸纳区域分布较近、资源禀赋相似、发展类型趋同的村、企业、合作社、家庭农场等组织，通过党组织搭建合作平台，实施土地流转、劳动力转移、产销一体合作等措施，统筹各方资源，实现党建引领、富民强村。

明确产业联合党委把方向、做决策、抓协调、强服务的主要职能，产业联合党委书记由中心村党组织书记或县、乡（镇）党政领导班子成员担任。按照行政区划不变、村民自治主体不变、集体资产产权不变、债权债务不变、干部报酬待遇不变的"五不变"，统一领导、统一规划、统一部署、统一落实的"四统一"以及财务管理独立建账、独立核算、独立收支的"三独立"原则，全面规范产业联合党委组织形式，推选财务监督小组监管日常收支，建立健全联建村党组织成员分工负责、定期联席会议、民主议事决策、民主监督、协调联动攻坚等10项工作制度。

建立产业联合党委重点任务清单，从建好班子、搞好产业规划、建好和规范各类经营主体、引进和培养人才、争取外部支持等10个方面给任务、定目标、设标准，对每项重点任务都逐个明确责任部门、具体责任人及序时要求，实现清单化管理、项目化推进，进一步明确责任主体、强化工作落实。坚持以党建为引领，充分发挥党组织的总揽协调作用，整合2亿元发展壮大村级集体经济专项资金、专项扶贫资金、乡村振兴专项资金等，依托乡村振兴示范村镇，倾力打造产业示范带，拉长产业链，形成协同发展格局。

## 朝阳：建好基层党员群众精神家园　完善基层服务功能

走进北票市五间房镇刘家沟村，一栋崭新的楼房上"党群服务中心"六个红色铁艺大字格外引人注目，整洁的院落里，五星红旗高高飘扬，宽敞明亮的办公场所内，党群议事、党员活动、教育培训、便民服务等综合功能全都具备，这里就是刘家沟村党员群众的"新家"。2022年5月末，按照朝阳市委组织部要求，刘家沟村党支部将新建村级组织活动场所作为加强村党组织建设的"一号工程"，多方筹措资金，强力推进建设，9月中旬竣工并投入使用。

2022年，朝阳市按照"抓基层、强基础、固基本"要求，实施"基层基础夯实年"行动，特别是把加强村级组织活动场所建设作为重要突破口，坚持工程化推进、标准化建设、规范化管理，大力推动村级组织活动场所提质升级，筑牢基层战斗堡垒。

经过深入调研摸排，朝阳市明确新建村级组织活动场所78个，修缮290个，占比达27.4%，全部纳入台账管理。印发《关于全面做好村级组织活动场所提质升级工作的通知》，把场所建设作为"书记工程"重点推动，各县（市）区成立工作领导小组，实行双组长制，由党政一把手担任组长，靠前指挥，挂图作战。

朝阳市采取积极向上争取一点、市县财政投入一点、联村部门帮助一点、乡村两级自筹一点、党费适当支持一点的"五个一点"办法，累计投入资金6300余万元，盘活用好项目资源、社会资源、公益资源，做到将村级组织活动场所建设与村卫生室、农家书屋等统一规划、统一建设、统一管理、统一使用。围绕有旗帜、有牌子、有设施、有窗口、有专栏、有制度、有资料、有氛围的"八有"标准，优化资源配置，强化功能配套，实现了"办公空间最小化、服务群众最大化"。

建立健全公示公开、卫生安全、应急管理、服务群众等一整套规章制度，朝阳市加强对固定资产、设施设备的日常管理，对集体物品和办公设备进行登记建档，明确专人负责，杜绝资产流失。完善村级组织活动场所服务功能，实现活动场所建得规范、管得精细、用得合理。乡镇党委每季度对场所管理使用情况进行一次集中检查，县级组织部门每半年对场所规范化建设进行一次督查。把村级组织活动场所管理、运行情况纳入村干部工作目标考核，与村干部绩效报酬挂钩，推动村级组织活动场所成为办公议事、宣传教育、服务群众的主阵地，成为基层党员群众的精神家园。

### 本溪：开展"擂台比武" 激发农村基层活力

"通过观看其他兄弟村的有关党建、村班子运行、村集体经济增收、党建引领乡村治理等方面精彩的擂台比武演讲，我找到了北沟村需要学习改进的地方。"2022 年 9 月 26 日，桓仁满族自治县沙尖子镇北沟村党支部书记刘永君介绍说，他将参赛者讲的方式方法进行反复分析研究，结合自身特点与北沟村实际情况，改进和完善了工作方式方法，也更加明确了北沟村的发展方向。

2022 年，本溪市着眼乡村振兴和基层治理需要，将开展乡村振兴"擂台比武"作为推进乡村振兴和基层治理的基础性工程，纳入全市基层党建工作重点任务清单，通过召开基层党建工作重点任务推进会、季度述评、专项调研等方式积极部署推动。印发《关于做好抓党建促乡村振兴"擂台比武"工作的通知》，明确重点面向288 名村党组织书记、315 名驻村干部、290 名"归雁行动"人员、1 832 名农村网格员和致富能手等乡村振兴骨干开展"擂台比武"，重点考察组织振兴、生态振兴、产业振兴、文化振兴、人才振兴及乡村治理等方面的工作情况，并提出具体要求。

乡村振兴"擂台比武"由县（区）委组织部会同相关单位组织实施，"擂台比武"方案需提前报市委组织部审核把关，一般按乡镇（街道）初赛、县（区）决赛的步骤进行。活动中，各县区灵活采取汇报演讲、拉练观摩、测评打分、网上投票等多种形式开展"擂台比武"，既看临场发挥，又看一贯表现。

本溪市委组织部将乡村振兴"擂台比武"纳入党建工作实绩考核和书记抓基层党建述职评议考核重点内容，将比武结果与党建引领乡村振兴示范创建、农村基层党组织分类定级、农村基层干部考核评价有机结合，对表现优秀的，在评优评先中优先考虑，助力形成你追我赶、竞相发展的生动局面。

至 2022 年 9 月，共有 847 人参加初赛，292 人进入决赛，评选出农村基层干部典型 185 人。各县区结合"擂台比武"按照 20％左右比例建立典型培养台账，实行动态管理、落实跟踪培养措施。南芬区还给予进入决赛选手所在村 5 000 元的党建经费支持。本溪市委组织部将择优选聘 10 名左右农村基层干部典型，纳入乡村振兴（基层治理）师资库，通过开设"流动课堂"、拍摄视频教学片和开展项目式、结对式帮教活动等，示范引领广大农村基层干部找差距、理思路，激发干事活力。

# 四川省大英县：
# 以组织振兴引领乡村全面振兴

近年来，四川省遂宁市大英县坚持以提升基层党组织引领力作为推动乡村振兴的重要抓手，深入实施乡村组织振兴三年行动计划，探索出一条以组织振兴引领推动乡村全面振兴的发展之路。

大英粮油现代农业产业园

织密基层组织体系，筑牢乡村振兴"桥头堡"。一是"联村＋支部"健全基层党组织。坚持"党委建在产业带、支部设在产业链"工作思路，立足全县产业布局，在优质粮油、中药材、蔬菜等产业发展片区建立联村党委 7 个，推动乡村"联合振兴"。围绕"产前协调、产中管护、产后销售"等全产业链发展，成立产业链党支部 24 个、特色党小组 52 个，形成"联村党委＋产业链党支部＋特色党小组"三级组织体系，推动党组织领导作用有机嵌入乡村产业发展。二是"线上＋线下"丰富组织生活。坚持用党的创新理论武装党员干部头脑，通过集中学习、"三会一课"、主题党日活动等，组织农村党员系统全面学习党的最新理论成果。用好用活"党课开讲啦"等栏目，创新党员教育"夜学"模式，在家党员开展"夜间党课"，邀请群众参与学习，流动党员以"晚间新闻"方式开展精准投放教育，推动党员教育走深走实。三是"多元＋共享"提升组织服务能力。按照"场所固定、大小适宜、整洁明亮、方便群众"思路，整合各类资源资金，逐村优化党群服务中心功能室设置，配齐服务设施，健全工作机制，打造集"便民服务、党群活动、教育培训"为一体的"一站式"党群服务中心，进一步提升基层党组织服务水平，畅通服务群众"最后一公里"。

建强基层骨干队伍，锻造乡村振兴"生力军"。一是选优"头雁队伍"。严格落实村两委成员任职县级联审制度，着力优化村两委班子年龄、学历、能力结构，注重把年纪轻、学历高、热爱基层工作的优秀人员选进村两委班子，全县村两委班子逐步形成老中青梯次配备的合理结构。依托县委党校分类改革成果，创新实施党性学历"双提升"培训工程，村党组织书记大专及以上学历达93.86％。二是配强"振兴帮手"。实施"蹲苗历练"计划，从县直部门选派 6 名 35 岁以下的优秀年轻干部到县域中心镇挂职锻炼，统筹安排 27 名选调生到乡村振兴重点村任职，选派第一书记和驻村工作队员 141 人，推动优秀年轻干部到乡村振兴一线经风雨、壮筋骨。三是注入"人才活水"。大力实施新村民"招募计划"、返乡创业"回乡计划"、乡土人才"培育计划"、专技人才"扩面计划"、对致富带头人、种养大户、龙头企业骨干人才等乡村振兴人才进行分类建库管理，2023 年已入库人才 400 余名，其中，省农科院园艺研究所、西南大学（重庆）产业技术研究院等拔尖农业科研人才、领军人才达 70 余名。

发展壮大集体经济，激活乡村振兴"动力源"。一是厘清发展思路"定准向"。明确盘活集体资产、拓展有偿服务等村级集体经济发展四个方面路径。指导全县各镇村结合区位、交通、资源等实际，因村施策、因地制宜发展特色优势产业，探索推广资源开发型、资金入股型、合作共营型、资产租赁型、服务创收型、联村共建型"六型"集体经济发展模式，分类施策推动村级集体经济创效增收。2022 年，全县 168 个村级集体经济收入达 2 076.7 万元，村均收入 12.4 万元。二是强化业务指导"把好关"。整合农业农村、乡村振兴、水利等涉农部门干部人才资源，统筹选派 53 名退二线领导干部组建集体经济发展巡回指导组和发展专员队伍，建立"顾问团＋巡回指导组＋发展专员"帮扶机制，围绕"督促督导在村、培训指导在村、典型推广在村、调查研究在村"工作思路，加强村级集体经济发展的全程技术指导。三是用好扶持资金"促增长"。紧盯中央和省级集体经济扶持资金使用效益，严把"项目申报、项目实施、项目验收"三项关口，明确"产业规划、预计收益、利益联结"等关键内容，县委组织部会同县农业农村局、县财政局定期开展扶持村级集体经济项目推进督查指导，确保村级集体经济扶持项目有力有序推进，4 年来累计申报中央和省级集体经济扶持村 45 个，村集体经济年均增长率达 53.7％。

## 江西省德安县蔡河村：
## 党建引领促发展　集体经济促振兴

江西省九江市德安县吴山镇蔡河村是"十四五"乡村振兴市级重点村，自 2016 年全面实施乡村振兴以来，蔡河村为摆脱贫困面貌，实现脱贫致富，坚持以党建为引领，不断增强村两委班子凝聚力和战斗力，因地制宜，抢抓发展，探索特色产业＋生态旅游"双轨并行"的发展路子。通过成立渊明皇菊种植农民专业合作社，大力发展渊明皇菊种植加工、光伏发电、渊明故里生态旅游等产业，成功实现由 2017 年村集体经济收入不足 3 万元到 2022 年 60.4 万元的转变。

德安县吴山镇蔡河村

结茧——摸家底，盘活资源。为推动村级集体经济快速发展，蔡河村两委通过开展村集体资产、资源全面核查，充分掌握了全村家底。同时进一步规范农村集体资产资源管理，对本村闲置或低效使用的办公用房、旧村部、旧校舍、集体土地等各类不动产，通过发包租赁、入股产业等方式加以盘活。

化蛹——谋发展，因地制宜。蔡河村是田园诗祖陶渊明的故里，"采菊东篱下，悠然见南山"，蔡河村有着多年的菊花种植传统，自 2017 年起，蔡河村两委积极谋划特色产业种植带动村民致富，依托本村特色菊花产业，通过成立渊明皇菊种植农民专业合作社，在相关帮扶单位的大力支持下，以资金入股＋劳动力带动的模式大力发展菊花种植产业，通过多种形式覆盖带动脱贫户，优化利益联结机制，帮助村集体增收、脱贫户致富，全村集体经济每年可从中获益达 10 万元以上。与此同时，充分利用闲置集体土地资源，积极探索"村集体经济组织＋农户"油茶产业发展模式，村集体通过油茶林地入股蔡河村油茶种植合作社等方式，由本村大户参与油茶种植管理，形成共建共享机制。2023 年 8 月油茶种植合作社油茶种植面积达到 300 亩，预计每年带来收益 4 万元以上。

破蛹——建模式，多方引力。农业种植养殖特色产业存在靠天吃饭、收益受到市场波动影响较大，抵御市场风险能力不足，蔡河村"两委"积极探索二三产业发展，通过外出考察学习，转变发展思路，谋划新的村集体经济增长点，推动村集体经济高质量发展。

充分利用光伏产业扶贫政策，积极推进光伏电站建设，把发展光伏发电作为村集体经济增收的主要途径，当前全村 2 座村级光伏电站已为村集体带来稳定收入 8 万元以上。

德安县发展光伏产业

通过多次外出学习，借鉴成功做法，由村集体牵头，利用集体经济奖励资金于 2021 年成立蔡河村工程建设有限公司，在解决 30 多名村民家门口就业的同时，为村集体每年增收 20 万元以上。

蝶变——扩路径，乡村振兴。随着蔡河村特色产业不断延伸发展，"特色农业＋生态旅游"已成为乡村振兴发展新模式。2023 年蔡河村坚持挖掘陶渊明特色文化名片，以文化赋能，大力推进陶渊明庆祝馆，渊明文化广场等基础设施建设。打造集特色农业产业、生态度假、休闲旅游、研学教育为一体的农业综合产业园，推动文化与旅游产业发展相融合，努力实现"农旅融合，以农促旅，以旅兴农"，助推乡村振兴。

## 河南省鲁山县团城乡：
## 党建增强凝聚力　葡萄串起致富链

近年来，河南省鲁山县团城乡坚持党建引领，做好"土特产"文章，充分利用本土化资源优势，大力发展精品水果，号召乡贤返乡兴业，大力发展葡萄产业。通过延伸农业产业链，发展壮大村级集体经济，为全面推进乡村振兴奠定坚实基础。

鲁山县团城乡葡萄园

坚持党建引领，凝聚发展合力。一是坚持以乡党委政府带动、强村富民公司发动、合作社党支部互动、党员群众联动的方式，采取"公司＋酒庄＋专业合作社＋基地＋大户＋农户"的一体化运营模式，在做大做强葡萄种植特色产业的同时，大力推进葡萄全产业链发展。二是按照"建园区、扩基地、强产业、促增收"的思路，建设祥源德秀葡萄酒庄，2023 年，一期投资建成的寺沟村青龙湾负氧葡萄园基地，亩产量在 4 000 斤左右，每亩收益达 20 000 元以上，三年成熟期过后，预计到 2025 年村集体经济收入将达到 50 万元左右。酒庄建成后，将投产 1 000 吨干红葡萄酒及果酒生产线，可带动周边乡镇实现 3 000 万元经济收入，产值可达 2 亿元，经济效益达 6 000 万元以上。

深化利益联结，促进就业增收。一是有效利用财政扶贫资金，通过"政府＋村集体专业合作社＋脱贫户及监测户"模式运行，所得纯收益的 80% 用作联结脱贫户、监测户，20% 用作村合作社经济收益，以村合作社为纽带带动脱贫户、监测户获得长期稳定的资产投资收益和工资性收入。二是产业链吸纳就业，在大力发展葡萄种植产业的基础上，结合葡萄酒庄研发葡萄酒、果酒、葡萄干等产品拉长产业链，拓宽就业渠道，年内可安置农村劳动力 50 余人。

锚定战略格局，完善经营体系。一是抢抓乡村振兴战略机遇，巩固提升葡萄特色优势产业，聚焦葡萄酒及系列果酒加工，推进品种培优、品质提升、品牌创建和标准化生产，做优做强葡萄产业链，做好"土特产"文章。二是立足乡情实际，盘活现有资源，不断强化和完善经营体系，突出产品文化特色，打造集"园区＋酒庄＋旅游/研学/休闲娱乐等"为一体的乡村特色旅游，推动农文旅商融合发展，创建农村产业融合发展示范园区，通过 3 年基础建设及园区打造，将清水河流域打造成中国伏牛山区域著名的野生葡萄、优质鲜食葡萄及酿酒葡萄生产基地。

## 福建省福安市南岩村：
# 从"难言村"到"魅力村"

近年来，福建省福安市潭头镇南岩村围绕"中国传统村落"建设，在加强村内古建筑修缮保护，恢复南岩古韵的同时，通过成立全员经济合作社，整合当地产业资源，建立学生社会实践劳动教育基地，发展乡村文化创意产业，带动乡村旅游发展，村民收入明显增加，村集体资产从 2019 年的 3 万多元增加到 2021 年的 53 万元，走出了一条独具南岩特色的乡村振兴之路。

南岩村经济合作社

南岩村这个位于福建省福安市潭头镇的小山村，村落海拔 600 多米，户籍人口 1 200 多人，337 户。2016 年以前，在村人口不到 150 人，村集体经济收入不足 1 万元，日子苦不堪言，被称"难言村"。如今，走进南岩村，村落青山环抱、林竹摇曳，一座座青砖黛瓦、飞檐斗拱的古建筑出现在眼前，42 座形态各异的明清建筑，错落有致地分布在村子四周。村子里，文创民宿、书院、咖啡屋、手工皂坊散落其间，不时有游人驻足流连、打卡拍照……

昔日"难言村"，今朝变身网红"魅力村"。

700 余年前，闽王王审知后裔一支迁徙至南岩村，从此，王氏家族在此繁衍生息、代代相传。数百年来，勤劳智慧的南岩人利用高低错落的地貌陆续建造了形态各异的民居，并成为闽东传统民居高山区类型的代表作。这些民居依山就势，面田临水，或高或低，或大或小，或砌石为崖，呈现出高低错落、蜿蜒连绵的立体感。

南岩村也因其生态良好，环境优美，2014 年被国家评定为第三批"中国传统村落"；2015 年被列为福建省"美丽乡村"建设试点村；2016 年被列为全省 10 个重点改善提升的历史文化名镇名村之一；2017 年被评为全国第一批绿色村庄、全国环境整治示范村、福建省美丽乡村典型示范村、福安市"十佳最美乡村"；2018 年被评为福建省"最具休闲价值"的村庄之一，福建省农村人居环境整治试点村；2019 年被列入福建省乡村振兴试点村……

这一份沉甸甸的履历，为南岩村的乡村振兴之路，夯实了基础。

2019 年，南岩村迎来了发展转折点。

这年 2 月，春节的爆竹还未燃尽，时任省住建厅副厅长的王胜熙再一次回到了南岩村，与父老乡亲们座谈，探讨新一年的乡村振兴工作。

思想的火花通过交流得以迸发。"南岩有山缺地，有树不成林，山高又缺水"的环境条件是其发展遇到的瓶颈，大家通过集思广益和探索实践，并根据 2018 年发布的《中共福建省委实施乡村振兴战略十条措施》中提出的"留白、留绿、留旧、留文、留魂"理念，围绕本村"红色文化、古村落文化、传统建筑文化、农耕文化"等资源，确定了南岩村"研学、文创，带动乡村旅游"的发展定位。

从 2013 年就从事美丽乡村建设工作的王胜熙，对乡村很有感情。对于南岩村，王胜熙更有着一份别样的情感。那是父亲的出生地，是他父辈与他的乡愁所在。如何将乡愁、乡魂延续，是他一直在思考的问题。2022 年 1 月，王胜熙在《乡村振兴需要创新机制全员参与》的专题报告中，这样阐述乡村："乡村不仅是个地域，乡村更是个载体，这个载体，承载着'我们'。对于有条件发展的乡村，我们植入现代生活所需要的环境、设施、文化医疗教育设施，这个乡村就会成为新时代，人们心向往之的创业、生活好场所。"

在王胜熙的阐述中，人是乡村的主人，是乡村振兴的第一要素，而"全员经济合作社"（以下简称"经合社"）则是凝聚人心的载体，它不仅是一个带领全村社员共同发展产业的组织，也是一个乡风文明建设的重要平台、一个乡村治理结构的重要补充。它能让村民感觉到：我的家园我建设，我的家园我管理，我们的建设成果我们共享。经合社的成立，让每个村民都成了南岩村的主人，南岩村资格村民每人 200 元平等入股，这股体现了人人参与的"主人翁"感，点燃了南岩村的创业热情。

无论是挖掘古村落传统文化、开发文创产品和标杆茶产品，还是打造美丽乡村景观，开展各种形式的农业科技实践以及建设"互联网＋"实践实训基地等，都让人深刻体会到南岩人时不我待、只争朝夕的创业精神。

南岩村也不负众望，交出一份份斐然的成绩单：

在产业振兴方面，由宁德职业技术学院牵头，对南岩500亩高山茶进行改良和提升，并以"南岩功夫"品牌对外输出；调优农产品结构，请福建省农科院指导高山黑米及红心猕猴桃种植，请省林科院指导将300亩低产劣质油茶林改种为美国山核桃和木本油料核桃；延长产业链，邀请福州阳光学院协助开发出太子参糕点、太子参酒水、太子参洗护用品等。

在生态提升方面，南岩村将田间步道改变成绿道，在田埂边种上鱼腥草、黄花菜等中草药和花类作物，提升田园风光；还邀请校村合作团队利用南岩房前屋后的山野花草资源，开发了手工草本皂、草本液体皂、零添加洗发水、唇膏、中草药膏等生态产品，包装成南岩特色的精美伴手礼推向市场。

此外，南岩村也在研学、文创和旅游配套方面进行了探索。村里广泛挖掘"红色文化、古民居建筑文化、传统农耕文化"三类文化资源，从2020年5月至2022年4月，共开展了24期大中小学生社会实践劳动教育活动，参与学生达到7 000多人；举办了7期论坛，全国知名专家和福建省顶级专家应邀讲座。

这些年，在村两委、经合社的努力下，村子从改善环境入手，按照"统一奖助标准、统一灰雅色调、统一样式风格"完成村内裸房立面改造提升，并对古建筑群、革命遗址等进行保护修缮，打造"青砖黛瓦、飞檐斗拱"的特色村庄风格，让村子颜值陡增。

这样的村落，无疑更凝聚人心，安定人心，也更能招揽人心。

南岩村的美丽乡村景象和蓬勃发展的文创产业，吸引了一批台湾、福州、杭州等地区的"新村民"留驻南岩，文创民宿、休闲书院、音乐网吧、咖啡屋、亲子夏令营也逐渐发展起来。

以"研学＋文创"为发展主线，南岩村还吸引了省内10余所高校在村内设置现场教学实践点，中国油画创作研究院、中国少儿写生协会也在村内设置写生创作基地，开展研学、文创等多方位、多领域合作。

"僵化"的古村慢慢"活化"，并催生了新个体经济，如微电影、短视频、抖音、一村一播培训、影视留念制作，将南岩形象带出大山，将南岩产品推广到世界各地。南岩村民的腰包也慢慢鼓起，年人均可支配收入由 2016 年的 15 500 元提高到 2022 年的 25 000 元。

如今的南岩村正描绘"产业兴旺、生态宜居、乡风文明、治理有效、生活富裕"的美丽图景，一幅宜居、宜业、宜游的新农村画卷正徐徐展开。这样的南岩村，不仅改变了"难言"的面貌，成为闽东乡村振兴样板村，更走出了深山，走向了世界。

**浙江省玉环市：**

# 打造强村富民新模式
# 激活乡村振兴新动能

近年来，浙江省玉环市聚焦共富目标，全面推进以发展壮大集体经济为核心的强村富民乡村集成改革，围绕宅基地改革和乡村建设，通过改革激活农村资产和土地等生产要素，推动一二三产业深度融合，实现乡村产业组团、产村融合发展。

数据显示，2022 年玉环全市村级集体经济总收入达 7.49 亿元，村均 400 多万元；经营性总收入 5.27 亿元，村均 285 万元；全市农村居民人均可支配收入 44 760 元，位列台州市第一。

## 盘活用地，乡村资源"活"了

土地是农民赖以生存的根本保障，建立在农村宅基地上的农房和村庄，是农民生活的家园。如何进一步盘活农村宅基地，让土地"地尽其利"？答案就写在楚门镇东西村一幢幢崭新的楼房中。

东西村风景秀丽，却因为历史遗留问题长期负债，一度陷入发展困境。宅基地盘活改革政策让这个村子找到了发展的方向。

近年来，玉环市积极实施乡村振兴战略，以实现高质量发展为主线，以增加农民收入为重点，以壮大村级集体经济为突破口，积极探索农村闲置宅基地改革，推动闲置农房盘活利用。楚门镇成为试点，率先通过宅基地所有权、资格权、使用权"三权分置"改革，探索农村宅基地片区组团或整镇整乡流通。

借着政策的东风，东西村将村北面一块 12.5 亩的闲置土地进行重新开发，划分出 52 间宅基地出售。楚门镇居民或与楚门镇形成"片区组团"的鸡山乡和海山乡居民，在符合"一户一宅"、自愿放弃在原村建房的情况下，都可以"搬"到东西村安家。

"这片区域不仅能为村子带来至少 1 000 万元的收入，也逐步实现人口集聚和土地资源集约利用。"东西村党支部副书记陈江说，眼下，东西村已盘活闲置宅基地 110 间，吸引周边人员集聚近 300 人。

而对于鸡山乡和海山乡而言，置换的宅基地为乡村发展提供了土地要素。针对闲置、废弃的宅基地，玉环市积极探索农村宅基地利用新模式，鼓励村集体经济组织开展全域土地综合整治和低效用地提升，腾退闲置、废弃宅基地，盘活存量集体建设用地。其中腾退的集体建设用地指标将优先用于保障本地农民建房、乡村产业发展、农村公共设施和公益事业建设。

"根据《玉环市新增建设用地指标奖励办法（试行）》，各乡镇（街道）将盘活、复垦的土地退还给市里后，将获得 10%～20% 的奖励返还，从而将闲置、废弃宅基地盘活变为正式的建设用地指标，用于开展各项乡村建设。"玉环市自然资源和规划局相关工作人员介绍说。

## 股份众筹，村民腰包"鼓"了

促进农民共同富裕，首先要做大农村集体经济的"蛋糕"。玉环市作为股份合作制发源地之一，借助 2018 年全国第三批农村集体产权制度改革试点的东风，以农民持股的方式激发农村发展活力，拓宽农民增收渠道。

2023 年 1 月，玉环市干江镇上栈头村迎来实施股份众筹后的第四次分红，总金额 200 万元，980 位入股村民依次签字、领钱。

曾经的上栈头村是个典型的经济薄弱村，村经营性收入长期不到 8 000 元。2018 年，上栈头村两委班子以干江滨海国际生态旅游区项目建设为契机，采取村集体占 51％＋村民集资占 49％的合资方式，成功走出了一条村强、民富、产业兴的致富之路。

截至 2023 年，上栈头村陆续投入 4 000 多万元，已建成玻璃吊桥、时光隧道、摩天轮等 10 多个游乐项目，共创收 4 000 多万元，村民累计分红 800 万元，股份回报率达 78.19％。

依托上栈头村的致富经验，周围的村庄纷纷开始股份众筹，发展项目：炮台村每人每股 1 000 元，众筹推出玻璃漂流项目；双兴村股份众筹建设了海底火山温泉项目、无边泳池项目；干江镇因势利导，成立台州市首个镇级乡村振兴办公室，设立乡村振兴专项资金，在全镇范围内推进股份众筹改革。

在此基础上，2022 年干江镇创新推出村村股份联营模式，按照"镇级 40％＋15 个村累计 60％（每个村占 4％）"原则开展全镇域众筹，在滨海村、双兴村、白马岙村等优势地块，成片连线培育全域文旅共富产业带，实现集团牵头统筹、各村持股经营、全镇"一盘棋"振兴发展。

通过农村集体产权制度改革，变优势资源为特色资产，让村民成为股东，有效激发农村发展活力。2023 年，玉环市 185 个村共确定集体股东 33.68 万人，量化资产总额 21.75 亿元。从 2016 年以来，全市 185 个村共有 167 个村实现了分红，累计分红 6 亿多元，人均增收 2 000 多元。

### 组团共建，发展的心齐了

如果把整个玉环市比作棋盘，那么上面星罗棋布的村（社区）则是需要被统筹安排的棋子。当村镇发展迈入新阶段，"抱团发展"远比"单打独斗"更能激发村子的自建活力。

沙门镇在摸索提升村级集体经济新路子过程中，就发挥了"集中力量办大事"的优势，对下辖 23 个村的 630 亩村级留用地不卖也不分，由村级成立土地股份合作社，将土地折股，流转到村土地股份合作社或村经济合作社，由村集体领办，统一规划。

走进沙门镇沙门村，映入眼帘的是已投入使用的村级商业用房。2022 年，沙门村集体经济收入达到 1 188.48 万元。而在 2016 年以前，沙门村村集体经济只有 100 万元。转折点，就是村留用地的开发。

2005 年，沙门镇废盐田建园区，万亩滨港工业城拔地而起。位于滨港工业城北侧的 630 亩村级留用地，则按原 23 个行政村的各村户籍人口划分股份，归村集体开发使用。

为了盘活这 630 亩留用地，2014 年沙门镇政府牵头对其进行统一设计规划，各村可结合自身经济条件，选择共建厂房、自建厂房、半租半建三种不同方式进行开发。2016 年，一幢幢崭新的厂房拔地而起，引来了更多的企业，使得工业城内产业链不断延伸，也让各个村子尝到了工业经济发展带来的甜头。

2022 年全镇各村集体经济、经营性平均收入分别为 384.98 万元、202.42 万元，相较 2014 年分别增长 525%、490%，两项收入均从全市末尾一跃升至全市前列。

楚门镇则以党建联建为支点，找到了村村发展的共赢点。早在 2021 年，楚门镇就将镇域范围内 21 个村（社区）按照地缘相邻、人缘相亲、产业相融等原则，组建产城联动、有机更新、社会治理等 6 个党建联建共同体，探索片区组团模式。

例如，龙王村与湖滨社区通过南兴商圈共融片区党建联建抱团发展，打破地域限制，共同开发南兴路和湖滨路两条商业街的核心产业，形成集"游、学、吃、住、购"于一体的综合商圈，彻底摆脱发展后劲不足等问题，助推共建共荣。

近年来，玉环市创新探索、主动求变，在强村富民过程中释放蓬勃发展活力。2022 年，村集体经济收入超 20 万元已实现全覆盖。在此基础上，玉环市将继续深化改革，不断拓展村级发展空间，撬动乡村潜在资源，努力实现村尽其用、各展所长、共建共享。